21世纪工程管理新形态教材

电力项目
决策分析与评价

张　艺　张　铭　刘　樱◎主　编
侯建朝　谢品杰　谢　婷　喻小宝◎副主编

清华大学出版社
北　京

内容简介

本书是为电力行业从业者和决策者编写的实用教材。全书共12章：第一至六章系统阐述电力项目决策分析与评价基础理论知识，包括电力项目建设管理概述、电力系统规划、决策与评价基本理论、投资估算、融资方案和资金时间价值及等值换算等；第七至十二章深入解析电力项目评价指标与比选方法、不确定性分析与风险分析、财务分析、国民经济评价、社会评价和项目后评价。全书精选了丰富的实训案例。

本书适合作为高等院校工程管理、能源系统工程、电气工程及其自动化等专业本科生和管理科学与工程、电气工程、工程管理(MEM)等相关学科研究生的教学用书，亦可作为电力项目管理人员、投资决策者以及相关领域专业人士的自学参考书。

图书在版编目（CIP）数据

电力项目决策分析与评价 / 张艺，张铭，刘樱主编. --北京 ：清华大学出版社，2025. 8.
(21世纪工程管理新形态教材). -- ISBN 978-7-302-70189-7

Ⅰ. F407.616.2

中国国家版本馆CIP数据核字第2025XY1338号

责任编辑：高晓蔚
封面设计：汉风唐韵
责任校对：宋玉莲
责任印制：杨　艳

出版发行：清华大学出版社
　　网　　址：https://www.tup.com.cn，https://www.wqxuetang.com
　　地　　址：北京清华大学学研大厦A座　　　**邮　　编**：100084
　　社 总 机：010-83470000　　　**邮　　购**：010-62786544
　　投稿与读者服务：010-62776969，c-service@tup.tsinghua.edu.cn
　　质量反馈：010-62772015，zhiliang@tup.tsinghua.edu.cn
印 装 者：三河市人民印务有限公司
经　　销：全国新华书店
开　　本：185mm×260mm　　**印　张**：17　　**字　　数**：409千字
版　　次：2025年9月第1版　　**印　　次**：2025年9月第1次印刷
定　　价：59.00元

产品编号：095737-01

前言

在当今全球能源转型与电力市场深化改革的大背景下，电力项目的科学决策与有效评价对于保障能源安全、促进可持续发展具有至关重要的意义。《电力项目决策分析与评价》一书正是基于这一时代背景，旨在为电力行业决策者、管理者及相关专业领域学习者提供一套全面、系统且实用的知识体系。

本书围绕电力项目的决策分析与评价这一核心主题，从电力项目建设管理概述、电力系统规划、投资决策基本理论、投资估算、融资方案和资金时间价值及等值换算，到电力项目评价指标与比选方法、不确定分析与风险分析、财务分析、国民经济评价、社会评价，直至项目后评价，全方位剖析了电力项目投资决策与评价中的关键环节。我们力求通过深入浅出的理论阐述、贴近实际的例题解析，以及丰富多样的实训案例和练习，帮助读者掌握电力项目决策分析与评价的核心技能，提升解决实际问题的能力。

在内容设计上，考虑不同专业背景人员知识结构的差异，本书在对电力项目及决策评价基本理论进行入门知识介绍的背景上，适当交叉与融合专业知识模块，两方面基础知识模块的内容可供不同专业的学生及从业者选择阅读与学习。本书注重理论知识的系统性，同时强调实践应用的广泛性。教材中的案例均来源于电力行业的实际项目，具有较强的针对性和实用性。此外，每章都配备了即测即练题，旨在帮助读者更好地理解和应用所学知识，提升学习效果。

本书第一至二章由张艺、张铭、刘樱编写；第三至五章由刘樱、谢婷、张铭编写；第六至七章由谢品杰、张艺、张铭编写；第八至九章由刘樱、喻小宝编写；第十至十一章由张艺、刘樱编写；第十二章由张艺、张铭、侯建朝编写，张艺、张铭和刘樱负责全书的统稿工作。在本书编写过程中，编者查阅了大量公开或内部发行的技术经济资料和书刊，引用了大量的图表和有关内容，在此向原作者致以诚挚的感谢。本书的编写还得到了相关电力企业和政府部门的大力支持与帮助，在此一并表示衷心的感谢！

本书是在我们多年教学、企业调研、管理咨询和课题研究的基础上形成的。希望本书能为在校学生和有关从业者学习、掌握电力技术经济及管理工作提供帮助。由于编者在理论和实践方面的局限，书中不足之处，恳请广大读者和专家批评指正。

编　者

2025 年 6 月

目录

第一章

电力项目建设管理概述

学习目标

1. 理解电力项目建设、管理以及审批的基本内容；
2. 掌握电力项目管理相关制度的实施内容要点；
3. 理解电力项目各环节审批流程及重要内涵。

素养目标

1. 通过本章学习，使学生对电力项目的建设、管理以及审批有充分的认识，提升学生对电力项目的整体认知；
2. 引导学生深入了解电力项目基本建设程序及其内涵，培养学生实事求是的精神；
3. 引导学生精准把控电力项目投资审批流程，理解决策者承担的社会责任。

本章知识结构图

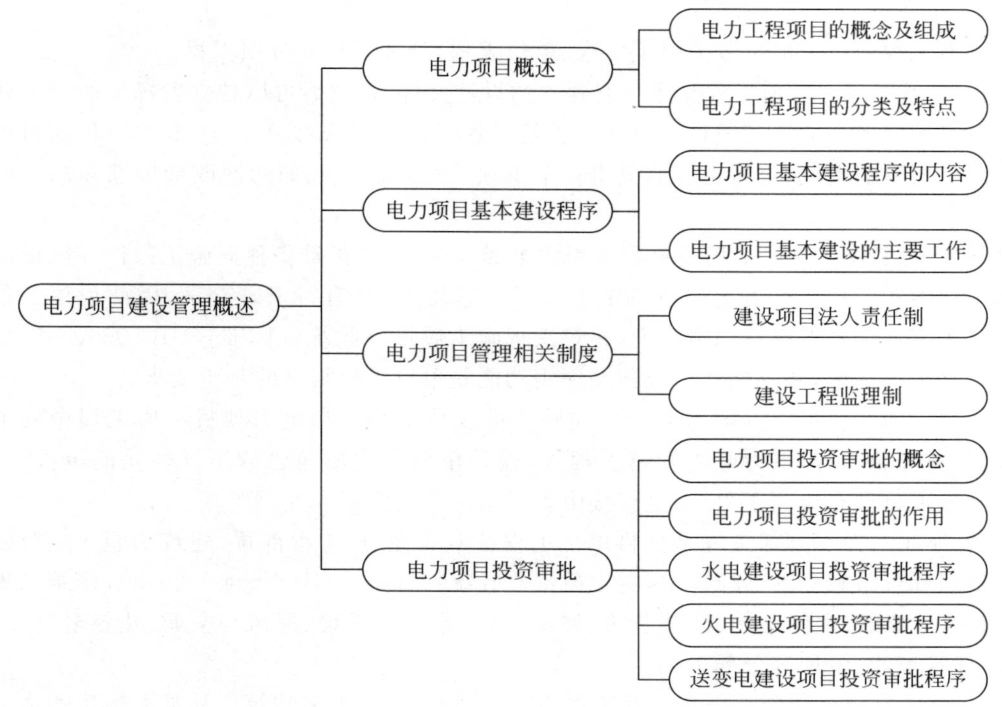

第一节 电力项目概述

电力项目涵盖了从电力生产、传输、分配到消费的各个环节，涉及一系列广泛的活动和领域，包括发电项目、输配电项目、智能电网项目、能源管理项目及环境可持续发展项目等。这些项目共同构成了现代电力系统的基础，并直接关系到国家能源战略的实施和可持续发展目标的达成。在这些广泛的电力项目范畴中，电力工程项目作为核心组成部分，专注于物理基础设施的建设与改造，包括发电站的建设、输配电网络的铺设和维护等工程性工作。电力工程项目不仅是电力项目中的关键环节，也是实现电力系统扩展与优化的主要途径。因此，理解电力工程项目的概念及其组成对于全面把握电力项目的整体框架至关重要。

一、电力工程项目的概念及组成

（一）电力工程项目的概念

根据《建设工程项目管理规范》(GB/T 50326—2017)，建设工程项目指为完成依法立项的新建、扩建、改建工程而进行的、有起止日期的、达到规定要求的一组相互关联的受控活动，包括策划、勘察、设计、采购、施工、试运行、竣工验收和考核评价等阶段。建设工程项目简称为项目。电力工程项目是指以生产、输送电能为目的的工程项目。电力工程项目主要分为发电建设项目和电网建设项目，它们都属于建设工程项目。

（二）电力工程项目的组成

电力工程项目一般可分为单项工程、单位工程、分部工程和分项工程。

1. 单项工程。单项工程是指具有独立的设计文件，建成后可以独立发挥生产能力或效益的一组配套齐全的工程项目。单项工程是工程项目的组成部分，一个电力工程项目可以由多个单项工程组成，有时也可能只由一个单项工程组成。例如两网改造中新建的一座变电站。

2. 单位工程。单位工程是单项工程的组成部分，它是指具备独立施工条件并能形成独立使用功能的工程。电力工程项目由于工程内容复杂，且有时出现交叉，因此单位工程的划分比较困难。根据现行国家标准《建筑工程施工质量验收统一标准》(GB 50300—2013)，具有独立施工条件，并且能够形成独立使用功能是单位工程划分的基本要求。

一个单项工程可以拆解为多个独立验收的单位工程。如电力项目厂房工程中的土建工程、设备安装工程、电力电缆管道工程等，就是单项工程所包含的不同性质的单位工程。有的工程项目没有单项工程，而是直接由若干单位工程组成。

3. 分部工程。分部工程是指将单位工程按专业性质、工程部位、建筑功能等划分的工程。根据现行国家标准《建筑工程施工质量验收统一标准》(GB 50300—2013)，建筑工程包括：地基与基础、主体结构、装饰装修、屋面、给水排水及供暖、通风与空调、建筑电气、智能建筑、建筑节能、电梯等分部工程。

4. 分项工程。分项工程是分部工程的组成部分，也是形成建筑产品基本构建的施工过程。分项工程是指将分部工程按主要工种、材料、施工工艺、设备类别等划分的工程。例如土方开挖工程、土方回填工程、钢筋工程、模板工程、电缆敷设工程、保护管敷设工程、户外接地母线敷设工程等都属于分项工程。

二、电力工程项目分类

由于电力工程项目种类繁多，为了适应对建设项目进行管理的需要，正确反映建设工程项目的性质、内容和规模，应从不同角度对电力工程项目进行分类。

（一）按建设性质分类

1. 新建项目。指根据国民经济和社会发展的近远期规划，按照规定的程序立项，从无到有的项目。

2. 扩建项目。指现有电力企业在原有场地内或其他地点，为提高电力产品的生产能力，在原有的基础上扩充规模而进行的新增固定资产投资项目。当扩建项目的规模超过原有固定资产价值（原值）3 倍以上时，则该项目应视作新建项目。

3. 迁建项目。指原有电力企业根据自身生产经营和事业发展的要求，或按照国家调整生产力布局的经济发展战略的需要，或出于环境保护等其他特殊目的，搬迁到异地建设的项目。

4. 恢复项目。指原有电力企业因自然灾害、战争等，使原有固定资产遭受全部或部分报废，需要进行投资重建以恢复生产能力的建设项目。

这类项目，不论是按原有规模恢复建设，还是在恢复过程中同时进行扩建，都属于恢复项目。但对于尚未建成投产或交付使用的项目，若仍按原设计重建的，原建设性质不变；如果按新的设计重建，则根据新设计内容来确定其性质。

基本建设项目按其性质分为上述四类，一个基本建设项目只能有一种性质，在项目按总体设计全部完成前，其建设性质始终是不变的。

（二）按投资作用分类

1. 生产性建设项目。指直接用于电力产品生产或直接为电力产品生产服务的工程项目。

2. 非生产性建设项目。指用于教育、文化、福利、居住、办公等需要的建设项目。

（三）按项目建设规模分类

为适应工程建设分级管理的需要，国家规定基本建设项目分为大型、中型、小型三类。更新改造项目分为限额以上和限额以下两类。不同等级的建设工程项目，国家规定的审批机关和报建程序也不尽相同。电力建设项目的规模可根据如下方式进行划分。

1. 电力建设项目按投资额划分。投资额在 5000 万元及以上的为大中型项目；投资额在 5000 万元以下的为小型项目。

2. 发电厂按装机容量划分。以水电站为例，装机容量在 25 万 kW 以上为大型项目；装机容量在 2.5 万～25 万 kW 的为中型项目；装机容量小于 2.5 万 kW 的为小型项目。

3. 电网按电压等级划分。电压 330kV 以上为大型项目；电压为 220kV 和 110kV，且线路长度在 250km 以上的为中型项目；电压 110kV 以下为小型项目。另外，随着我国电力工业的迅速发展，大电网的逐渐形成，电力的传输距离越来越长，现在已出现很多电压等级达到 500kV 甚至达到 750kV 超高压的电力线路；我国已建成多条 1000kV 以上特高压输电线路。

（四）按电网工程建设预算项目分类

1. 变电站、换流站及串联补偿站，均可分为建筑工程项目和安装工程项目。

2. 输电线路工程，可分为架空线路工程、电缆线路工程。

3. 系统通信工程，可分为通信站建筑工程和通信站安装工程。

三、电力工程项目的特点

电力工程项目除具有普通建设项目的一般特征外，还具有如下明显特点。

（一）建设周期长、投资额巨大

由于建设工程项目相对于其他的一般项目而言，往往规模大、技术复杂、涉及的专业面广，因而从项目设想到设计、施工、投入使用，周期短的需要几年，周期长的需要十几年，有的甚至需要数十年。项目在实施时的投资额也很大，稍具规模的项目，其投资额就数以亿计。

（二）整体性强

建设项目是按照一个总体设计建设的，它是可以形成生产能力或使用价值的若干单项工程的总体。各个单项工程各自独立地发挥其作用，来满足人们对项目的综合需要。

（三）受环境制约性强

工程项目一般露天作业，受水文、气象等因素的影响较大；建设地点的选择受地形、地质、基础设施、市场、原材料供应等多种因素的影响；建设过程中所使用的建筑材料、施工机具等的价格会受到物价波动的影响等。

（四）与国民经济发展水平关系密切

电力企业由于产品的特殊性，其生产与消费必须同步，而且在量上必须保持平衡，从而要求电力产品的供应既要满足经济发展和人民生活水平提高的需求并留有一定余地，又不能出现太多的过剩。

第二节　电力项目基本建设程序

电力项目建设程序是指电力建设项目从策划、评估、决策、设计、施工、竣工验收、投入生产或交付使用的整个建设过程中，各项工作必须遵循的先后工作次序。各个阶段的工作之间存在着严格的先后次序，前后工作不得任意颠倒，但可以进行合理的交叉。工程项目建设程序是工程建设过程的客观规律反映，是建设项目科学决策和顺利进行的重要保证。

一、电力项目基本建设程序的内容

电力项目建设程序根据多年来电力基本建设的实践经验而定，通常可划分为以下四个阶段。第一阶段是前期决策阶段，从项目提出到决策建设；第二阶段是设计阶段，一般项目分为初步设计和施工图设计，只有技术复杂又缺乏经验的项目，主管部门才指定增加技术设计阶段；第三阶段是施工阶段，从工程开工到设备安装结束；第四阶段是调试、运行、竣工验收、移交生产及项目后评价。

二、电力项目基本建设的主要工作

（一）可行性研究

可行性研究是在工程项目投资决策前，对与项目有关的社会、经济和技术等各方面的情况进行深入细致的调查研究，对各种可能拟定的建设方案和技术方案进行认真的技术经济分析、比较和论证；对项目建成后的经济效益进行科学的预测和评价，并在此基础上，综合研究建设项目的技术先进性和适用性、经济合理性、建设的可能性以及可行性。由此确定该项目是否应该投资和如何投资等结论性的意见，为决策部门最终决策提供科学的、可靠的依据，并作为开展下一步工作的基础。在对电力工程项目进行可行性研究时，要对该项目做出投资估算，同时还要对该项目投资进行经济性评价。

可行性研究是进行工程建设的首要环节，是决定投资项目命运的关键。可行性研究一般应回答的问题概括起来有三个范畴，即工艺技术可行性、市场需求匹配性、财务经济状况合理性。其中，市场需求是前提，工艺技术是手段，财务经济状况是核心。

（二）勘察设计

勘察设计是为查明工程建设场地的地形地貌、地质构造、水文地质条件及不良地质现象所进行的调查、测量、观察、试验工作。设计是工程建设的灵魂和龙头，是对建设项目在技术和经济上进行的详细规划和全面安排。根据批准的设计任务书编制设计文件，一般按初步设计、施工图设计两个阶段进行。技术复杂的项目，可增加技术设计阶段。施工图设计根据批准的初步设计编制，其深度应能满足建设材料的采购、非标准设备的加工、建筑安装工程施工的需要和施工预算的编制。设计应采用和推广标准化要求。勘察设计工作完成后，施工单位可根据勘察设计结果等因素编制施工方案，各相关方可根据初步设计或施工图设计编制设计概算、施工图预算或投资控制指标。

（三）招投标

招投标是发展市场经济，适应竞争需求的一种经济行为。招投标必须贯彻公开、公平、公正和诚实信用的原则，适用于电力建设工程项目中的设计、设备材料供应、施工等任何环节的工作。

招投标在现阶段是进行工程发包和承包的主要方式，是签订各类工程合同的关键环节。通过招投标方式形成的合同，是工程建设各相关方履行义务、保障权益的基本依据。

（四）建设监理

建设监理是指专职监理单位受业主委托对电力建设工程项目投资实施控制、进度管理和质量保证的监督与管理的一种方式。建设监理是深化电力基建改革，建立和发展社会主义市场经济并与国际接轨的需要，是电力基本建设高质量的需要。监理工作须严格遵循国家和电力行业主管部门制定的方针、政策、法规、标准、规定、定额以及经过批准的建设计划、设计文件和经济合同。

监理单位必须具有法人资格，实行自主经营、独立核算、自负盈亏，并须经有关主管部门资质认证、审批、核定监理业务范围，发给资质证书后方可承担监理业务。委托方必须与监理单位签订监理委托合同。发电工程项目的建设监理实行总监理工程师负责制，总监理工程师和专业监理工程师应经有关主管部门资质认证、审批资格、注册颁证，持证上岗。

建设监理业务，可以分阶段监理，也可以全过程监理，或按工程项目分类监理。

（五）投融资

电力工程项目都是投资项目，需遵循“融资先行，投资在后”的原则。融资过程中，应考虑选择经济的资金渠道和合理的资金结构，使得投资项目的资金成本能够控制在令人满意的水平下，从而保证项目的经济性。我国基本建设投资来源主要包括以下四条渠道：国家预算拨款、建设银行贷款，各地区、各部门、各企业单位的自筹资金，利用外资。改革开放以来，我国投资体制实施了一系列改革，在投资领域形成了投资主体多元化、投资资金多渠道、项目决策分层次、投资方式多样化和建设实施引入市场竞争机制的新格局。

电力工业是资金密集型行业，20 世纪 80 年代以来，我国改变了独家办电的方针，实行“集资办电厂，电网由国家统一建设、统一管理”的原则，采取多家办电、集资办电、征收电力建设基金、利用外资办电等政策，为建立新的投融资体系奠定了基础。单一由中央政府投资的主体格局已完全改变，各级地方政府及国有企业、集体企业已逐步成为直接投资的重要主体，逐步建立了“谁投资、谁决策、谁受益、谁承担投资风险”的机制。目前，中央与地方、地方与地方、政府与企业、企业与企业之间的联合投资，以及中外合资、合作建设项目已十分普遍。电力投融资体制可充分调动各方办电的积极性，以最大限度多方筹集电力建设资金，增加电力投入。因此，各电力集团公司要加强和充实投融资中心功能，充分发挥财务公司在投融资方面的作用。

（六）施工准备

施工准备是基本建设程序中的一项重要内容，是建筑施工管理的重要组成部分，是组织施工的前提，也是顺利完成建筑工程任务的关键。施工准备按工程项目施工准备工作的范围可分为全场性施工准备、单位工程施工准备和分部（项）工程作业条件准备三种。全场性施工准备指的是大中型工业建设项目、大型公共建筑或民用建筑群等带有全局性的部署，包括技术、组织、物资、劳力和现场准备，是各项准备工作的基础。单位工程施工准备是全场性施工准备的延续和具体化，要求做得细致周全，预见到施工中可能出现的各种问题，确保单位工程均衡、连续和科学合理地施工。

施工准备按拟建工程所处的施工阶段可分为开工前的施工准备和各施工阶段前的施工准备两种。开工前的施工准备是在拟建工程正式开工之前所进行的一切准备工作，目的是为拟建工程正式开工创造必要条件。它既可能是全场性的施工准备，也可能是单位工程施工条件的准备。各施工阶段前的施工准备是在拟建工程开工之后，每个施工阶段正式开工之前所进行的一切准备工作，目的是为施工阶段正式开工创造必要的施工条件。

施工准备工作的基本任务是调查研究各种有关工程施工的原始资料、施工条件及业主要求，全面合理地部署施工力量，从计划、技术、物资、资金、劳力、设备、组织、现场及外部施工环境等方面为拟建工程的顺利施工创造一切必要的条件，并对施工中可能发生的各种变化做好应变准备。

（七）施工、建筑安装

施工是基本建设的主要阶段，是把计划文件和设计图纸付诸实施的过程，是建筑安装施工合同的履行过程。在该阶段，一方面承包商应按照合同的要求全面完成施工任务；另一方面，发包人也应按照合同约定向承包人支付工程款。工程价款的结算方式与结算时间，对于工程的发包与承包方的经济利益有一定的影响。在施工阶段应尽量避免出现大的工程变更，也不要频繁地出现一般的工程变更，否则会对工程造价的控制带来极大的困难。

对施工的基本要求是保证安全、质量、文明施工，保证建设工期，并不断降低成本，提高经济效益。施工是工程优化的核心环节，具有承前启后的作用。设计、设备的缺陷，要通过施工纠正和处理，而调试启动能否顺利进行，要看施工质量是否切实保证。施工质量是重中之重，必须坚决贯彻执行相关标准。

（八）启动调试

启动调试是电力建设工程的关键阶段和重要环节。启动调试是一个独立的阶段，由各方代表组成的启动验收委员会负责领导，由业主指定启动调试总指挥，从分部试运行开始，一直到试生产结束。由调试单位负责人具体负责试运行指挥工作。

（九）竣工验收

工程竣工验收是工程施工（建设）的最后一个环节，是全面考核施工（建设）质量，确认工程能否投入使用的重要步骤。工程竣工验收需从整体观念出发，对每一分部、分项工程的质量、性能、功能及安全性各方面进行认真、全面、可靠的检查，尽可能不给今后的使用留下任何质量或安全的隐患。由于电力建设工程涉及的各种电气设备众多，在正式竣工验收前，需经历试运行阶段。在竣工验收阶段，涉及工程发包、承包方之间的工程价款竣工结算和发包人的工程竣工决算。

（十）项目后评价阶段

项目后评价是工程项目竣工投产并生产运营一段时间（一般为一年或两年）后，再对项目的立项决策、设计施工、竣工投产及生产运营全过程进行系统评价的一种技术经济基础活动。它是固定资产投资管理的一项重要内容,也是固定资产投资管理的最终环节。通过项目后评价,可以达到肯定成绩、总结经验、研究问题、吸取教训、提出建议、改进工作、不断提高项目投资决策水平和投资经济效果的目的。

第三节　电力项目管理相关制度

工程建设领域实行建设项目法人责任制、工程招标投标制、建设工程监理制和合同管理制,是我国工程建设管理体制深化改革的重大举措。这四项制度密切联系,共同构成了我国工程建设管理的基本制度,同时也为我国工程项目管理提供了法律保障。这里仅介绍建设项目法人责任制和建设工程监理制。

一、建设项目法人责任制

(一) 项目法人责任制的含义

项目法人责任制是将投资所有权和经营权分离,对项目规划、设计、筹资、建设实施直至生产经营以及投资保值增值和投资风险负全部责任,实行自主经营、自负盈亏、自我发展、自我约束的经营机制。

项目法人是指由项目投资者代表组成的对项目全面负责并承担投资风险的项目法人机构,它是一个拥有独立法人财产的经济组织。项目法人责任制是一种项目管理组织制度,1992 年,原国家计委颁发了《关于建设项目实行业主责任制的暂行规定》,同年党的十四届三中全会改称项目法人责任制。

项目法人责任制与投资项目的传统管理体制在管理上最大的不同之处在于:传统体制下独立建设的项目是先有项目,后有法人,即只有项目建成后,投产之时才到工商局登记,取得法人资格;而项目法人责任制是指项目由法人筹建和管理,因而对任何项目都是先有法人,后有项目。

(二) 项目法人责任制的特点

1. 产权关系明晰。项目法人责任制是以现代企业制度为依据的,产权所有者与管理者的职责范围明确。

2. 具有法人地位。项目法人责任制是先有法人,后有投资项目。因此,在项目筹划、筹资、设计、建设过程中,能够以具有独立法律地位法人的资格与各有关单位和个人开展业务,建立经济关系等,从而能彻底改变过去的工程项目不具备法人地位而依附主管部门的被动局面,直接受到法律保护。

3. 有利于建立责、权、利相一致的约束机制。现代企业制度中,对产权关系中各当事人的责、权、利都有明确的规定,并以章程或契约确定下来,实行项目法人责任制正是遵循现代企业制度的办法,把股东与享有法人财产权的企业区分开来,并根据现代企业制度的法规(如《公司法》)和公司章程互相履行责任义务,互相监督和取得各自的利益;在企业内部,董事会和其聘任的项目经理或运营经理之间同样可以根据现代企业制度的原则建立相应的责、权、利约束机制，经理与其下属的职工之间也是如此。这样可使项目从建设到建成投产后的运营都建立起责任网，明确各自的分工、权利、责任和义务。

4. 有利于保证工程项目实行资本金制度。投资项目资本金制度是指项目总投资中必须包含一定比例的由各出资方实缴的资本金的制度，该部分资本金对项目法人来讲是一笔非负债资金。按照“先有法人，后有项目”的原则，在各出资方同意参加建设某一项目后，必须根据公司组建原则达成出资协议，并出足所承诺数额的资本。资本总额达到注册总资本后，公司才能获准注册成为企业法人，此时股东的地位才能落实；有了垫底资金，才能成为自负盈亏、自担风险、自我发展自我约束的法人。实行项目法人责任制有利于保证工程项目实行资本金制度，而实行资本金制度又是推行项目法人责任制和现代企业制度的基本前提。

5. 有利于解决投资项目的建设和运营统一管理。项目法人责任制投资责任主体明确，先有法人，再有项目，由法人对投资项目的筹划、筹资、人事任免、招标定标、建设实施，直至生产经营管理、债务偿还以及资产的保值增值，实行全过程负责，避免了对投资活动的割裂管理。

（三）项目法人的组织形式

项目法人有以下几种组织形式：

1. 政府出资的新建项目。如能源、水利等基础设施工程，可由政府授权设立工程管理委员会作为项目法人。

2. 由企业投资进行的改建、扩建、技改项目，企业的董事会是项目的法人。

3. 由各个投资主体以合资方式投资建设的新建、扩建、技改项目，则由出资方代表组成的企业（项目）法人是项目法人。

（四）项目法人的职责

项目法人责任制是项目管理责任的主体。作为项目财产的所有者——项目法人，应承担下列职责：

1. 负责项目的科学规划与决策，以确定合理的建设规模和适应市场需求的产品方案。

2. 负责项目融资并合理安排投资使用计划。

3. 制定项目全过程的全面工作计划，并进行监督、检查，组织工程设计、施工，在计划的投资范围内，按质、按期完成建设任务。

4. 建设任务分解，确定每项工作的责任者及其职责范围，并进行协调。

5. 组织工程设计、施工的发包招标，严格履行合同，对项目的财务、进度、工期、质量进行监督、检查、控制，并进行必要的协调工作。

6. 做好项目生产准备和竣工验收，按期投入生产经营。

7. 负责项目建成后的生产经营，实现投资的保值和增值，审定项目利润分配方案。

8. 按贷款合同规定，负责贷款本息偿还。

可以看到，项目法人处于项目管理的中心地位，是项目层次的最高决策者。需要说明的是，虽然《关于建设项目实行业主责任制的暂行规定》已经废止，但其核心原则仍广泛适用。同时，工程项目领域实行工程监理制、招标投标制和合同管理制，是对项目法人责任制的重要补充。它通过引入市场竞争机制,一方面强化了投资风险约束机制,分散了项目法人的风险,减轻了项目法人组织项目建设的工作量,使其可集中精力从事监督、协调、服务,另一方面保证了工程项目顺利实施和实现项目建设的目标,这是微观投资管理体制改革的重大措施。

二、建设工程监理制

建设工程监理是指具有相应资质的工程监理企业受工程项目建设单位的委托,承担其项目管理工作,并代表建设单位对承建单位的建设行为进行监督管理的专业化服务活动。我国推行工程监理的目的在于确保工程建设质量,提升工程建设水平,并充分发挥投资效益。

(一)建设工程监理的范围

根据《建设工程监理范围和规模标准规定》,下列建设工程必须实行监理。

1. 国家重点建设工程,指依据《国家重点建设项目管理办法》确定的对国民经济和社会发展有重大影响的骨干项目。

2. 大、中型公用事业工程,指项目总投资额在3000万元以上的工程项目;如供水、供电、供气、供热等市政工程项目;科技、教育、文化等项目;体育、旅游、商业等项目;卫生、社会福利等项目;其他公用事业项目。

3. 成片开发建设的住宅小区工程,建筑面积在5万m^2以上的住宅建设工程必须实行监理;5万m^2以下的住宅建设工程,可以实行监理,具体范围和规模标准,由省、自治区、直辖市人民政府建设主管部门规定。为了保证住宅质量,对高层住宅及地基、结构复杂的多层住宅应当实行监理。

4. 利用外国政府或者国际组织贷款、援助资金的工程,包括使用世界银行、亚洲开发银行等国际组织贷款资金的项目;使用国外政府及其机构贷款资金的项目;使用国际组织或者国外政府援助资金的项目。

5. 国家规定必须实行监理的其他工程,指学校、影剧院、体育场馆项目和项目总投资额在3000万元以上关系社会公共利益、公众安全的基础设施项目:如煤炭、石油、化工、天然气、电力、新能源等项目;铁路、公路、管道、水运、民航以及其他交通运输业等项目;邮政、电信枢纽、通信、信息网络等项目;防洪、灌溉、排涝、发电、引(供)水、滩涂治理、水资源保护、水土保持等水利建设项目;道路、桥梁、地铁和轻轨交通、污水排放及处理、垃圾处理、地下管道、公共停车场等城市基础设施项目;生态环境保护项目;其他基础设施项目。

(二)建设工程监理的工作性质

我国的建设工程监理属于国际上业主方项目管理的范畴。监理企业从事建设工程监理业务,应当遵守国家有关法律、行政法规,严格按工程建设强制性标准和相关规范,遵循守法、诚信、公平、科学的原则,认真履行监理职责。

建设工程监理的工作性质具有如下特点。

1. 服务性

建设工程监理业务具有委托代理的性质，工程监理企业受业主的委托从事工程建设的监理活动，该活动所提供的不是工程任务的承包，而是代表业主对工程项目的管理，提供的是一种服务。在监理活动中，工程监理企业应尽一切努力对工程项目的目标进行控制，但无法完全保证目标的实现。

2. 科学性

工程建设有其规律，对建设工程项目进行管理要讲究其方法。工程监理企业拥有从事工程监理工作的专业人士——监理工程师，他将应用所掌握的工程监理科学的管理思想、组织方式、方法和手段从事工程监理活动。

3. 独立性

监理工程师在从事工程监理活动时，不能依附于任何一个工程监理的对象，否则就失去了从事工程监理活动的基础，监理工程师也不可能自主地认真地履行其义务。

4. 公正性

工程监理企业受业主委托进行工程监理活动，当业主方与被监理对象的利益发生冲突或矛盾时，工程监理企业应以事实为依据，以法律和有关合同为准绳，在维护业主利益的同时，不损害被监理者的合法权益。

（三）建设工程监理的主要任务

1. 设计阶段监理工作的主要任务

(1) 编写设计要求文件。

(2) 组织建设工程设计方案竞赛或设计招标，协助业主选择勘测设计单位。

(3) 拟定和商谈设计委托合同。

(4) 配合设计单位开展技术经济分析，参与设计方案的比选。

(5) 参与设计协调工作。

(6) 参与主要材料和设备的选型(根据业主的需求而定)。

(7) 审核或参与审核工程估算、概算和施工图预算。

(8) 审核或参与审核主要材料和设备的清单。

(9) 参与检查设计文件是否满足施工要求。

(10) 设计进度控制。

(11) 参与组织设计文件的报批。

2. 施工招标阶段监理工作的主要任务

(1) 拟定或参与建设工程施工招标方案。

(2) 准备建设工程施工招标条件。

(3) 协助业主办理招标申请。

(4) 参与或协助编写施工招标文件。

(5) 参与建设工程施工招标的组织工作。

(6) 参与施工合同的商签。

3. 材料和设备采购供应建设监理工作的主要任务

对于由业主负责采购的材料和设备物资，监理工程师应负责制订计划，监督合同的执行。

具体内容包括以下几个方面。

(1) 制订(或参与制订)材料和设备供应计划和相应的资金需求计划；

(2) 通过材料和设备的质量、价格、供货期和售后服务等条件的分析和比选，协助业主确定材料和设备等物资的供应单位；

(3) 起草并参与材料和设备的订货合同；

(4) 监督合同的实施。

4. 施工准备阶段监理工作的主要任务

(1) 审查施工单位选择的分包单位的资质。

(2) 监督检查施工单位质量保证体系及安全技术措施，完善质量管理程序与制度。

(3) 参与设计单位向施工单位的设计交底。

(4) 审查施工组织设计。

(5) 在单位工程开工前检查施工单位的复测资料。

(6) 对重点工程部位的中线和水平控制进行复查。

(7) 审批一般单项工程和单位工程的开工报告。

5. 工程施工阶段监理工作的主要任务

(1) 施工阶段的质量控制

1) 对所有的隐蔽工程在隐蔽以前进行检查和办理签证，对重点工程由监理人员驻点跟踪监理，签署重要的分项、分部工程和单位工程质量评定表。

2) 对工程测量和放样进行检查，对发现的质量问题应及时通知施工单位纠正，并做监理记录。

3) 检查和确认运到施工现场的材料、构件和设备的质量，并应查验试验和化验报告单，监理工程师有全权禁止不符合质量要求的材料和设备进入工地和投入使用。

4) 监督施工单位严格按照施工规范和设计文件要求进行施工。

5) 监督施工单位严格执行施工合同。

6) 对工程主要部位、主要环节及技术复杂工程加强检查。

7) 检查和评价施工单位的工程自检工作。

8) 对施工单位的检测仪器设备、度量衡定期检验，不定期地进行抽检，以确保度量资源的准确。

9) 监督施工单位对各类土木和混凝土试件按规定进行检查和抽检。

10) 监督施工单位认真处理施工中发生的一般质量事故，并认真做好记录。

11) 对严重和重大质量事故以及其他紧急情况应报告业主。

(2) 施工阶段的进度控制

1) 监督施工单位严格按照施工合同规定的工期组织施工。

2) 进行施工进度的动态控制。

3) 建立工程进度台账，核对工程形象进度，按月度、季度和年度向业主报告工程执行情况、工程进度及存在的问题。

(3) 施工阶段的投资控制

1) 审查施工单位申报的月度和季度计量表,认真核对其工程数量,不超计、不漏计,严格按照合同规定进行计量及签署支付签证。

2) 建立计量支付签证台账,定期与施工单位核对清算。

3) 从投资控制的角度审核设计变更的合格性及费用影响。

6. 施工验收阶段监理工作的主要任务

(1) 督促和检查施工单位及时整理竣工文件和验收资料,受理单位工程竣工验收报告,并提出意见。

(2) 根据施工单位的竣工验收报告,提出工程质量检验报告。

(3) 组织工程预验收,参加业主组织的竣工验收。

7. 施工合同管理方面的工作

(1) 拟定合同结构和合同管理制度,包括合同草案的拟定、会签、协商、修改、审批、签署和保管等工作制度及流程。

(2) 协助业主拟定工程的各类合同条款,并参与各类合同的商谈。

(3) 合同执行情况的分析和跟踪管理。

(4) 协助业主处理与工程有关的索赔事宜及合同争议事宜。

(四) 建设工程监理的内容、权限和依据

1. 建设工程监理的内容

建设工程监理是指建设工程监理单位接受建设单位的委托,代表建设单位进行的工程项目管理工作,其性质就是对工程项目进行管理。建设工程监理所要达到的目标就是建设工程项目管理所要达到的目标,其工作内容就是项目管理的工作内容。

因此建设工程监理的内容包括以下几个方面。

(1) 投资控制;

(2) 进度控制;

(3) 质量控制;

(4) 安全管理;

(5) 合同管理;

(6) 信息管理;

(7) 沟通协调。

《中华人民共和国建筑法》(以下简称《建筑法》)第 33 条规定:“实施建筑工程监理前,建设单位应当将委托的工程监理单位、监理的内容及监理的权限,书面通知被监理的建筑施工企业”。

2. 建设工程监理的权限

《建筑法》规定了工程监理人员的监理权限与义务。

(1) 工程监理人员认为工程施工不符合工程设计要求、施工技术标准和合同约定的,有

权要求建筑施工企业改正。

(2) 工程监理人员发现工程设计不符合建筑工程质量标准或者合同约定的质量要求的,应当报告建设单位要求设计单位改正。

3. 建设工程监理的依据

工程监理人员在从事监理工作时,为达到工程项目的管理目标,必然要涉及相应的管理依据。根据《建筑法》《建设工程质量管理条例》《建设工程安全生产管理条例》的有关规定,建设工程监理的依据包括以下几个方面。

(1) 法律、法规;

(2) 有关的技术标准;

(3) 设计文件;

(4) 建设工程承包合同。

第四节 电力项目投资审批

电力项目的投资审批方式取决于项目类型和规模以及项目资金的来源,目前投资决策方式包括审批制、核准制和备案制。本节主要介绍审批制。

一、电力项目投资审批的概念

根据《政府投资条例》(2019)及相关政策规定,政府采取直接投资方式、资本金注入方式投资的项目(以下统称政府投资项目),项目单位应当编制项目建议书、可行性研究报告及初步设计方案,按照政府投资管理权限和规定的程序,报投资主管部门或者其他有关部门审批。项目单位应当加强政府投资项目的前期工作,保证前期工作的深度达到规定的要求,并对项目建议书、可行性研究报告、初步设计方案以及依法应当附具的其他文件的真实性负责。

电力项目投资审批是政府及相关监管机构对电力项目在投资决策阶段进行全面评估、审查和批准的过程。这个过程的目的是确保电力项目在规划、设计、建设和运营各个阶段中,符合国家政策、行业标准以及地方发展规划的要求,从而保证项目的可行性、经济性和安全性。电力项目通常涉及大规模的资金投入、长周期的建设以及广泛的社会和环境影响,因此,投资审批程序在整个项目生命周期中具有至关重要的地位。通过严格的审批流程,可以有效地避免投资浪费、资源错配以及环境风险,确保电力项目能够高效、可持续地进行。

电力项目投资审批通常包括以下几个阶段。

(一) 项目建议书审批

项目建议书审批是电力项目投资审批的初始阶段,其主要任务是初步确定项目的必要性、可行性以及投资规模。项目建议书通常由项目发起方(如电力公司、地方政府或其他投资者)编制,内容包括项目的背景、目标、预期效益、初步技术方案以及投资估算。审批部门在收到项目建议书后,首先审查项目的立项依据,评估其是否符合国家和地方的能源政策及发展规划。同时对项目的初步可行性进行评估，重点关注项目的技术路线、资源需求、市场前景以及初步的环境影响分析。通过项目建议书审批，相关部门可以确保项目的方向正确，避免在后续阶段出现重大偏差或资源浪费。这一审批阶段的核心是为项目奠定基础，确保项目在较早的阶段就能明确其战略价值和发展路径。

（二）可行性研究报告审批

可行性研究报告审批是电力项目投资审批中的关键环节，它决定了项目是否具备实施的条件，并为后续的设计和建设提供详细依据。可行性研究报告是基于项目建议书进一步深化和扩展的成果，涵盖了项目的技术可行性、经济可行性、环境影响、资源利用、市场前景以及风险评估等多个方面。审批部门或专家组将对报告内容进行全面综合评估，确保项目技术方案的合理性、经济效益的可行性、环境影响的可控性以及资源利用的高效性。此阶段的审批还包括对项目的法律合规性进行审查，确保项目符合相关的法律法规和行业标准。通过可行性研究报告审批，项目得以确认其整体规划的可操作性和经济合理性，并为后续的设计和实施提供坚实的基础。

（三）初步设计审批

初步设计审批是对电力项目具体设计方案的深入审核。此阶段的任务是确保项目的技术方案在实际操作中是可行的，在经济上是合理的。在初步设计阶段，项目的技术细节得到进一步的深化和具体化，包括工程设计、设备选型、施工方案、资源配置、预算编制等。审批部门会详细审核这些设计方案，确保技术选择的科学性、工程方案的可行性以及预算的准确性。同时，初步设计审批还涉及项目的资金安排、工期计划和风险管理方案的审核。此阶段的重点在于保证项目的各个技术环节能够在预算范围内实现，并且能够按时完成，确保项目建设的质量和安全。通过初步设计审批，项目的设计方案得到了进一步的优化，为项目的正式实施做好充分准备。

（四）最终投资决策审批

最终投资决策审批是电力项目投资审批的最后环节，它决定了项目是否最终启动建设。此阶段的审批需要综合考虑项目各个阶段的评估结果，包括项目建议书、可行性研究报告以及初步设计的审批意见。审批部门将综合项目的技术可行性、经济效益、环境影响、风险管理等各方面因素，作出最终的投资决策。与此同时，审批部门还会考虑项目的资金安排，确保资金来源充足且风险可控。通过最终投资决策审批，项目获得了正式启动建设的授权，项目的资金投入也得以批准。这一审批环节的核心在于确保项目在各方面都已经做好准备，可以进入实质性建设阶段，确保项目的成功实施和预期效益的实现。

二、电力项目投资审批的作用

（一）政策合规性保障

电力项目投资审批在确保项目符合国家和地方能源政策方面发挥着重要作用。通过审批，项目的规划、设计和实施方案会被审查是否与国家能源战略、环保要求和行业标准保持一致。这不仅有助于推动可持续发展和优化能源结构，还能确保资源的有效利用，避免不符合政策导向的项目盲目上马。政策合规性的审查在项目初期即进行，为后续的项目实施奠定了坚实的基础。

（二）投资风险控制

在电力项目投资审批中，详细评估项目的经济可行性是控制投资风险的关键。审批机构严格审查项目预算、资金来源、成本控制和收益预测，确保财务结构合理并具备经济可行性。这有助于识别和规避财务及市场风险，保护投资者利益，保障公共资金高效使用。

（三）技术可行性审查

电力项目投资审批通过评估和验证技术方案，确保技术设计的可行性。审查工程设计、施工方案和技术设备，确认技术指标达标，保证项目的安全性和可靠性。这是技术风险管理的关键环节，为项目实施提供技术保障。

（四）环境影响评估

在电力项目投资审批中，环境影响评估是不可或缺的一环。审批机构通过环境影响评估来审查项目对生态系统、空气质量、水资源等方面的潜在影响，确保项目在环保方面达到规定标准。环境影响评估的结果将直接影响项目的批准与否，从而在项目早期阶段就可以采取必要的措施来减少环境损害，确保项目的可持续性发展。

（五）资源优化配置

通过审批过程，监管机构能够评估项目对各类资源的需求，包括土地使用、水资源、电力设备和技术人才等。审批机构会根据项目的重要性和优先级，确保这些资源得到合理配置，从而避免资源的浪费和重复利用。此外，通过对不同项目的综合评估，审批机构可以协调多个项目的资源需求，减少资源分配中的冲突，确保每个项目都能在最合适的时间和地点得到必要的资源支持。这一机制有助于提高电力项目的整体效率，促进电力行业的协调发展。

（六）公共利益保障

电力项目，尤其是大型基础设施建设项目，通常会对社会产生广泛影响，包括影响居民生活、改变区域经济格局、带来就业机会等。在审批过程中，相关机构会综合考虑项目对公共利益的影响，确保项目在促进经济发展的同时，兼顾社会效益。例如，审批机构可能会要求项目在设计和实施中纳入社区发展计划、提供就业培训机会或实施环保措施，以确保项目能够为当地居民带来实际的福利。同时，审批程序也为公众参与提供了机会，保障了公众在项目规划和决策过程中的知情权和参与权。

（七）项目实施可控性

审批过程中的各项评估和审查，旨在确保项目能够在既定的时间、预算和质量标准内完成。通过详细的施工计划审查、资金使用计划审核以及项目进度控制方案的评估，审批机构能够识别潜在的项目管理风险，并提出改进措施。此外，审批过程中还会审查项目的组织结构和管理能力，确保项目团队具备足够的经验和能力来应对项目实施中的挑战。通过这些措施，投资审批可以确保项目在实施过程中保持良好的进度控制和质量管理，从而避免工期延误、预算超支和质量问题的发生，最终实现项目的预期目标。

三、水电建设项目投资审批程序

（一）专业规划审批

以发电为主的重要江河、河段、国际河流、跨省（区）河流的水电专业规划，由能源局或由能源局委托水利水电规划设计总院审查，报国务院批准。省内中小河流水电专业规划，由省发展改革委会同水利水电规划设计总院审查，省人民政府批准，报能源局备案。

（二）可行性研究报告审批

大中型及限额以上水电工程的可行性研究报告（包括水利、航运等工程上的水电站），由水利水电规划设计总院组织省发展改革委、电力局、电管局、水利厅（局）等单位审查，能源局审批。其中地方或部门投资的 10 万 kW 以下中型水电站，由省级政府负责组织水利水电规划设计总院和电力、水利、水电部门审查后批准，并报能源局核备。

小型水电工程可行性研究报告，由省、自治区、直辖市发展改革委或部门委托电管局、电力局审查，先送电管局、直属省电力局提出意见，由省发展改革委或部门批准，报能源局备案。

（三）项目建议书和设计任务书报批

大中型及限额以上水电工程的项目建议书和设计任务书原则上按类似于火电工程的程序上报审批，但考虑到水电工程的特殊性，可根据具体情况适当简化报批程序，若一次编报设计任务书，则其程序可按照项目建议书的报批程序办理。

（四）初步设计审批

大中型及限额以上水电工程初步设计，由水利水电规划设计总院组织各投资方审查，能源局审批；如投资方尚未明确，可由水利水电规划设计总院组织有关单位审查，能源局审批，其中，地方或部门投资的 10 万 kW 以下中型水电工程项目，由省（区、市）发展改革委或有关部门会同水利水电规划设计总院组织审查，由省、自治区、直辖市发展改革委（地方项目）或国务院有关部门（部门项目）审批，报能源局备案，同时抄送所在省、自治区、直辖市电力局和有关电管局。

大中型及限额以上水电工程初步设计审查时，应邀请项目所在省有关部门和有关电力局、电管局参加。小型水电站的初步设计由省、自治区、直辖市发展改革委或部门委托电管局、电力局组织审查，省、自治区、直辖市发展改革委或部门审批，报能源局备案，同时抄送所在省、自治区、直辖市电力局和有关电管局。

四、火电建设项目投资审批程序

(一) 中央投资(含多方集资)的火电(包括热电联产)项目审批程序

电管局及省、自治区、直辖市电力局使用国家基建基金、银行贷款、煤代油和节能专项资金、利用外资以及与地方合资的项目,华能(集团)公司、新力能源开发公司等筹资(水电、核电及送变电工程均同)的大中型及限额以上工程项目,按以下办法审批。

1. 初步可行性研究报告。除特定项目外,一般由管理局、直属电力局(不属于华北、东北、华东华中、西北电管局管辖的省电力局,下同)负责审批(电力规划设计总院参加)。由电管局或省电力局编报项目建议书,报送能源局并抄送有关电管局和省、市发展改革委。经电管局和省、市发展改革委提出意见后,报能源局进行初审,能源局再将初审意见报送国家发展改革委审批。

2. 可行性研究报告。凡规划容量在 80 万 kW 及以上,或单机容量 30 万 kW 及以上,以及未达到上述规模但采用进口机组的工程,由电力规划设计总院审批;小于上述容量的工程由电管局、直属省电力局审批。在可行性研究报告审查通过后,由电管局、省电力局组织有关单位编制设计任务书(利用外资的项目为可行性研究报告),报能源局,同时抄送有关电管局、省、市发展改革委及投资各方,对投资安排提出意见,再由能源局提出初审意见,报国家发展改革委审批。

3. 初步设计。凡设计容量在 80 万 kW 及以上,或单机容量 30 万 kW 及以上,以及未达到上述规模但采用进口机组的工程,由电力规划设计总院组织各投资方审查,报能源局审批。小于上述容量的工程,由电管局、直属电力局与各投资方委托具有能源局认可资格的咨询公司进行审查,报能源局审批。

(二) 地方或其他部门的大中型及限额以上项目审批程序

1. 初步可行性研究报告。可委托由能源局认可的具有资格的咨询公司审查,并经电管局、电力局提出意见后,由省、自治区、直辖市发展改革委或部门批准;由业主单位编制项目建议书,先由电管局直属电力局提出审查意见,省发展改革委(地方项目)或国务院主管部门(部门项目)报能源局并抄报国家发展改革委;由能源局初审后,报国家发展改革委审批。

2. 可行性研究报告。凡规划容量在 80 万 kW 及以上,或单机容量 30 万 kW 及以上工程,以及未达到上述规模但采用进口机组的工程,应由电力规划设计总院审批;小于上述容量的工程,由各省、自治区、直辖市发展改革委或主管部门批准。由业主单位编制设计任务书,在各电管局或直属电力局提出审查意见后,由省发展改革委或国务院主管部门报能源局,由能源局提出初审意见报国家发展改革委审批。

3. 初步设计。凡设计容量在 80 万 kW 及以上,或单机容量 30 万 kW 及以上,以及未达到上述规模但采用进口机组的工程,由电力规划设计总院组织各投资方审查:小于上述容量的工程,由电管局、直属省电力局会同各投资方委托有资格的咨询公司审查,报能源局审批。

凡符合国家能源方针和总体能源规划,不接入国家电力系统,不需要国家解决燃料供应，不占用国家铁路运输能力，并纳入地方建设规模的项目，其设计任务书和初步设计，可由部门或省发展改革委自行审批，报能源局备案，并抄送所在省、自治区、直辖市电力局和有关电管局。

五、送变电建设项目投资审批程序

1. 电厂接入系统及配套送出工程（包括 220kV 及以上电压的送变电工程和相应的系统通信、自动化设施等），应与电厂可行性研究同时审查。

2. 凡规划容量在 80 万 kW 及以上，或单机容量 30 万 kW 及以上，以及未达到上述规模但采用进口机组的水、电、核电厂接入系统及配套送出工程，由电力规划设计总院会同水利水电规划设计总院等单位代为审查。小于上述容量的，由电管局或直属电力局审查报备。

3. 电厂接入系统及配套送出工程的初步设计，可与电厂初步设计分开审查。330kV 及以上电压的送变电工程，由电力规划设计总院代为组织各投资方审查；220kV 及以下电压的送变电工程，由电管局、直属电力局审查，中央参与投资的项目，由能源局或能源局授权单位审批；地方或其他部门项目，由部门或省、自治区、直辖市发展改革委按照电力行业规划审批，报能源局核备，抄送所在省、自治区、直辖市有关电管局、电力局和电力规划设计总院。

4. 不接入国家电力系统的电厂配套送出工程，可由部门或地方发展改革委自行审批，报能源局核备，抄送所在省、自治区、直辖市有关电管局、电力局和电力规划设计总院。

即测即练

思考与练习

1. 电力项目的概念是什么？
2. 新建项目、扩建项目、迁建项目和恢复项目的区别是什么？
3. 电力工程项目建设的主要特点是什么？
4. 电力项目基本建设程序通常分为哪几个阶段？
5. 什么是电力项目的可行性研究？
6. 建设监理在电力项目中的主要任务是什么？
7. 电力项目投资审批的主要阶段有哪些？

第二章

电力系统规划

学习目标

1. 理解电力系统规划的基本内容；
2. 掌握电力负荷预测与电力电量平衡的核心要点；
3. 理解电源规划和电网规划的主要涉及内容。

素养目标

1. 通过本章学习，使学生充分认识电力系统规划的基本内容，提升学生在电力规划项目中实际分析能力；
2. 引导学生在电力规划过程中充分考虑电力电量平衡、电源规划的必要性和可行性，培养学生实事求是的精神；
3. 引导学生了解电网规划的工作流程以及重点涉及内容，理解决策者承担的社会责任。

本章知识结构图

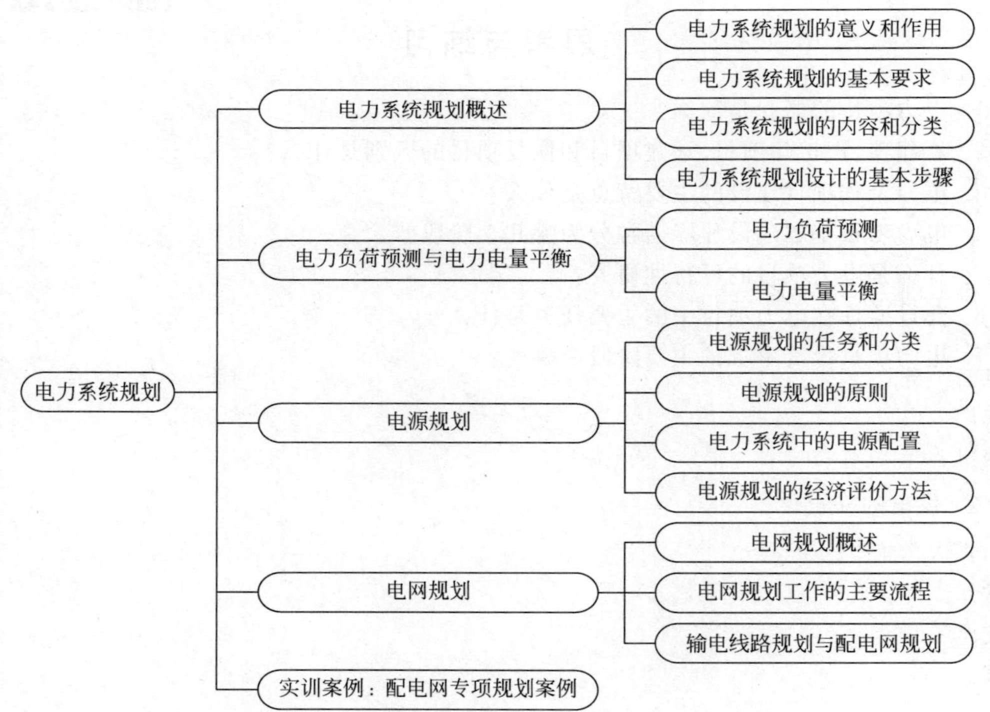

第一节　电力系统规划概述

一、电力系统规划的意义和作用

电能是现代社会必不可少的二次能源，可由水力、风力等机械能，煤炭、石油等燃烧产生的化学能，太阳的光能等多种一次能源转化而来。受资源及环境条件的制约，发电厂与电力负荷中心往往相距很远，因此必须用送电线路将电能从发电厂输送到电力负荷中心。另外，为了保证安全可靠、经济合理地供电，需要将使用不同能源、孤立运行的发电厂通过输电线路连接起来，组成统一的电力系统。由于电力系统是一个有机整体，任何较大的建设，都将不同程度地影响系统的运行和今后的发展。

电力系统规划作为电网发展的重要环节，其任务不仅仅是对建设项目进行具体的设计，而是从国民经济整体、地区、环境情况以及电力系统的特点出发，在规划期内，为满足整个社会对电力增长的需求，合理地利用现有一次能源资源，施以最佳的投资效果和技术手段。在电力系统规划的基本任务中，目前最主要的是负荷预测、电源规划和电网规划。由于地域环境因素的差异，基本任务和侧重点也有些差别。因此，正确合理的电力系统规划设计实施，可以最大限度地节约国家基建投资，促进国民经济其他行业的健康发展，提高其他行业的经济和社会效益。

二、电力系统规划的基本要求

电力系统应向用户提供充足、可靠、优质的电能，而可靠性、经济性、灵活性是电力系统应该具有的品质，因此满足一定程度的可靠性、经济性、灵活性是对电力系统规划设计的基本要求。

（一）电力系统的可靠性

1. 供电的充足性

供电的充足性是指系统满足一定数量负荷用电的不间断性，在各种运行方式下电力都能安全经济地输送到用户，且输、变、配比例适当，并留有适当裕度。在电力网络上既不存在电能不能充分利用的现象，也不存在设备能力闲置、资金积压的现象。目前，国际上已普遍采用电力不足概率(或失负荷)作为对电力系统供电充足性的评价标准，我国一直沿用发电装机容量备用率的概念来表征电源的充足程度。

2. 供电的安全性

供电的安全性是指系统在保持向用户安全稳定供电时能够承受故障扰动的严重程度，通常是指规程中规定的故障条件。电力系统发展设计的主要任务之一，就是通过电力系统的安全校核计算，包括稳态的 N-1 安全检查和暂态的稳定计算来保证系统达到一定的安全标准。

（二）电力系统的经济性

电力系统的经济性包括燃料的输送和供应，电能的生产和输送，发、送、变电设备的一次投资和折旧，能量输送过程中的损耗，以及其他运行费用等。

电力系统规划设计中系统运行费用是以生产模拟方法来计算的，总的要求是年费用最低。对于跨区联网送电工程、远距离送电和兴建电厂等大型系统规划设计项目，还应进行项目的财务分析，以确定其贷款偿还能力和经济效益。

（三）电力系统的灵活性

1. 电力系统对基本建设条件变化适应的灵活性

电力系统规划设计阶段会遇到很多不确定因素，从规划设计完成到基本建设项目实施投产，系统中电源、负荷、网络情况可能会发生某些变化，设计的系统应能在仅需较小修改的情况下，仍然满足预期的技术经济指标。这就是电力系统对基本建设条件变化适应的灵活性。

2. 电力系统在运行方面适应的灵活性

在生产运行中，电网和发电厂、变电站电气主接线，以及有功、无功电源，应能够在各种正常运行、检修及事故情况下灵活地调度，以应付各种元件的投退，从而保证系统安全稳定地向用户供应充足的电力。这是对电力系统在运行方面的灵活性要求。在系统设计阶段，这是衡量系统设计方案优劣的重要技术条件之一。

三、电力系统规划的内容和分类

（一）电力系统规划的内容

电力系统规划是在整个国民经济计划指导下，根据经济发展和电力负荷需求的增长，对电力系统未来发展所做的统一安排和优化决策。其内容包括电力负荷预测、电源发展规划、电力网发展规划、动力资源开发，提出电力系统地理接线图、单线电气接线图、逐年工程建设项目表，为发电厂设计、变电站设计、电力系统继电保护与安全自动装置设计、电力系统通信设计、电力系统调度自动化设计提供设计依据。

（二）电力系统规划的分类

为了研究和正确处理电力系统规划中不同时期、不同阶段、不同组成部分的特点和任务，可以将电力系统规划进行分类研究。

1. 按时间分类

电力系统规划按时间分为长远规划、中期规划和近期规划。

(1) 长远规划是指针对 15～30 年电力工业发展的战略性计划。长远规划主要包括根据国民经济和社会发展长期规划、经济布局、能源资源开发与分布情况宏观分析电力市场需求，综合分析煤、水、电、运、环境等，提出电力可持续发展的基本原则和方向，电源的总体规模、基本布局、基本结构，能源多样化等电网主框架；必要时提出更高电压等级的选择意见、电力设备制造能力开发要求、电力科学技术的发展方向。长远规划为中期规划指出了方向、任务和基本内容，是制定中期规划的依据。

(2) 中期规划是指针对5～15年电力工业发展的战略性计划。中期规划主要包括根据国民经济及社会发展目标、发电能源资源开发条件、节能分析、环境、社会影响等，分析电力需求水平及负荷特性、电力流向，提出规划水平年的电源布局、结构、建设项目，电网布局、结构、建设项目，并对建设资金、电价水平、设备、燃料、运输等进行测算和分析。中期规划与长远规划的任务有相似性，但在确定战略目标和任务上，中期规划更为具体、细致和明确，且确定性因素较少。中期规划的内容可作为近期规划的依据。

(3) 近期规划一般指3～5年的规划设计，是电力工业发展计划的主要形式，是执行计划。近期规划主要包括：根据国民经济和社会发展五年规划及经济结构调整对电力工业发展的要求，找出电力工业中不相适应的主要问题，深入研究电力需求水平及负荷特性、电力电量平衡、环境、社会影响等，提出3～5年电源结构调整和建设的原则，需要调整和建设的项目、进度、顺序；提出电网结构调整和建设原则，需要调整和建设的项目、进度、顺序；开展二次系统规划工作；进行逐年投融资、设备、燃料及运输平衡，测算逐年电价、环境指标等。近期规划的期限较短，不确定性因素较少，可靠性较高，因此可以比较准确地衡量计划期各种因素的变动及其影响，将中长期规划中提出的各项任务具体化，对实现中长期规划中战略目标的措施进行具体的安排。近期规划是中长期规划的继续和深入化、具体化。

2. 按管理级别分类

电力系统规划按管理级别分为国家规划、大区规划和地方规划。

(1) 国家规划由国家电力主管部门组织制定，根据国家制定的国民经济发展计划和科学技术发展计划，提出全国的电力发展规划和电力科学技术发展规划。国家规划是大区电力规划和地方电力规划的主要依据。地方规划应服从国家规划，首先保证国家规划的实施。

(2) 大区规划是跨省区的电力系统发展规划，由电力系统工业管理部门制定，以国家电力规划的电力系统地区任务为依据，因地制宜地对本电力系统范围内的电力发展做出具体安排，对电力系统范围内的人力、物力、财力进行全面的综合平衡。大区规划是国家规划与地方规划之间的纽带和桥梁，既是地方规划的指导和依据，又是国家规划的基础。

(3) 地方规划由省、地、县三级的电力规划部门制定，根据国家电力规划和所在电力网的电力规划规定的任务，对本省、地、县的电力工业发展做出具体的安排。地方规划需与地方其他经济发展计划相协调，对国家规划和大区规划中未安排的地方性电力项目建设做出具体安排。

3. 按电力生产的主要环节分类

电力系统规划按电力生产的主要环节分为发电规划、供电规划和送变电设备建设规划。

(1) 发电规划是根据规划期预测的电力需求，在保证供电可靠性条件下，制定最经济的新增供电能力计划。发电规划主要包括：结合负荷预测、电力电量平衡（含规定的备用容量）确定经济合理的电源结构；确定各类发电厂建设的地点、时间；调查厂址条件，进行方案经济分析，优选出最佳的电源结构与建设方案。发电规划应确保电源开发规划如期实施，同时还应具备适应负荷发展变化的能力。

(2) 供电规划对应于预测的电力需求,在满足供电可靠性及经济性前提下,确定电力供需的实际状况。供电规划主要包括:结合供电能力和供电量,考虑用户需求的最大负荷和电量平衡,制定短期(近几年)的以及中长期(5~10 年)的供电规划,与电力发展各阶段相协调相适应。在计算供电能力的时候,要明确供电能力的限度,清楚备用容量的状况;在计算供电量时,要根据实际情况进行逐月、逐年的供电量计算并平衡。

(3) 送变电设备建设规划是维持电能的生产与消费之间的平衡,提高整个电力系统的供电可靠性。送变电设备建设规划要考虑经济合理的、与电源发展规划和供电规划相适应的,送、变、配电设备建设规划,并考虑施工的可行性。

4. 按电力结构分类

电力系统规划按电力结构分为电力负荷预测、电源规划和电网规划。

(1) 电力负荷预测是电力规划的重要组成部分,是电力系统经济运行的基础。通过收集大量的历史数据,建立科学有效的预测模型,采用有效的算法,动态修正以反映负荷规律。

(2) 电源规划是电力系统电源布局的战略决策,直接影响系统今后运行的可靠性、经济性、电能质量、网络结构及其未来发展。电源规划根据某一时期预测的负荷需要量,在满足一定可靠性的条件下,寻求一个最经济的电源建设方案,使规划期内电力系统能安全运行且投资经济合理。

(3) 电网规划也称输电系统规划,主要根据电力系统的负荷与电源发展规划对输电系统的主要网架制定发展规划,以确定在何时何地投建何种类型的输电线路及其回路数,以达到规划期内所需要的输电能力,在满足各项技术指标的前提下使输电系统的建设费用最小。

四、电力系统规划设计的基本步骤

电力系统规划是电力建设前期工作的重要组成部分。为此,必须科学合理地进行电力系统规划,使其设计成果能够在电力工程设计中得到更加良好的应用。电力系统规划设计的基本步骤如下几个方面。

(一) 数据收集与整理

需要开展科学调研与资料收集,对区域的电力系统整体状况有一个大致的了解。此外,还需要对该区域的变电站、发电厂、输电线路等做好信息调查工作,并对收集到的信息进行系统的分析和对比,建立完善的数据信息库。

(二) 电力负荷预测及特性分析

电力系统的规划设计是电力系统规划设计的重要组成部分。在电力负荷的整体测试过程中,电力系统要在实施过程中进行短期的电力负荷测试,只有这样才能获取历年经济数据信息,并基于国民经济的发展与运行情况,对附近区域的中短期最大负荷实施负荷预测。对于一些正在建设和已经建设的重大项目的电力负荷特性要进行详细的分析,并且应对该项目的审查影响进行仔细评估。实际的电力负荷测试可采用很多种方法，如传统的测试方法和新型技术测试方法。而具体使用哪种预测方法应根据实际情况予以选定。特别是对于那些输送量较大的电力线路、容量较大的发电机组、处于枢纽位置的变电站进行预测时，必须采用多条件的预测方法，以确保准确地分析研究电力负荷的增长。

（三）对电源规划情况与电力情况进行分析

对于地方电源与统调电源共同组成的电源来说，很多地方企业通常利用自备发电机组和小型的水电厂进行供电，大型的水电厂则属于统调电源。电源规划是电力系统规划设计最为重要的内容。此外，每种电源的出力情况都不尽相同，要想使后续的电力规划设计工作能够顺利进行，就必须对每种电源的出力情况进行具体分析。

（四）电力电量的平衡分析

在电力系统规划设计过程中，需要将电力电量的平衡作为约束条件。在电量平衡实施的过程中，电力负荷的预测和电源规划这两个步骤需要同时进行。因此，需要根据电力负荷预测结果才能够判断电力系统中每年平均的最大负荷，再结合电源的不同运行特性的结果，最终得到电力电量的具体数值，从而根据这个数据对电力系统实际需要的电力设备容量加以确定。

（五）合理进行可行性研究及系统规划设计

在进行电力系统发展规划的同时，也要进行水电站、火电厂及联网工程的初步可行性研究，以便编制项目建议书。项目建议书审批立项后可开展可行性研究，为编写设计任务书提供依据。同时，可以开展发电厂接入系统设计、系统专题设计以配合后续开展的本体工程初步设计。提供设计的技术条件和参数规范。系统发展规划完成之后还应进行系统发展设计。但其任务是面向全网的，不能替代具体电厂的接入系统设计。水电厂在可行性研究阶段主要进行接入系统配合工作，到电厂初步设计正式启动后才进行接入系统的设计。

（六）对规划方案进行分析比较

在分析了各个计算结果之后，需进一步对规划项目的方案进行比较。即在全面分析项目方案的基础上，对电力发展规划的经济性、适用性、安全性及可靠性进行综合分析，通过实施方案比选，从而确定出最佳的系统规划设计方案。

除此之外，规划的设计方案、工艺流程、设备选型、设施布置、结构设计、材料选用等，需符合运行安全、经济高效、操作便捷、检修维护便利、施工方便，造价合理、原材料节约等要求，确保新技术的应用落实到位。

第二节　电力负荷预测与电力电量平衡

电力系统进行规划时，必须要对电力负荷进行科学的预测，并对电力负荷的特性进行细致的分析。电力负荷预测的质量会直接影响电力系统规划的水平，还可能会影响城市社会经济发展、能源开发及利用战略目标的制定。本节主要论述电力负荷预测与电力电量平衡。

一、电力负荷预测

（一）电力负荷的定义

在电力系统中，千万个用电设备消费的功率称为电力负荷，也称为电力系统综合用电负荷。在电力系统规划中，广泛使用的电力负荷概念是指国民经济整体或部门对电力电量消耗量历史情况的掌握及未来变化发展趋势的预测。

电力负荷包括以下两方面的含义。

1. 电力工业的服务对象，包括使用电力的部门、机关、企事业单位、工厂、农村、车间、学校，以及各种各样的用电设备；

2. 各用电单位、部门或设备使用电力电量的具体数量。

（二）电力负荷的分类

1. 按物理性能分类

电力负荷按物理性能分为有功负荷和无功负荷。

(1) 有功负荷是指在电力系统中产生机械能、热能或其他形式能量的负荷。在数学形式上，等于电压与同方向电流分量的乘积；在物理上，它是将电能转化为热能、机械能等其他形式能量的元件(一般为异步电机、电热元件)。

(2) 无功负荷是指在电力负载中不做功的部分，只在感性负载中才消耗，即定子线圈为产生磁场所需要消耗的无功功率。

需要注意的是，有功负荷不仅仅消耗有功功率，例如，电动机在消耗有功功率的同时，也消耗无功功率建立磁场。

2. 按电能的生产、供给、销售过程分类

电力负荷按电能的生产、供给、销售分为发电负荷、供电负荷和用电负荷。

(1) 发电负荷是指供电负荷加上同一时刻各发电厂的厂用负荷(厂用电)，构成电网的全部生产负荷。

(2) 供电负荷是指用电负荷加上同一时刻的网络损失负荷(包括线路和变压器损耗)。

(3) 用电负荷是指用户的用电设备在某一时刻实际消费的功率总和。

3. 按负荷的重要性分类

电力负荷按重要性分为一级负荷、二级负荷和三级负荷。

(1) 一级负荷是指中断供电会造成人身伤亡危险或重大设备损坏且难以修复，或者在政治上、经济上造成重大损失的用电设备。

(2) 二级负荷是指中断供电将导致产生大量废品、大量材料报废、大量减产，或者将发生重大设备损坏事故，但采取适当措施能够避免的用电设备。

(3) 三级负荷是指所有不属于一类和二类的用电设备。

4. 按所属行业分类

电力负荷按所属行业分为国民经济行业用电和城乡居民生活用电。

(1) 国民经济行业用电是指第一产业(农、林、牧、渔、水利业)用电、第二产业(工业、建筑业)用电、第三产业(国民经济行业用电中的其他剩余部分)用电。

(2) 城乡居民生活用电是指城镇居民和乡村居民照明及家用电器用电。

(三) 负荷特性及其参数

负荷特性是指电力负荷从电力系统的电源吸取的有功功率和无功功率随负荷端点的电压及系统频率的变化而改变的规律。负荷特性是电力系统的重要组成部分,作为电能的消耗者对电力系统的分析、设计、控制有着重要影响。

1. 负荷特性指标

负荷特性指标有日最大(小)负荷、日平均负荷、年平均负荷、负荷率、最小负荷率、最大负荷利用率、年最大负荷利用小时数和负荷峰谷差等。

积累电力系统负荷峰谷差的资料可以用于研究电力系统调峰措施,作为电力系统调整负荷节约用电措施的依据,并为电力系统电源规划提供参考条件。

2. 常用负荷曲线

负荷曲线是指某一时间段内负荷随时间变化的规律。负荷曲线反映了用户用电的特点和规律,是调度电力系统的电力和进行电力系统规划的依据。常用的负荷曲线有日负荷曲线、周负荷曲线和年负荷曲线。

(四) 电力负荷预测的概念

1. 电力负荷预测的定义

电力负荷预测是根据系统的运行特性、增容决策、自然条件、社会影响等诸多因素,在满足一定精度要求的条件下,确定未来某特定时刻的负荷数据,其中负荷是指电力需求量(功率)或用电量。从预测对象来看,电力负荷预测包括对未来电力需求量(功率)的预测、对未来用电量(能量)的预测,以及对负荷曲线的预测。

电力负荷预测是电力系统规划的重要组成部分,也是电力系统经济运行的基础,它是电力系统经济调度中的一项重要内容,是能量管理系统(energy management system, EMS)的一个重要模块。随着我国电力供需矛盾的突出、社会发展速度的不断加快和信息量的膨胀,电力负荷预测的准确度变得愈加困难。

2. 电力系统规划中负荷预测的内容

(1) 电量需求预测

电量需求预测是一段时间内电力系统的负荷消耗电能总量的预报,精确的电量预测模型有助于了解电力消耗发展趋势,在规划设计中电量需求预测的内容包括:各年(或水平年)需电量;各年(或水平年)一、二、三产业和居民生活需电量;各年(或水平年)分部门、分行业需电量;各年(或水平年)经济区域、行政区域或供电区需电量。

(2) 电力负荷预测

电力负荷预测是以电力负荷为对象进行的一系列预测工作。从预测对象来看，电力负荷预测包括对未来电力需求量(功率)的预测、对未来用电量(能量)的预测，以及对负荷曲线的预测。在电力系统规划设计中电力负荷预测的主要工作包括各年(或水平年)最大负荷；各年(或水平年)代表月份的日周负荷曲线；各年(或水平年)持续负荷曲线、年负荷曲线；各年(或水平年)负荷特性及其参数，如平均负荷率、最小负荷率、最大峰谷差、最大负荷利用小时数等。

(3) 用电增长的因素和规律分析

为了更好地掌握电力系统中用电增长的因素和规律，需要在充分调查研究的基础上，分析以下内容：能源变化与电力负荷的关系；国内生产总值(GDP)增长率与电力负荷增长率的关系；工业生产发展速度与电力负荷增长速度的关系；设备投资、人口增长与电力负荷增长的关系；电力负荷的时间序列发展过程。

此外，还需研究经济政策、经济发展水平、人均收入变化、产业政策变化、产业结构调整、科技进步、节能措施、需求侧管理、电价、各类相关能源与电力的可转换性及其价格、气候等因素与电力需求水平、电网特性的关系。同时，需要进一步分析研究电网的扩展性，城市电网改造、供电条件改善、农村电气化等对电力需求的影响。

(4) 电力电量、负荷特性、缺电情况分析

根据《电力系统设计内容深度规定》(DL/T 5444—2010)要求，应对历史实际电力负荷进行分析，具体包括：地区电力电量消费水平及其构成；地区总电力电量消费与工农业产值的比例关系；过去5～10年电力电量增长速度；负荷特性与缺电情况。

(5) 设计负荷水平的确定

对电力系统规划审议确定的负荷水平，特别是设计水平年的负荷水平进行以下分析和核算，并报有关单位认可，即作为本设计的负荷水平。

1) 与本地区历史电力电量增长率进行对比；

2) 与政府主管部门对全国或本地区的装机、发电量预测和控制数进行分析对比；

3) 验证与地区电力部门的预测负荷和电量是否一致；

4) 对负荷的主要组成、分布情况和发展趋势进行必要的描述；

5) 必要时还应根据关键性用户建设计划及主要产品产量对电力负荷预测进行分析评价。

二、电力电量平衡

(一) 电力电量平衡的基本概念

1. 装机水平(装机规模)

电力系统的装机容量必须与电力系统供电范围内的电力负荷需求水平相匹配，也就是说，必须尽可能满足电力负荷增长的需要。应该以电力负荷预测的要求容量作为电力系统规划中系统规划装机容量的基础，系统负荷预测的需求容量加上必需的备用容量及厂内网损容量即为系统需要的装机水平(装机规模)。

2. 电力建设条件

必须客观地、实事求是地分析论证具体的电力建设条件，包括对燃料动力资源条件、资金条件、其他物资设备条件、建设力量等的详细分析，以便制定科学的、能够付诸实施的系统装机规模和进度计划。

3. 退役机组

在论证系统的装机容量时，必须充分考虑现有装机中部分设备退役的必要性和合理性。

4. 年度计划

年度计划不但要确定规划设计水平年总的装机水平，而且要确定规划期内逐年的装机容量。特别是在中短期规划中，确定逐年的装机容量是必不可少的一项工作。

（二）电力电量平衡的目的

1. 电力平衡的目的

(1) 根据系统预测的负荷水平、必要的备用容量，以及厂内网损容量确定系统所需的装机容量水平；确定系统需要的发电设备容量应该是系统综合最大负荷与系统综合备用容量及系统中厂用电和厂内网损所需的容量之和。

(2) 确定各类发电厂的建设规模和建设进度。

(3) 研究电力系统可能的供电地区及范围，同时研究与相邻电网（或地区）联网及电力交易的可能性和合理性。

(4) 确定电力系统（或地区）之间主干线的电力潮流，即确定可能的交易容量。

2. 电量平衡的目的

(1) 确定电力系统需要的发电设备容量。

(2) 研究系统现有发电机组可能发电量，从而确定出系统需新增加的发电量。

(3) 根据选择的代表水平年，确定水电厂的年发电量，进一步结合新能源发电量，从而确定火电厂的年发电量，并根据火电厂的年发电量进行必要的燃料平衡。

(4) 根据系统的火电装机容量及年发电量，确定出火电机组的平均利用小时数，以便校核火电装机规模是否满足系统需要。

（三）电力电量平衡的原则

电力电量平衡的原则是在保证系统对用户充分供电、安全可靠运行的情况下，使系统的总燃料费用最小。在可再生能源规模化接入的背景下，电力电量平衡的原则需要适应新的挑战和需求。首先，优先利用水电厂的发电量；其次，充分利用热电厂热电联产的发电量，有效提升能源利用效率。在系统规划设计中，应按照凝汽式电厂（包括供热电厂蒸汽部分的出力）燃料费用的大小，并考虑电力网损失的修正，依次按低费用电厂到高费用电厂的顺序增加出力。同时，风能、太阳能等新能源的规模化接入为电力电量平衡的适应性提出了更高的要求。在消纳不受限地区，应按照资源条件对应的发电量全额安排风能、太阳能发电计划；在消纳受限地区，则需要结合当地实际情况，制定合理的解决措施，确保优先发电计划小时数逐年增加到合理水平。此外,为了保障电力系统安全稳定运行,应加强系统调节能力建设,充分挖掘常规电源(火电、水电、核电等)机组调峰、调频和调压能力,提高新能源电源(风电、光伏发电等)调节能力。必要时可配置燃气电站、抽水蓄能电站、储能电站、灵活调节电源以及调相机、静止同步补偿器(STATCOM)等动态无功调节装置。

(四) 电力电量平衡的主要内容

1. 确定电力系统需要的发电设备容量,确定规划设计年度内逐年新增的装机容量和退役机组容量。

2. 确定系统需要的备用容量,研究在水、火电厂和新能源发电之间的分配。

3. 确定系统需要的调峰容量,使之能满足设计年不同季节的系统调峰需要。

4. 合理安排水、火电厂、新能源电力发电的运行方式,充分利用水电和新能源发电,使燃料消耗最经济,并计算系统需要的燃料消耗量,力求碳排放最低。

5. 确定各代表水平年各类型电厂的发电设备利用小时数,检验电量平衡。

6. 确定水电厂电量的利用程度,以论证水电装机容量的合理性。

7. 分析系统与系统之间、地区与地区之间的电力电量交换,为论证扩大联网及拟定网络方案提供依据。

(五) 电力电量平衡的要求

由于电能不能大规模储存,发电、供电、用电之间必须随时保持动态平衡,以保证供电质量符合规定的标准。电力平衡估算建立在负荷预测基础上,可进行分区、分电压等级电力平衡计算,也就是按照各电压等级的容载比规定要求,测算各分区为满足不同电压等级负荷水平所需要的该电压等级的变电容量。

电力系统有功平衡的重要任务,就是在做好负荷预测的基础上准备充足的电源来满足负荷需要。其目的就是要满足用户的需要,要求电力系统在发电与用电间保持实时的平衡。

在规划设计中,进行无功平衡的主要目的是合理确定规划期各类电源容量及配置方式。一般说来,系统网络各枢纽点及主要环节的电压是衡量系统无功平衡的主要判据。

第三节 电源规划

电源规划的目标是根据某一时期的负荷需求预测,在满足各种约束最经济的电源开发方案情况下,确定何时、何地投建何种类型、何种规模的发电机组,目的是满足国民经济和社会可持续发展的战略要求,体现最大范围的资源优化配置。

一、电源规划的任务和分类

(一) 电源规划的任务

对电力系统电源布局进行策略研究,其任务是根据规划期内预测的负荷需要量,通过电力电量平衡得到所需的发电容量，在满足负荷需求并达到各种技术指标的条件下，确定在何时、何地新建(或扩建)何种类型、何种规模的发电厂(或机组)，使规划期内电力系统能够安全运行且投资经济合理。因此，电源规划是电力系统电源布局的战略决策，在电力系统规划中具有十分重要的地位。

(二) 电源规划的分类及其相关要求

1. 短期电源规划(1～5 年规划)

(1) 确定发电设备的检修计划；

(2) 分析推迟或提前新发电机组投产计划的效益；

(3) 分析与相邻电力系统互联的效益及互联方案；

(4) 确定燃料需求量及购买、运输和存储计划。

2. 中长期电源规划(5～30 年规划)

(1) 确定何时、何地扩建新发电机组；

(2) 确定扩建发电机组的类型及容量；

(3) 制定现有发电机组的退役及更新计划；

(4) 预测燃料的需求量及制定燃料供应的策略；

(5) 评估采用新能源发电技术(如太阳能发电、风力发电)的可能性；

(6) 分析采用负荷管理系统对系统电力电量平衡的影响；

(7) 研究与相邻电力系统进行电力交换的可能性。

二、电源规划的原则

1. 电源规划的投资决策原则

电源规划与系统负荷预测、电力电量平衡、发电厂选址、发电机组选型及规模确定、燃料来源及其运输条件、水库调节、系统运行、电力网络规划、技术经济指标选择等一系列问题密切相关，因此其决策过程需要多部门协同配合，是一项复杂而艰巨的任务。由于电源规划的投资规模大、周期长，对国民经济的发展影响深远，在制定电源规划方案时，必须遵循以下原则。

(1) 参与经济计算和比较的各个电源规划方案必须具备可比性；

(2) 必须确定合理的经济计算年限，且比较方案的计算年限应一致(采用年费用最小法时可例外)；

(3) 确定合理的经济比较标准；

(4) 在投资决策中，各项费用和收益，如建设期的投资、运营期的年费用和效益，均需考虑资金的时间因素，并以同一时间点为基准进行计算；

(5) 决策过程必须统筹兼顾国民经济的整体利益，并与相关部门密切配合。

2. 电源规划的技术经济原则

电源规划应遵循充足性、可靠性、灵活性、经济性原则，大力推动水电建设和流域梯级开发，积极发展坑口电厂，建设路口电厂、港口电厂、负荷中心电厂，适当建设核电厂；注重环境保护和资源永续利用，积极推进新能源发电和洁净煤燃烧技术等工程应用；坚持规模经济，加快电源结构的调整和改造，严禁建设小型燃气式火电机组。

此外，电源规划应确保能源供应稳定、能源流向合理、系统安全可靠、经济高效，充分利用系统装机容量和水电电量，满足调峰、保护生态、节约资源、控制污染的要求；规划过程中应进行技术经济比较，提出多个可行的电源建设方案，规划各年合理的在建规模、新开工的规模及投资估算等。

三、电力系统中电源的配置

研究电力系统的合理电源结构，主要是分析各类型发电厂发电容量与电量的合理比例问题。在进行电力规划时，应努力优化电力系统内电源结构。

电源结构规划的内容主要涉及两个方面：一是影响电源结构的因素，二是确定合理电源结构的方法。

1. 影响电源结构的因素

影响一个地区或电力系统的电源结构的因素有很多，概括起来有以下几个方面。

(1) 动力资源的种类、贮量及分布制约电源结构布局。例如，华北地区煤炭资源丰富，决定了其以煤电为主的电源结构；西南地区水资源丰富，因此优先开发水电是当地电力建设的重要方针。

(2) 地区或电力系统的电、热负荷需求量、特性及分布影响电源结构布局。如果热负荷较大、集中且持续时间长，建设热电厂便为经济合理。当负荷率较高时，大容量、经济性好的火电厂效应显著；当负荷率低、峰谷差大时，充分发挥水电厂的调峰优势。

(3) 电源本身的技术经济特性影响电源结构布局。火电的经济性随着火电成本的上升而下降；水电虽然运行成本低，但建设工期长，初始投资大。

(4) 国家发电能源政策影响电源结构布局。相关发电能源政策的出台，直接影响各类能源的开发速度及电源结构的调整。

(5) 国家资金、物资、器材以及劳动技术力量的供应能力等因素，均会影响电源结构的布局。

2. 确定合理电源结构的方法

(1) 根据负荷预测的结果，确定规划期内各个规划时段及逐年增加的装机容量(包括备用容量)。

(2) 根据地区(或电力系统)内动力资源分布和发电厂厂址条件，筛选一批潜在的厂址，并根据负荷增长需要合理确定发电厂容量。优先考虑的发电厂包括：以防洪灌溉为主要目的的水利工程发电厂、具有重大政治或国防意义的发电厂、大型工矿企业的自备电厂，以及为满足热负荷需求而确定建设的热电厂。

(3) 将剩余新增能量在各类发电厂之间经济合理分配。剩余新增能量是指系统所需总发电量扣除优先确定的发电厂容量后的不足部分。

3. 系统容量在各类发电厂之间的合理分配

在确定电力系统电源结构时，应遵循我国电力建设的有关方针政策。在以煤炭为基础的常规能源中，优先发展水电，充分利用系统装机容量和水电电量以满足调峰需求，适当发展核电，鼓励风能、太阳能等可再生能源的接入，保护生态，节约能源，减少污染，并根据各类发电厂的技术经济特性合理分配系统容量。

(1) 火力发电厂的主要特点

1) 火电厂的出力与发电量比较稳定。

2) 火电厂机组启动技术复杂，需耗费大量燃料、电能和化学水，运行中需持续支付燃料费用，但其运行不易受自然条件的影响。

3) 发电设备有功出力受锅炉和汽轮机的最小技术负荷限制。

4) 火力发电设备的效率与蒸汽参数有关。高温高压火电机组不宜频繁启停，适合承担系统基荷，并在接近满负荷状态下运行；中温中压火电机组在必要时可承担峰荷，但经济性较差。

5) 带有热负荷的火电厂称为热电厂，采用抽气供热，其总效率要高于普通的凝汽式火电厂，但与热负荷相匹配的那部分发电功率是不可调节的强迫功率。

(2) 水力发电厂的主要特点

水力发电是利用天然水流的能量来生产电能，其发电功率取决于河流落差和流量。其运行特性如下。

1) 无须支付燃料费用，且水能是可再生的资源；但其运行受水库调节性能的不同在程度上受自然条件(水文条件)的影响。

2) 水轮发电机的出力调整范围较宽，负荷增减速度较快，机组的启停运行耗时短，操作简便安全且无额外损耗。

3) 水利枢纽通常兼有防洪、发电、航运、灌溉、养殖、供水、旅游等综合效益。水库的发电用水量通常按水库的综合效益来考虑安排，因此可利用能量与电力负荷的需求不完全匹配。

(3) 抽水蓄能发电厂

抽水蓄能发电厂是一种特殊的水力发电设施，由上下两级水库组成。在日负荷曲线的低谷期间，它作为用电负荷向系统吸收有功功率，将下级水库的水抽到上级水库；在高峰负荷期间，由上级水库向下级水库放水，作为发电厂运行向系统发出有功功率。抽水蓄能发电厂的主要作用是调节电力系统有功负荷的峰谷差。

(4) 核能发电厂

核能发电厂具有初始投资大、运行成本低的特点。但核反应堆和汽轮机组启停过程耗时较长，且要增加能量消耗。核电厂需要持续地以额定功率运行，在电力系统中主要承担基荷。在有核电厂的电力系统中需要设置较大的发电机组备用容量，并要求有抽水蓄能机组进行调峰配合。

为了合理地利用国家的动力资源，降低发电成本，必须根据各类发电厂的技术经济特性，合理地分配它们承担的负荷，安排好它们在负荷曲线中的位置。径流式水电厂的发电功率，利用防洪、灌溉、航运、供水等其他社会需要的放水量的发电功率，以及在防洪水期为避免弃水而满载运行的水电厂的发电功率，都属于水电厂的不可调节功率，必须用于承担基本负荷；热电厂应承担与热负荷相应的电负荷；核电厂应带稳定负荷。它们都必须安排在日负荷曲线的基本部分，并对凝汽式火电厂按其效率的高低依次由下往上安排。

四、电源规划的经济评价方法

电源规划方案的经济评价是电源规划中不可缺少的环节，其目标是根据国民经济整体发展战略及区域发展规划的要求，通过量化各方案的投入产出效益，选择对国民经济最优的方案。

对于各种可行的电源规划方案，通常认为有相同的经济效益，因此在满足负荷需求、各种约束条件及技术经济指标的情况下，总投入最小的方案就是最经济的方案。常用的经济评价方法有投资回收期法、年总费用最小法、净现值法、等年值法等，我们将在后续章节介绍。

第四节 电网规划

一、电网规划概述

在电力系统中，电网承担着连接电源与用户的重要任务，其核心目标是实现供电可靠性最大化与经济性最优化。同时，电网还肩负着与邻近地区电力系统互联的任务。电网规划是保障电力系统长期稳定运行的关键环节，它以现有网络结构、负荷预测和电源规划为基础，科学确定输电线路的建设时序、选址、类型及其回路数等，确保在满足各项技术指标的前提下，实现输电系统的总费用最小化，并具备规划年限内所需要的输电能力。

电网规划在电力系统中至关重要，关乎电力输送、供电可靠性、灵活性和经济性。它依据国民经济规划，研究未来多年电网与各部门间的比例关系、发展速度、规模、布局、技术应用及成本效益等，从而推动电力系统高效发展，满足电力需求。随着电力工业市场化改革的推进，垄断格局被打破，效率要求提升，对电网规划产生深远影响，使其面临市场不确定性和用户高要求的挑战。体制改革如售电侧和输配电价改革进一步增加了规划难度。智能电网、主动配电网及能源互联网的建设对电网规划提出更高标准。如何科学规划电网，应对新能源和分布式电源带来的不确定性，提升供电质量和安全水平，合理利用资金和节能降损，已成为关注焦点。电网规划是供电区域经济发展和电网企业长远规划的基础，旨在制定经济、适度的电网建设方案，满足负荷需求，解决电网问题，提高可靠性、经济性和灵活性。

从电网的可靠性、经济性及灵活性三个方面来看，电网规划可以满足规划年限内负荷需求，保障社会经济发展，同时确保电源接入与送出顺畅。通过先进技术协调不同电压等级电网建设，提升电能质量，实现高质量供电。科学规划变电站容量、选址及网络结构，优化系统运行管理，减少跨区供电损耗，提高效率。此外，精准投资可节约建设成本，降低损耗和浪费，提升运行效益。合理的电网结构还能优化电力系统自动化投资效益，为后续设计和建设奠定基础，推动电网可持续发展。

二、电网规划工作的主要流程

电网规划是所在供电区域国民经济和社会发展的重要组成部分，也是电力企业长远发展规划的基础性工作，其目标是使电网发展能够适应、满足并适度超前于供电区域内的经济发展需求，同时发挥其对于电网建设，运行和供电保障的先导和决定作用。电网规划的主要流程可以分为资料收集、数据处理、确定网架及成果分析四个阶段。具体工作包括确定规划对象及边界条件、社会经济现状分析、电力系统现状分析、电力需求预测、电源建设、电力电量平衡、变电站选址定容、网架结构论证、电气计算、输变电项目建设及投资估算等多个方面，各阶段逻辑关系如图 2-1 所示，电网规划的流程如图 2-2 所示。

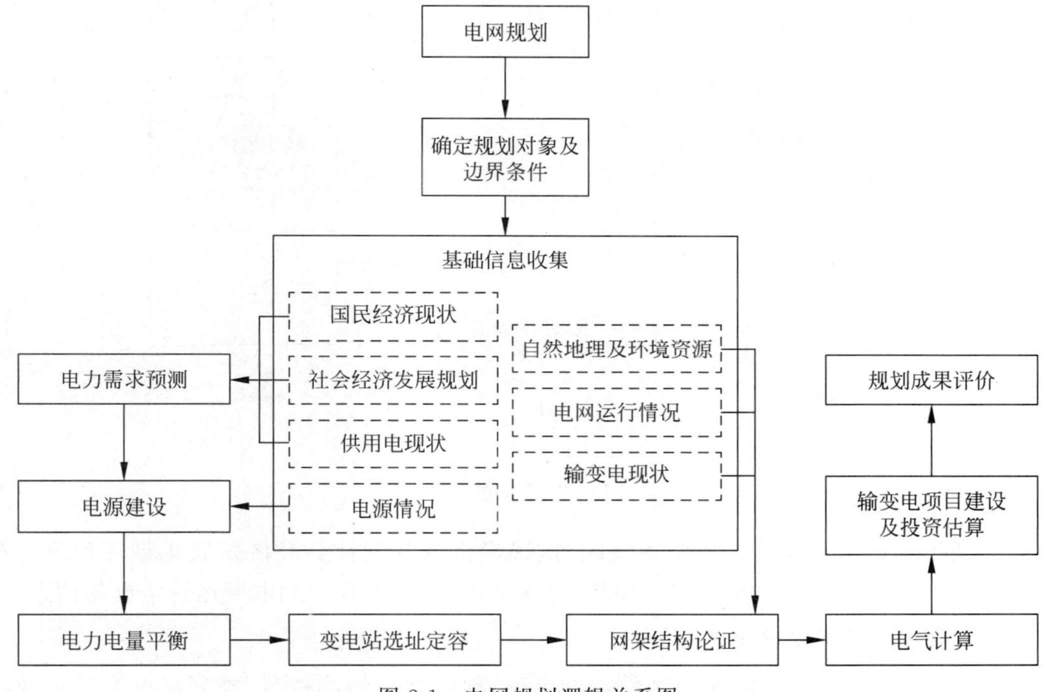

图 2-1　电网规划逻辑关系图

1. 明确规划目的及依据

确定电网规划的对象及边界条件，明确规划范围、规划年限、电压等级和规划深度。依据电网规划技术导则和电网安全标准，充分发挥电网规划对电网建设投资的指导作用，加强电网规划和地方经济发展规划的互动，实现电网在现有基础和水平上有目标、有计划、有效率地健康发展。

2. 电网规划基础信息收集

确定了规划对象及边界条件后，需要对规划所需的基础信息进行收集整理。通过收集社会经济发展、区域用电负荷、电网电源、电力网络及设备运行情况等数据资料，有利于全面了解规划区电力需求增长情况、电网设备和资产现状，有助于客观分析评价现状电网运行情况和深入挖掘电网存在的问题，使电网规划更有针对性。在社会经济现状及发展情况

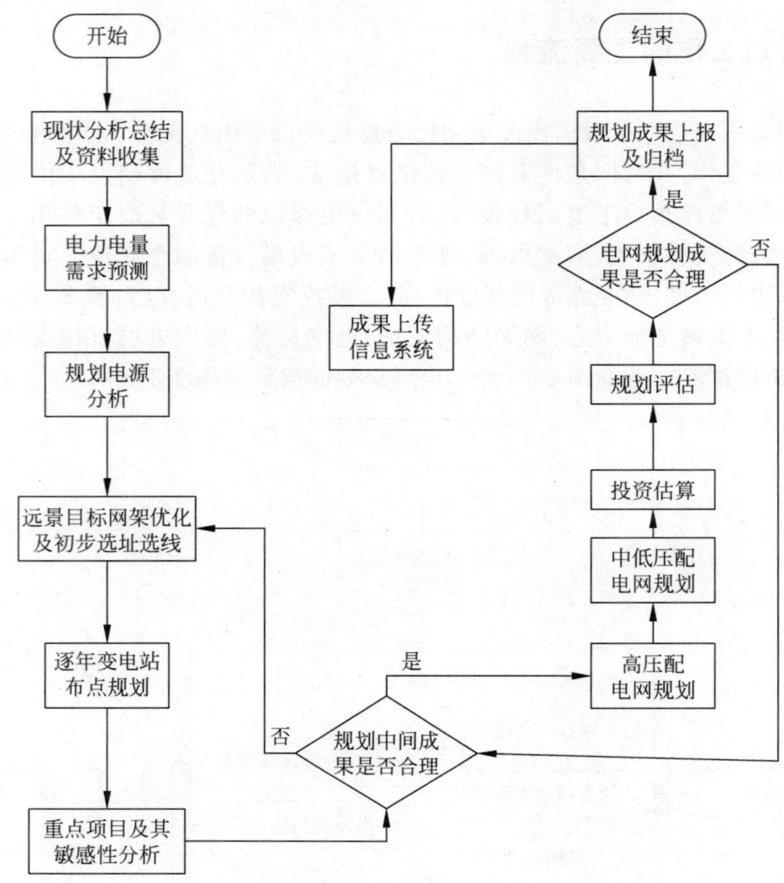

图 2-2 电网规划流程图

方面，需要搜集自然地理及环境资源概况、国民经济现状和社会经济发展规划等信息。在电力系统现状方面，需要收集供用电现状、电源情况、输变电现状和电网运行情况等信息。

3. 电网现状及问题分析

电网现状分析主要包括规划区的功能定位、地区社会经济概况、规划区电力需求现状分析、电源现况及电网规模、网架结构和运行情况分析等，剖析电网存在的主要问题及问题产生的原因。电网现状及问题分析是电网规划的重点，根据收集的电网现状信息，详细分析当前电网存在的主要问题，尽量在规划中解决，使规划的电网能更安全、经济、稳定运行，能适应经济发展的需要。客观全面地掌握现状电网运行情况和电网存在的薄弱环节，便于有针对性地提出规划解决思路和措施。

4. 电力需求预测

根据规划区内社会经济发展规划和当地历史用电情况，进行电量及负荷需求预测，包括总量、分区预测和空间负荷预测，以便于变电容量估计和变电站布点。电力负荷发展趋势是电网规划的重要基础条件，电力负荷的预测和分析除了对总量方面的预测外，还要对由负荷的构成所决定的负荷特性进行分析，这对确定电网的运行方式、网架结构、电源调峰、系统调压等特性都有重要指导意义。影响电力需求的因素很多，并且具有诸多不确定性，一般采用多种方法进行分析预测，提出高中低预测方案，并选定一个推荐方案作为电网规划设计的基础。

5. 电源建设

电源建设主要是根据各地电源前期工作情况（流域规划、可研、接入系统等）了解规划前期电源的建设情况。结合本地区用电需求和负荷特性，对规划期内新建的电源提出系统技术要求，并建议其投产时序。若规划区内有水电电源，还应了解其运行特性，诸如水库调节性能，丰水期、枯水期出力，多年平均发电电量情况等等。

6. 电力电量平衡

电力电量平衡的目的是研究电力系统的供需关系，既是对电源建设方案的复核，更重要的是分析量化各区域、电压等级间的电力电量流量，其任务是根据预测的负荷水平和分布情况，对存在变化的电源利用容量、备用容量选取等方面进行调整，并对规划区内电源进行分区电力平衡及变电容量测算，作为后续主网变电站布点的基础。

7. 变电站选址定容

(1) 变电容量估计。分层分区抵扣用户负荷及下级电网层次的电源出力得出计算负荷，计算负荷考虑一定的容载比即得出该区域所需的变电容量。

(2) 变电站布点。根据变电容量估计，扣减已有的变电容量，得出规划年需新上的变电容量；再根据预测的负荷分布，得出新上变电站的布点方案。

8. 网架结构论证

电网结构对电力系统运行的经济性、可靠性及调度控制的灵活性均有重要的影响，在进行电网的网架结构规划时，一般分为方案形成和方案校验两个阶段。实施过程中应分层、分电压等级进行，近期与远期相结合，美观与实用相结合，避免形成高低压电磁环网、电源过于集中、电源容量与送出的电压等级不相适应等不合理的网架结构，以满足电力系统在经济性、可靠性与灵活性等各方面的基本要求。

9. 电气计算

电气计算是分别在正常运行方式和“$N-1$”运行方式下对规划电网进行潮流计算校验和短路电流计算校验。潮流计算是电力网络设计及运行中最基本的计算，对电力网络的各种设计方案及各种运行方式进行潮流计算，可以得到电网稳态运行状况，以验证潮流分布和电压水平的合理性。短路电流计算的主要目的：(1)验算已有断路器需更换的台数，选择新增断路器的额定断流容量；(2)对以后高压断路器等设备的制造提出短路电流方面的要求，研究限制系统短路电流水平的措施。

10. 输变电项目建设及投资估算

汇总规划期内的输变电建设项目，提出投资估算结果，根据要求情况进行项目分析。对每个输变电项目均需列出明细，最后得出分年度和分电压等级的建设规模、投资规模、规划期末电网的总规划。

11. 规划成果评价

对电网规划方案进行供电能力评估、线损评估、可靠性评估、抗灾能力评估和经济评价等，分析规划项目的可行性以及规划期末将取得的经济效益和社会效益。

三、输电网络规划与配电网规划

电网规划需要考虑多种边界条件的影响，如技术标准、市政发展规划等设计依据、电网规划的时间、电网规划的空间、电网规划的深度和电网规划需达到的指标等。按照电网规划空间维度之电气空间，可以将电网规划划分为输电网络规划(220kV 及以上)和配电网规划(110kV 及以下)。电网的功能不同，其规划思路、方法及手段也不一样。输电网是通过高压、超高压输电线将发电厂与变电所、变电所与变电所连接起来，完成电能传输的电力网络，称为电力网中的主网架。配电网是从输电网或地区发电厂接受电能，通过配电设施就地或逐级分配给用户的电力网。

(一) 输电网络规划

作为电力系统的重要组成部分，合理的输电网络对于提高系统运行的经济性和可靠性有重要的作用。输电网络规划以电源规划和负荷预测为前提，在现有电网方案和给定待建线路的基础上，规划未来某一时期输电网网架结构和输电线路容量，以达到规划的输电能力要求，并满足可靠性指标和经济性优化。从数学的角度来讲，输电网络规划是一个含多个约束条件的非线性混合整数规划问题，未经简化的输电网规划模型具有离散、非线性、多目标等特点。在忽略系统不确定性因素作用的情况下，确定输电网规划时，假设未来电源状况及负荷水平已知，输电网规划可划分为单时段规划和多时段规划：单时段规划是指未来某一水平年规划，即为静态规划；多时段规划是将规划期划分为若干时间区间，规划过程需给出每个时间区间的规划方案，整个规划过程形成动态的规划序列。

输电网规划中电压等级的选取需要格外斟酌。500kV 变电站变压器绕组常用电压等级为 500/220/35kV，其中 35kV 为补偿绕组。500kV 变压器绕组能否采用 500/220/110/35kV 电压等级，35kV 为补偿绕组是值得探讨的问题。理论上存在可行性，如增加了 110kV 绕组，可直供 110kV 负荷，减少 220kV 变电站布点，避免重复降压，节能降耗，节约电网工程投资；但是将增加 500kV 变电站的复杂程度、运行维护和变电站出口段的出线走廊的难度，增加 500kV 主变压器(以下简称主变)的制造难度，降低 500kV 变电站的供电可靠性。220kV 变电站变压器绕组电压等级分为 220/110/35kV 和 220/110/10kV 两种。具体电压等级的选择应根据 35kV 或 10kV 电压等级的需求情况，进行仔细的探讨论证后确定。根据我国各级电压输送能力统计，220kV 输电线路输送容量为 100～500MW，传输距离为 100～300km；110kV 输电线路输送容量为 10～50MW，传输距离为 50～100km；35kV 输电线路输送容量为 2～10MW，传输距离为 20～50km；10kV 输电线路输送容量为 0.2～2.0MW，传输距离为 6～20km。选择 220kV 变电站电压等级时，应根据具体情况区别对待。在城市中心等 10kV 负荷密集区且没有 35kV 负荷的供电区域外，可选择 220/110/10kV 电压等级，其余应选择 220/110/35kV 电压等级，以加强公用电网的适应性。

(二) 配电网规划

配电网是电力网络中最接近用户的部分，对其进行科学的优化规划，可以保证电网改造的合理性、电网运行的安全性和经济性，提高配电网供电质量。配电网规划是根据规划期间负荷预测的结果和现有网络的基本状况，确定最优的系统建设方案，在满足负荷增长和安全可靠供应电能的前提下，使配电网的建设和运行费用最小。配电网优化是指利用配电自动化的网络重构功能实现故障恢复或者降低运行损耗，优化配电网运行方式。

配电网规划中电压等级的选取需要格外斟酌。110kV 变电站变压器绕组电压等级分为 110/35/10kV 和 110/10kV 两种。如果在边远及负荷密度较低且急需加强 35kV 网架的区域，或周围有少量 35kV 用户但又没有更合适的接入点的区域，其 110kV 变压器绕组应采用 110/35/10kV 电压等级，其余区域应主要采用 110/10kV 电压等级。35kV 变电站电压等级为 35/10kV。由于 35kV 变电站供电能力有限，主要适用于边远及负荷密度较低地区或紧靠 35kV 电源点区域。为了简化电压等级，在经济发达地区原则上应不再新增 35kV 变电站节点。

（三）配电网规划设计的重要性

配电网规划是电网规划的核心。规划对指导配电网建设与改造，对提升供电能力、可靠性和质量，适应负荷增长及电源、用户接入，实现经济高效运行至关重要。我国配电网发展滞后，存在着不平衡、标准不一、设备质量差异等问题。随着“两个一百年”战略目标推进，新型城镇化、农业现代化加速发展，配电网改造需求日益紧迫。城市供电可靠性要求提升，重要用户负荷增多，农村用电需求快速增长，电网供电能力不足与用户需求急剧增长的差距急需缩小。分布式电源和多元化负荷发展使配电网结构复杂化，需转型升级。我国配电网规划基础薄弱、问题复杂，需提升设计人员能力，采用新理念、工具和方法，加强统一规划，提高精益化、标准化水平，引领配电网科学发展。

（四）配电网规划设计的原则和方法

1. 配电网规划设计的基本原则

配电网规划设计应依据统一的技术标准要求，紧扣供电可靠性这一根本宗旨，贯彻电网本质安全、资产全寿命周期管理等先进理念，按照统一、结合、衔接的总体要求和差异化的建设标准，统筹配电网建设和改造，遵循经济性、可靠性、差异性、灵活性、协调性的原则。

(1) 经济性。遵循全寿命周期的管理理念，统筹考虑电网发展需求、建设改造总体投资额度、运行维护成本等因素，按照饱和负荷需求，坚持导线截面一次选定、廊道一次到位、变电站土建一次建成指导思想，坚持新建与改造相结合，注重节约和梯次利用，避免随意拆除、大拆大建、重复建设和超标准改造等浪费现象，保证规划的科学性；对项目实施方案进行多方案比选，分析投入产出效能，选取技术指标和经济指标较优的规划方案；规划建设规模和投资方案以供电企业为基本单位进行财务评价，确定企业的贷款偿还能力和经济效益，保证可持续发展。

(2) 可靠性。满足电力用户对供电可靠性要求和供电安全标准。可靠性一般通过供电可靠率 RS-3(Reliability on Service-3)判定配电网向电力用户持续供电的能力，通常根据某一时期内电力用户的停电时间进行核算，计及故障停电和预安排停电(不计系统电源不足导致的限电)时间；供电安全标准一般通过某种停运条件下的供电恢复容量和供电恢复时间等要求进行评判，停运条件包括 $N-1$ 停运和 $N-1-1$ 停运，前者是指故障或计划停运，后者是指计划停运的情况下发生故障停运。配电网规划应兼顾可靠性与经济性，可靠性目标值过低，不能满足用户的用电要求；目标值过高，将造成过度的资金投入，投资效益下降。

(3) 差异性。满足不同电力用户的差异性用电要求，适应不同地区的地理及环境差异，划分供电区域进行差异化规划。一般按照负荷密度、用户重要程度等，参考地区行政级别，按照统一的标准和原则，将配电网划分为若干类不同的区域，并根据区域经济发展水平和可靠性需求，制定相应的建设标准和发展重点。

(4) 灵活性。配电网发展面临诸多不确定因素，规划方案应具有一定的灵活性，能够适应规划实施过程中上级电源、负荷、站址通道资源等变化。同时，规划方案应充分考虑运行需求，提升智能化水平，确保在各种正常运行、检修等情况下灵活调度，增强配电网对运行条件变化的适应性，满足新能源、分布式电源和多元化负荷灵活接入，实现与用户友好互动。

(5) 协调性。配电网是电力系统发、输、配、用的中间环节，因此配电网规划设计应体现输配协调、城乡协调、网源协调、配用协调、一二次协调。同时，配电网规划应与城市发展规划紧密结合，统筹用户和公共资源，应用节能环保设备设施，促进配电网与周边景观协调一致，实现资源节约和环境友好。

2. 配电网规划设计的方法

配电网规划设计要对一个地区、一个省，甚至全国配电网发展的全局性问题进行宏观指导，方法上着重于综合分析，结论主要体现对配电网技术原则、建设规模、发展重点、电网投资等的宏观判断。在重大原则明确的前提下，配电网规划设计还要研究规划水平年的目标网架和逐年过渡网架，研究具体建设项目的建设规模、建设时序、电网拓扑以及与其他项目的协调一致，通常可借助成熟的软件进行量化计算和综合分析。

配电网规划设计的方法主要包括如下四个方法。

(1) 基本条件分析。配电网发展的基本条件是满足电力负荷需要，规划设计分析内容包括电力负荷增长、空间负荷分布和负荷特性分析三个部分。

(2) 基本功能分析。在基本条件分析的基础上，配电网规划设计应针对供电区域划分、电压等级序列选择、变电站供电范围划分等基本功能进行分析。

(3) 基本形态分析。基本形态分析的目的是确定配电网的电网结构与变电站接入方式。高压配电网结构主要有链式、环网和辐射状结构，变电站接入方式主要有 T 接和 π 接；中压配电网结构主要有双环式、单环式、多分段适度联络和辐射状结构；低压配电网宜采用辐射状结构。

(4) 技术经济分析。技术经济分析用于优选配电网规划设计方案，论证投资合理性，检验规划成效。在规划设计中，通常采用潮流计算、短路电流计算、可靠性计算、财务评价等技术经济分析手段，计算分析 $N-1$ 通过率、电压偏差、短路电流水平、户均停电时间、年费用、内部收益率和投资回收期等主要技术经济指标，对规划方案的技术经济特性进行全面综合评价，提出最佳方案。

配电网数据量大且发展迅速，传统人工收集基础数据效率低、准确性差。随着信息化技术发展，利用成熟可靠的计算机软硬件系统自动获取数据并辅助分析计算，已成为配电网规划的必然趋势。目前，国内外已有多款专业规划设计平台和软件，如国家电网的一体化电网规划设计平台和配电网规划计算分析软件。前者可完成负荷预测、供电区域划分等功能，后者能实现供电可靠性计算、技术经济比选等量化分析。这些工具能有效减轻规划人员工作量，提升规划设计效率和方案精益化水平。

（五）配电网规划设计的任务和内容

1. 配电网规划设计的任务

配电网规划需落实国家与地方发展目标，深入剖析现状、问题及形势，明确指导思想、目标、技术原则、重点任务及保障措施。规划应以经济社会发展为基础，合理确定发展速度与投资规模；同时针对问题与负荷需求，制定网架结构、站点布局、接入方案，明确项目时序与投资。规划年限应与国民经济、城乡发展、输电网规划相衔接，一般为 5 年，涵盖 35～110kV 项目（5 年内）及 10kV 及以下项目（3 年内）。详细规划下可展望至 10～15 年，确定中长期方向。考虑外部因素多变，规划应建立逐年评估与滚动调整机制，确保科学性、合理性、适应性。

2. 配电网规划设计的内容

配电网规划设计的主要内容有以下几个方面。

（1）现状诊断分析。逐站、逐变、逐线分析与总量分析、全电压等级协调发展分析相结合，深入剖析配电网现状，从供电能力、网架结构、装备水平、运行效率、智能化水平等方面诊断配电网存在的主要问题及原因，并结合地区经济社会发展要求，分析面临的形势。

（2）电力需求预测。结合历史用电情况，预测规划期内电量与负荷的发展水平，分析用电负荷的构成及特性。根据电源、大用户规划和接入方案，提出分电压等级网供负荷需求；具备控制性详规的地区应进行饱和负荷预测和空间负荷预测，进一步掌握用户及负荷的分布情况和发展需求。

（3）供电区域划分。依据负荷密度、用户重要程度，参考行政级别、经济发达程度、用电水平、GDP 等因素，合理划分配电网供电区域，分别确定各类供电区域的配电网发展目标，以及相应的规划技术原则和建设标准。

（4）发展目标确定。结合地区经济社会发展需求，提出配电网供电可靠性、电能质量、目标网架和装备水平等规划水平年的发展目标和阶段性目标。

（5）变配电容量估算。基于负荷需求预测以及各类电源参与的电力平衡分析结果，依据容载比、负载率等相关技术原则要求，确定规划期内各电压等级变电、配电容量需求。

（6）网络方案制定。制定各电压等级目标网架及过渡方案，科学合理布点、布线，优化各类变配电设施的空间布局，明确站址、线路通道等建设资源需求。

（7）用户和电源接入。根据不同电力用户和电源的可靠性需求，结合目标网架，提出接入方案，包括接入电压等级、接入位置等；对于分布式电源、电动汽车充换电设施、电气化铁路等特殊电力用户，开展谐波分析、短路计算等必要的专题论证。

（8）电气计算分析。开展潮流、短路、可靠性、电压质量、无功平衡等电气计算，分析校验规划方案的合理性，确保方案满足电压质量、安全运行、供电可靠性等技术要求。

（9）二次系统与智能化规划。提出与一次系统相适应的通信网络、配电自动化、继电保护等二次系统相关技术方案；分析分布式电源及多元化负荷高渗透率接入的影响，推广应用先进传感器、自动控制、信息通信、电力电子等新技术、新设备、新工艺，提升智能化水平。

(10) 投资估算。根据配电网建设与改造规模，结合典型工程造价水平，估算确定投资需求并制定资金筹措方案。

(11) 技术经济分析。综合考虑企业经营情况、电价水平、售电量等因素，计算规划方案的各项技术经济指标，估算规划产生的经济效益和社会效益，分析投入产出比和规划成效。

配电网规划设计成果体系应包括：总报告、专项规划报告、专题研究报告，以及现状电网和规划电网图集、各电压等级规划项目清册等。

第五节 实训案例

配电网专项规划案例

规划结论

本次规划的主要结论是为阅读者对本次电网规划有一个初步的、总体的概念。

本次规划的范围为北至DH路，东南方向均至H江，西至JH东路—ZX路，总用地面积约3.34平方公里，总建筑面积为133.03万平方米。

规划区具体情况如表2-1所示。

表2-1 规划区用地范围表

单元名称	规划范围	用地面积(平方公里)	建筑面积(万平方米)
规划区	北至DH路，南至H江，东至H江，西至JC东路—ZX路	3.34	133.03

规划内容主要包括远期负荷预测、远期高压配电变电站选址及定容、远期高压配电网规划、远期中压配电网规划、近期配电网建设建议，现将各主要规划结论简述如下。

规划区现状概况

规划区内现状无35kV及以上高压变电站。规划区电源由区外的两座35kV变电站TS站与YT站提供。

规划区现状10kV线路共有5回，分别为35kV TS站的A线与B线两回电缆线路向规划区西北角区域供电；35kV YT站的C线、D线与E线三回架空混合线路向规划区其他区域供电。

规划区现状10kV K型站共有2座，分别为Z1号、Z6号，规模均为2×1250kVA；10kV P型站10座，规模均为2×800kVA；10kV用户5座，配变容量共计5280kVA；10kV箱式变2座，配变容量共计300kVA；10kV杆式变18台，配变容量共计4613kVA。

负荷预测

本次负荷预测基于规划区特点，决定对于规划用地远期饱和负荷采用负荷密度指标法进行负荷预测，保留用地根据已有变压器容量按饱和负载率进行预测。

预测规划区远期负荷约为 58.97～63.34MW(包括充电桩负荷),远期负荷密度为 17.66～18.97MW/km^2。

远期高压配电变电站选址及定容

规划区远期规划 110kV XY 站和 TH 站,变电容量均为 3×50(80)MVA,总计配置容量为 300MVA,利用容量为 150MVA。

规划区内变电站站址控制如表 2-2 所示。

表 2-2 远期高压配电变电站站址

变电站名称	类型	电压等级(kV)	变电容量(MVA)	用地面积(m^2)	站址位置	站址落实
XY 站	规划	110	3×50	2400	YL 路中部北侧	控规已落实
TH 站	规划	110	3×50	2400	YH 路与 LXH 东路相交的东北角	控规已落实

远期高压配电网络规划

根据规划区远期高压配电变电站的选址与定容方案,基于进线形式的不同,提出两种高压配电变电站规划方案,并以方案一为推荐方案。

规划方案一公用高压配电网新建线路,主要采用架空线路方式。

110kV XY 站、110kV TH 站与区外、110kV JJ 站 110kV WJ 站形成一组“手拉手”三链接线模式,两侧电源分别来自 220kV ZZ2 站和 220kV TW 站。

规划新建 JL/LB1A-400mm^2 架空长度为 7.04km,JL/LB1A-240mm^2 架空长度为 1.69km,YJLW03-1×1000mm^2 电缆长度为 0.52km,YJLW03-1×800mm^2 电缆长度为 0.96km;新建 2×7 孔排管为 1.49km。共需投资 2.29 亿元。

远期中压配电网络规划

根据远期负荷预测的结果和 110(35)kV 变电站规划方案,给出了远期规划区 10kV 电网规划方案。

规划区远期 K 型站采用多座开关站单环网、两座开关站单环网、双侧电源开关站双环网的接线模式。中心 K 型站进线采用双并 YJV-3×400mm^2 电缆,终端 K 型站进线采用 YJV-3×400mm^2 电缆;两座开关站单环网、双侧电源开关站双环网接线模式的首端进线采用双并 YJV-3×400mm^2 电缆。

规划区远期在保留现状 2 座 10kV K 型站的基础上,规划 10kV K 型站 15 座,其中中心 K 型站 3 座,终端 K 型站 12 座。远期最终形成目标网架 5 组,分别为多座开关站单环网 3 组,两座开关站单环网 1 组,双侧电源开关站双环网 1 组;规划双并 YJV-3×400mm^2 电缆为 11.51km,YJV-3×400mm^2 电缆为 10.89km。规划区远期中压配电网络投资(包括了 10kV 配电站、线路以及电力排管)为 1.88 亿元。

近期配电网建设建议

规划区近期无高压配电网建设项目安排

110kV YT 站投运前用电方案,考虑暂时由规划区现状 K 型站 Z1 号与 Z6 号采用临时供电的方式向开发地块供电;110kV YT 站投运后用电方案,近期计划新建终端 K 型站 3 座,分别为 K01、K08、K11,进线电源分别来自 35kV TS 站与 110kV YD 站。

规划目的

为配合ZZ科学园区(以下简称"规划区")的开发建设,使规划区的配电网络建设更加科学合理,基于对应的控制性详细规划,进行配电网电力专项规划。本规划将为该地区的高中压配电网络规划管理提供技术依据,更好地指导规划区高中压配电网络的建设。

规划原则

依据城市电网规划的基本原则,结合规划区实际情况,遵循供电安全可靠、运行灵活、网架坚强、变电站布点准确、网络接线合理、便于电网建设与分期实施、投资节省的总原则,使电网规划与城市规划相统一,同时具备先进性、经济性及超前性。

规划范围

本次规划区的规划范围为北至DC路,南至H江,东至H江,西至JC东路—ZX路,总用地面积约3.34平方公里,总建筑面积为133.03万平方米。

规划年限

规划基准年2018年,近期规划年限2023年,远期规划年限与控制性详细规划中保持一致。

规划内容

(1) 规划区配电网现状调研及分析
(2) 规划区负荷预测与分布预测
(3) 规划区远期高压配电变电站选址与定容
(4) 规划区远期高压配电网络规划
(5) 规划区远期中压配电网络规划
(6) 规划区远期主要道路电力通道规划
(7) 规划区近期高中压配电网络规划
(8) 无功补偿及配电自动化说明
(9) 环境保护要求

即测即练

思考与练习

1. 什么是电力系统规划?电力系统规划的作用有哪些?
2. 电源规划的原则有哪些?
3. 电力系统规划有哪几种分类方式?
4. 电力负荷的概念及其分类有哪些?
5. 电力负荷预测的定义及其内容?
6. 电力电量平衡的目的是什么?
7. 什么是电源规划?
8. 电源规划的内容包括哪些?以及电源规划的经济评价方法包括哪些?
9. 电网规划包括哪几种分类?
10. 配电网的概念是什么?配电网规划设计有哪几种方法?

第三章

投资决策与评价基本理论

学习目标

1. 理解项目投资决策的程序；

2. 掌握可行性研究和项目评估的含义和作用、内容；

3. 理解可行性研究与项目评估的关系。

素养目标

1. 通过本章学习，使学生充分认识投资前期的工作就是对项目进行投资决策，提升学生在工程建设项目中实际投资决策分析能力；

2. 引导学生在投资决策过程中全面研究项目建设条件、客观论证项目建设的必要性与可行性，培养学生实事求是的科学精神；

3. 引导学生了解投资决策对经济、环境和社会可持续发展的影响，理解决策者承担的社会责任。

本章知识结构图

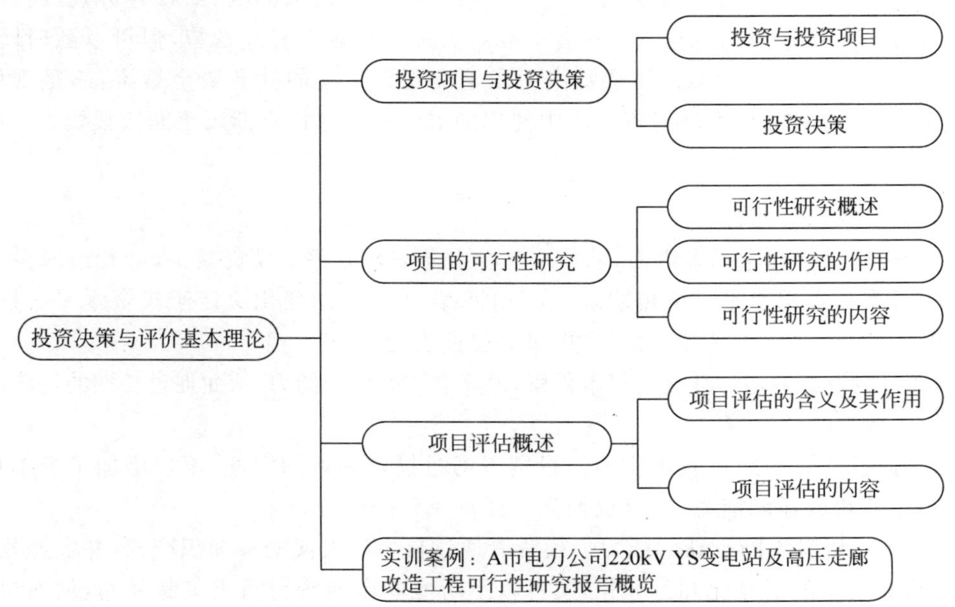

第一节　投资项目与投资决策

一、投资与投资项目

（一）投资

1. 投资的含义

站在不同的角度，可以对投资给出不同的定义。简单地说，投资是以预期的经济或社会效益为目的的资金投入行为和过程。需要说明的是，这里的“资金”应该理解为可折算成资金的各种资源（包括无形生产要素），投资的经济主体（投资主体或投资者）可以是政府、企业或个人。

按照投资对象性质的不同，可分为经济投资、公益性投资和金融投资三种。经济投资是指以实现最大投资价值为目的，将资金（或各种资源）转化为固定资产、无形资产、流动资产，生产产品或提供服务以获取利润的投资行为。公益性投资具有较强的公共性，它所提供的产品或服务往往不一定具有市场价格，其基本出发点是以社会公共福利为主，而非商业利润。金融投资则是指通过购买各种金融证券，形成金融资产而获利的投资行为。

按投资者对投资活动参与程度的不同，可分为直接投资和间接投资。直接投资使实物和无形资产存量增加，为项目产出社会产品或服务，以及最终产生经济或社会效益提供物质基础，它是进行社会再生产和扩大再生产的基本手段。投资者直接参与资本形成的过程，并在一定程度上对投资对象拥有经营控制权。经济投资和公益性投资均属于直接投资范畴。间接投资是投资者通过购买各种金融债券，拥有股权、债权、期权等形式，间接地参与实物和无形资产形成的过程。投资者一般对被投资企业没有经营权，但可以随时转卖变现或通过投资组合分散风险。其重要作用在于实现更广泛的社会资金聚集，满足现代化、社会化大生产，以及社会发展对资金集中使用的需求。金融投资即属于间接投资。

2. 投资的作用

（1）从宏观的角度看

① 投资增加会相应扩大内需，从而增加社会总需求水平；投资减少，会相应减少内需，从而减少社会总需求水平。从短期来看，产出和就业水平的变化决定于投资水平。投资增加，会增加社会的产出水平，同时提供更多的就业机会。

② 通过投资能够增加社会的资本积累，提高潜在的生产能力，从而促进长期的经济增长。

（2）从微观的角度看

① 增强投资者的经济技术实力。投资者通过投资项目的实施，不但增加了资本积累，而且提高了获得收益的能力，同时也增强了抵御风险的能力。

② 提高投资者不断创新的能力。投资者通过自主研发或购买知识产权，并实施投资项目，实现科技成果的商品化和产业化，就可以不断地取得创新利润或垄断利润，从而也使投资者具备长期的经济发展实力。

③ 增加投资者的市场竞争能力。经验表明,企业的市场竞争能力不但体现在技术创新上,而且决定于企业的规模。通过实施投资项目,可以扩大投资者的生产规模,达到规模经济;或者增加产品的种类,实现范围经济,在市场竞争中立于不败之地。

(二) 投资项目

1. 广义的项目概念

广义的项目一般指在一定约束条件(资源、时间、质量等)下具有特定明确目标的一次性组织或事业。美国项目管理学会(Project Management Institute,PMI)对项目的定义是:组织中所有具有一次性、有头有尾而非持续性的工作,或者为达到一个特定目的而将人力资源和其他资源结合成一个短期的组织。项目的特性包括以下几个方面的内容。

(1) 具有特定的目标和成果;

(2) 具有一次性特点,故一般是非例行性和非重复性的;

(3) 有明显的约束条件;

(4) 结合人力和其他各项资源共同推动一个暂时性的组织。

2. 投资项目

投资活动是通过各个投资项目进行的。关于投资项目的含义,有多种不同的表述。

(1) 联合国工业发展组织在《工业项目评估手册》中的表述为:"一个项目是对一项投资的一个提案,用来创建、扩建或发展某些工厂企业,以便在一定周期内增加货物的生产或社会的服务",并指出从项目评价的角度出发,"一个项目就是一个投资的单位,它可以从技术上、经济上区别于其他各项投资"。

(2) 世界银行则注重对贷款项目的管理,认为:"所谓项目,一般是指同一性质的投资(如设有发电厂和输电线路的水坝),或同一部门内的一系列投资(如城市项目中市区内的住房、交通和供水等)等项目。有些项目,只为特定的投资或比较全面的调查研究提供技术援助""项目还可以包括向中间金融机构申请贷款,为它的一般业务活动提供资金;或向某些部门的发展计划发放贷款。"所以,"项目通常既包括有形的(如土木工程的建设和设备的提供),也包括无形的(如社会制度的改进、政策的调整以及管理人员的培训等)"。

(3) 从投资项目评价更狭义的角度来讲,投资项目是指投入一定资源、能够单独计算和考核其投入和产出(成本和收益),以便于进行分析和评价的独立计划、规划或方案。通常,投资项目可以由若干更小的子项目组成。

二、投资决策

(一) 投资决策的含义

投资决策就是指根据预期的投资目标,拟订若干个有价值的投资方案,按照一定的程序,采用科学的方法或工具,对这些方案进行分析、比较和遴选,以确定最佳实施方案的过程。

无论是政府还是企业,都是通过投资来实现其宏观和微观目标。但在一定时期内,政府或企业可利用的资源都是有限的,都需要合理配置资源,提高资源的利用效率。投资者必须审慎地选择投资项目,对投资项目进行科学的、全面的分析论证,在权衡利弊的基础上做出是否实施该项投资的决定,以实现最佳的资源配置,达到生产最大效率的目的。另外,投资项目不仅具有收益性、长期性和不可逆性的特点,而且在未来面临很大的不确定性,投资者的预期收益取决于未来社会经济发展的条件、经济环境和发展趋势等制约,这就需要项目的投资者和资金的供给者在项目建设之前进行科学的投资决策,并充分估计未来的不确定性,使投资者获得预期的投资回报。

(二) 投资决策的程序

投资决策程序反映决策过程的客观规律,违反决策程序将会造成决策失误。正确的投资决策不仅取决于决策者的素质、知识、才能、经验以及审时度势与多谋善断的能力,而且与认识和遵循决策的科学程序密切相关。

1. 投资决策的一般程序

完善的项目投资决策应分阶段按照由粗到细、由浅入深的顺序渐进,一般分为投资机会研究、初步可行性研究、可行性研究和项目评估四个阶段。

(1) 投资机会研究阶段。投资机会研究,亦称投资机会鉴别,是指为寻找有价值的投资机会而进行的准备性调查研究。投资机会研究的重点是分析投资环境,如在某一地区或某一产业部门,对某类项目的背景、市场需求、资源条件、发展趋势以及需要的投入和可能的产出等方面进行准备性的调查、研究和分析,其目的是发现有价值的投资机会。

投资机会研究可分为一般投资机会研究和具体项目投资机会研究两类。

① 一般投资机会研究。它是一种全方位的搜索过程,需要进行广泛的调查,收集大量的数据。一般投资机会研究又可划分为三类:一是地区投资机会研究,旨在通过调查分析某一地区的基本特征、人口及人均收入、地区产业结构、经济发展趋势等状况,研究、寻求在某一特定地区的投资机会;二是部门投资机会研究,旨在调查分析产业部门在国民经济中的地位和作用、产业的规模和结构、产品的需求及其增长率等状况,研究、寻找在某一特定产业部门的投资机会;三是资源开发投资机会研究,旨在调查分析资源的特征、储量、可利用和已利用状况、相关产品的需求和限制条件等情况,研究、寻找开发某项资源的投资机会。在发展中国家,一般机会研究通常由政府部门或专业机构进行,为中央政府制定国民经济长远发展规划提供依据。

② 具体项目投资机会研究。在一般投资机会研究初步筛选投资方向和投资机会后,需要进行具体项目投资机会研究。具体项目投资机会研究比一般投资机会研究更为深入、具体,需要对项目的背景、市场需求、资源条件、发展趋势以及需要的投入和可能的产出等进行研究分析,并做出大体上的判断。

企业进行投资机会研究,应结合自身的发展战略和经营目标以及企业内外部资源条件进行。

投资机会研究的成果是机会研究报告,它是开展初步可行性研究工作的依据。投资机会研究阶段一般参照类似项目的数据,估算项目的建设投资和生产成本,误差一般要求为±30%。

(2) 初步可行性研究阶段。初步可行性研究亦称预可行性研究,即项目建议书阶段。

它是在投资机会研究的基础上，对项目方案进行初步的技术、经济分析和社会、环境评价，对项目是否可行做出的初步判断。主要是判断项目是否有生命力，是否值得投入更多的人力、能力和资金进行进一步的可行性研究。

初步可行性研究的重点，是依据国民经济和社会发展长期规划、行业规划和地区规划以及国家产业政策，从宏观上分析论证项目建设的必要性，并初步分析项目建设的可能性。初步可行性研究是介于投资机会研究与可行性研究之间的一个中间阶段，这一阶段一般采用指标估算法估算建设投资和生产成本，误差一般要求约为±20%。

经初步可行性研究判断项目是否有生命力，并有必要投资建设，即可以进一步进行可行性研究。虽然并非所有项目都必须进行初步可行性研究，但对于大型复杂项目而言，这是一个不可缺少的阶段。

初步可行性研究的成果是初步可行性研究报告或者项目建议书，具体形式可根据投资主体及审批机构的要求确定。二者的差别表现在对研究成果的具体阐述上，初步可行性研究报告比项目建议书更详尽一些。

(3) 可行性研究阶段。可行性研究一般是在初步可行性研究的基础上进行的详细研究。通过对主要建设方案和建设条件的分析比选论证，得出该项目是否值得投资、建设方案是否合理、建设是否可行的研究结论，为项目的最终决策提供依据。因而，可行性研究是项目决策的最重要阶段。可行性研究的成果是可行性研究报告。可行性研究阶段一般采用分项详细估算法估算建设投资和生产成本，误差一般要求约为±10%。

(4) 项目评估阶段。项目评估是指对项目投资决策提供依据所编制的项目建议书、可行性研究报告和项目申请报告进行评估。

① 项目建议书和可行性研究报告评估。是指在项目建议书和可行性研究报告编制完成后，由具备资质的工程咨询单位对项目建议书和可行性研究报告所做结论的真实性和可靠性进行复核和评价，为项目决策者提供决策依据。

项目建议书和可行性研究报告评估通常在以下几种情况下进行。

政府投资项目的项目建议书和可行性研究报告，应获得符合资质要求的工程咨询单位的评估论证结论。项目建议书的评估结论作为项目立项的依据，可行性研究报告的评估结论作为政府投资决策的依据。

项目业主或投资者为了分析可行性研究报告的可靠性，进一步优化完善项目方案，需要聘另一家工程咨询单位对原可行性研究报告进行再评估。

对拟建项目提供贷款的银行，一般自行组织专家组，有时也委托工程咨询单位对可行性研究报告进行评估，评估结论作为银行贷款决策的依据。

② 项目申请报告评估。是政府投资主管部门根据需要委托符合资质要求的工程咨询单位对拟建项目的外部影响进行的评估论证，项目申请报告评估在对项目建设用地与相关规划、资源和能源耗用分析、经济和社会效果分析等内容的真实性和可靠性进行核实的同时，侧重从维护经济安全、合理开发利用资源、保护生态环境、优化重大布局、保障公众利益和防止出现垄断等方面进行评估论证，评估结论作为政府核准项目的依据。

2. 我国现行的投资项目决策程序

根据《国务院关于投资体制改革的决定》(国发〔2004〕20 号)的要求，政府投资项目仍然实行审批制，审批的内容包括项目建议书和可行性研究报告等。企业投资项目不再实行审批制，区别不同情况实行核准制和备案制。其中，政府仅对重大项目和限制类项目从维护社会公共利益角度进行核准，其他项目无论规模大小，均改为备案制，项目的市场前景、经济效益、资金来源和产品方案等均由企业自主决策，自担风险，并依法办理环境保护、土地使用、资源利用、安全生产、城市规划等许可手续和减免税确认手续。对于企业使用政府补助、转贷、贴息投资建设的项目，政府只审批资金申请报告。对于需要核准的企业投资的重大项目和限制类项目，应在可行性研究报告的基础上编制项目申请报告，投资者仅需向政府提交项目申请报告，政府不再批准项目建议书、可行性研究报告和开工报告。严格限定实行政府核准制的范围，并根据变化的情况适时调整，《政府核准的投资项目目录》(以下简称《目录》)由国务院投资主管部门会同有关部门研究提出，报国务院批准后实施，未经国务院批准，各地区、各部门不得擅自增减《目录》规定的范围，对于实行备案制的投资项目，除国家另有规定外，由投资者按照属地原则向地方政府投资主管部门备案。国务院投资主管部门要对备案工作加强指导和监督，防止以备案的名义变相审批。

2016 年 7 月 2 日，第十二届全国人民代表大会常务委员会第二十一次会议通过修改《中华人民共和国节约能源法》《中华人民共和国水法》《中华人民共和国防洪法》《中华人民共和国职业病防治法》《中华人民共和国环境影响评价法》《中华人民共和国航道法》六部法律，涉及行政审批事项所处的阶段调整。政府投资项目、企业投资项目的上述 6 项行政审批事项由原来的“审批/核准/备案阶段”调整为“施工报建阶段”。《节约能源法》“节能评估和审查”、《航道法》“航道通航条件影响评价审核”两项行政审批事项，政府投资项目在审批阶段完成，企业投资项目的上述审批事项则由“核准阶段”变更为“施工报建阶段”。

可行性研究报告与项目申请报告的主要区别有以下三个方面。

(1) 适用范围不同。可行性研究报告是投资项目内在规律的要求，是项目建设程序的客观要求，它适用于所有投资项目。项目申请报告是政府行政许可的要求，适用于企业投资建设实行政府核准制的项目，即列入《目录》的项目；政府投资项目和实行备案制的企业投资项目，均不需要编制项目申请报告。

(2) 目的不同。企业投资项目可行性研究报告的目的是论证项目的可行性，供企业内部决策机构使用，并作为贷款方确定贷款的依据。项目申请报告不是对项目可行性的研究，而是对政府关注的项目外部影响的有关问题进行论证说明，需报请政府投资主管部门核准(行政许可)。在政府投资主管部门核准之前，企业需要根据规划、环保、国土资源等部门的要求，进行相关分析论证，得到各有关部门的许可。

(3) 内容不同。可行性研究报告的内容包括项目的内外部条件和影响，既要对市场前景、技术方案、项目选址、投资估算、融资方案、财务效益和投资风险等企业关注的方面进行分析与研究，又要对政府关注的涉及公共利益的有关问题进行论证。

项目申请报告主要是从维护经济安全、合理开发利用资源、保护生态环境、优化重大布局、保障公众利益和防止出现垄断等方面进行论证，对属于市场、资金来源、财务效益等不涉及政府公共权力的“纯内部”影响等内容不作为主要内容，但需要对项目有关问题进行简要说明，作为对外部影响评估的基础资料。

对于外商投资项目，政府需从市场准入、资本项目管理等方面进行核准。政府有关部门要制定严格规范的核准制度，明确核准的范围、内容、申报程序和办理时限，并向社会公布，提高办事效率，增强透明度。

对于政府投资项目，采用直接投资和资本金注入方式的项目，从投资决策的角度只审批项目建议书和可行性研究报告；除特殊情况外不再审批开工报告，同时应严格政府投资项目的初步设计、概算审批工作；采用投资补助、转贷和贷款贴息方式的，只审批资金申请报告。具体的权限划分和审批程序由国务院投资主管部门会同有关方面研究制定，报国务院批准后颁布实施。鉴于前文已经述及电力项目审批，此处仅介绍核准制的决策流程。

首先，提交项目申请报告。对于项目申请报告，国家规定有比较严格的标准，投资者应按所要求的内容提交报告。

其次，政府职能部门（各级发展改革委）对投资者提交的项目申请报告进行核准。在投资者提出项目申请以后，政府职能部门在规定的时限内对项目进行核实、论证。如果属于重大项目，政府职能部门还要委托有资质的咨询机构进行项目评估，对于符合有关要求的予以核准。

拓展阅读

核电项目核准管理政策的变化

再次，办理相关手续。项目核准后，投资者可以此办理相关手续，包括环境保护、土地使用权转让和城市规划等。在办理环境保护手续前，要根据2003年9月1日开始实施的《中华人民共和国环境影响评价法》(2016年7月2日第十二届全国人民代表大会常务委员会第二十一次会议重新修订)的要求，委托有资质的机构编制环境影响评价报告。

最后，金融机构进行项目评估。如果企业需要贷款，金融机构在提供贷款之前，要按照贷款程序进行项目评估。

第二节　项目的可行性研究

一、可行性研究概述

（一）可行性研究的含义

可行性研究是在投资决策之前，对拟建项目进行全面的技术经济分析与论证，试图对其做出可行或不可行评价的一种科学方法。它是项目投资前期工作的重要内容，是项目投资决策中必不可少的一个工作程序。

在项目投资分析与决策过程中，可行性研究具体是指在项目投资决策之前，调查和研究与拟建项目有关的自然、社会、经济、技术资料，分析、比较可能的投资建设方案，预测、评价项目建成后的社会经济效益。并在此基础上，综合论证项目投资建设的必要性，财务上的盈利性和经济上的合理性，综合考虑技术上的先进性、适用性以及资源条件、建设条件的保证程度，从而为投资决策提供科学的依据。一个完整的可行性研究报告至少应包括三个方面的内容：

1. 分析论证投资项目建设的“必要性”。这主要是通过市场预测工作（即通过市场预测分析项目所生产的产品的市场需求情况）来完成的。

2. 项目投资建设的可行性。这主要是通过技术分析和生产工艺论证来完成的。

3. 项目投资建设的合理性(财务上的盈利性和经济上的合理性)。这主要是通过项目的效益分析来完成。其中,项目投资建设的合理性是可行性研究中最核心的问题。

项目可行性研究的任务就是通过对拟建项目进行投资方案规划、工程技术论证、经济效益的预测和分析,经过多个方案的比较和评价,为项目决策提供可靠的依据和可行的建议。它应该明确回答项目是否应该投资和怎样投资。

(二) 可行性研究的发展历程

项目的可行性研究从20世纪初诞生(较早的可行性研究工作是在20世纪30年代美国开发田纳西河流域进行的)至今,大致经历了三个发展阶段。

第一阶段(20世纪初到50年代前期)。在这一阶段,项目的可行性研究主要采用财务分析方法,即从企业角度出发,通过对项目的收入与支出的比较来判断项目的优劣。

第二阶段(20世纪50年代初到60年代末期)。在这一阶段,可行性研究从侧重于财务分析发展到同时从微观和宏观角度评价项目的经济效益,费用—效益分析(或称经济分析)作为一种项目选择的方法被普遍接受。在这个时期,美国于1950年发表了《内河流域项目经济分析的实用方法》,规定了测算费用效益比率等原则性程序。1958年,荷兰计量经济学家丁伯根首次提出了在经济分析中使用影子价格的主张。此后,世界银行和联合国工业发展组织(UNIDO)都在其贷款项目的评价中同时采用了财务分析和经济分析两种方法。

第三阶段(20世纪60年代末期至今)。在这一阶段,可行性研究的分析方法中产生了社会分析方法,即把增长目标和公平目标(二者可统称为国民福利目标)结合在一起作为选择项目的标准。自1968年起,可行性研究的理论不断有新的方法、观点出现,打破了传统成本效益分析法所支配的这个领域,在学术界和国际上引起了方法上的激烈论战。其中最具影响的流派有L-M方法、UNIDO方法、S-T-V方法及阿拉伯方法(又称手册法)。这些方法之间的区别主要集中在国民经济评价中对投入、产出物采取什么价格、汇率及评价指标等争论上,其核心是如何确定影子价格问题。

1980年,联合国工业发展组织与阿拉伯国家工业发展中心(IDCAS)出版了《工业项目评价手册》,手册中所代表的观点,学术界称之为阿拉伯方法。该方法强调以实际市场价格计算项目投入、产出物的价格,也就是说,凡利用国内市场的投入、产出物,按国内实际市场价格计算,而利用国际市场的投入、产出物,则按以调整汇率换算为国内价格的实际口岸价进行计算。阿拉伯方法与前述两种方法的主要区别在于不使用影子价格。分析者认为,发展中国家将影子价格用在项目评估中,至少在现阶段无论在概念或实践上都是不可能的。它强调评价指标以国民收入最大化为目标,同时考察一些附加指标,如就业效果、分配效果、净外汇效果、国际竞争性等这在一定程度是引发争议的。阿拉伯方法采用修正汇率,直接反映了国家外汇的稀缺性。

我国自1979年开始,在总结新中国成立以来经济建设的经验与教训的基础上,引进了可行性研究,并将其用于项目建设前期的技术经济分析工作。1981年,原国家计委正式发布文件,明确规定:“把可行性研究作为建设前期工作中一个重要技术经济论证阶段,纳入基本建设程序”。1983年,原国家计委又下达了《关于建设项目进行可行性研究的试行管理办法》重申“建设项目的决策和实施必须严格遵守国家规定的基本建设程序”“可行性研究是建设前期工作的重要内容,是基本建设程序中的组成部分”。同时,国家发展和改革委员会(原国家计委)于1987年、1993年、2006年(其中1993年及2006年是与原建设部联合颁发的)颁发了《建设项目经济评价方法与参数》第一版、第二版、第三版,并于2002年颁发了《投资项目可行性研究指南(试用版)》,是规范进行项目经济评价及可行性研究、科学进行项目投资决策的指导原则。

二、可行性研究的作用

可行性研究的最终成果是可行性研究报告。它是投资者在前期准备工作阶段的纲领性文件,是进行其他各项投资准备工作的主要依据。对投资者而言,可行性研究有如下几个方面的作用。

1. 为投资者进行投资决策提供依据

进行可行性研究是投资者在投资前期的重要工作,投资者需要委托有资质的、有信誉的投资咨询机构,在充分调研和分析论证的基础上,编制可行性研究报告,并以可行性研究的结论作为其投资决策的主要依据。《国务院关于投资体制改革的决定》颁布以后,取消了政府职能部门(各级发展改革委)审批企业投资项目可行性研究报告的环节,只规定投资者提交项目申请报告。实际上,这只是审批体制的变化,并不等于投资者不需要编制可行性研究报告。从国内外的实践经验上看,在拟建项目之前,投资者都必须进行可行性研究,为自己项目的投资决策把关。

2. 为投资者筹措资金提供依据

投资者筹措资金包括寻找合作者投入资金和申请金融机构贷款。在寻找合作者时,特别是在寻找国外的合作者时,往往需要可行性研究报告的支持。国外的合作者会根据项目的可行性研究报告,与国内的投资者签订合作意向书。在申请金融机构贷款时,金融机构首先就要求申请者提供可行性研究报告,然后对其进行全面细致的审查和分析论证,并在此基础上编制项目评估报告。银行等金融机构只有在确认项目具有偿还贷款的能力、银行不承担过大风险的情况下,才会同意贷款。世界银行等国际金融机构也都将提交可行性研究报告作为申请贷款的先决条件。

3. 为商务谈判和签订有关合同或协议提供依据

有些项目可能需要引进技术和进口设备,如与外商谈判时要以可行性研究报告的有关内容(如设备选型、生产能力、技术先进程度等)为依据。有时外商会要求在项目的可行性研究报告被批准之后才与之签约。在项目实施与投入运营之后,通常都需要供电、供水、供气、通信和原材料等单位或部门协作配套,因此,投资者要根据可行性研究报告的有关内容与这些单位或部门签订有关协议或合同。

4. 为工程设计提供依据

在可行性研究报告中,对项目的场(厂)址选择、总图布置、生产规模、产品方案、生产工艺和设备选型等都要进行方案比选和论证,从而确定最优方案。因此,可行性研究报告是编制设计文件、进行建设准备工作的主要依据。

此外,可行性研究报告还可为设备订货、机构设置和人员培训等提供依据。

三、可行性研究的内容

投资项目可行性研究的内容因项目的性质和行业特点而异。从总体上看，可行性研究的内容与初步可行性研究的内容基本相同，但研究的重点有所不同，研究的深度有所提高，研究的范围有所扩大。

（一）企业投资项目可行性研究的主要内容

1. 总论

综述项目背景、项目概况、可行性研究的主要结论，应阐明对推荐方案在论证过程中曾出现的重要争论问题和不同的意见及观点，并对建设项目的主要技术经济指标列表说明，提出或说明项目调查研究的主要依据、工作范围和要求，说明项目的历史发展概况和前期有关审批文件。

新能源电力项目的投资可行性分析

2. 项目建设必要性分析

项目建设必要性分析主要从两个层次进行。(1)从项目层次。分析拟建项目实现企业自身可持续发展重要目标、重要战略和生存壮大能力的必要性；(2)从国民经济和社会发展层次。分析拟建项目是否符合合理配置和有效利用资源的要求，是否符合区域规划、行业发展规划、城市规划的要求，是否符合国家产业政策和技术政策的要求，是否符合保护环境、可持续发展的要求等。

3. 市场分析

调查分析和预测拟建项目产品和主要投入品的国际、国内市场的供需状况及价格变动趋势；研究确定产品的目标市场；预测可能占有的市场份额；研究产品的营销策略。

4. 项目建设方案研究

项目建设方案研究主要包括：建设规模和产品方案；工艺技术和主要设备方案；场(厂)址选择；主要原材料、辅助材料和燃料的供应方案；总图运输和土建工程方案；公用、辅助工程方案以及节能、节水措施；环境保护治理措施方案；职业安全卫生健康措施和消防设施方案；项目的组织机构与人力资源配置等。

5. 投资估算

投资估算是指在确定项目建设方案的基础上估算项目所需的投资。应分别估算建筑工程费、设备购置费、安装工程费、工程建设其他费用、基本预备费、涨价预备费、建设期利息和流动资金等投资总额。

6. 融资方案

在投资估算确定投资额的基础上，研究分析项目的融资主体、资金来源渠道和方式、资金结构以及融资成本和融资风险等，结合融资方案的财务分析，比较、选择和确定融资方案。

7. 财务分析(也称财务评价)

财务分析(也称财务评价)是指按规定科目详细估算营业收入和成本费用，预测现金流量；编制现金流量表等财务报表，计算相关指标；进行项目的财务盈利能力、偿债能力以及财务生存能力分析，评价项目的财务可行性等。

8．不确定性分析和风险分析

不确定性分析和风险分析是指对拟建项目进行盈亏平衡分析，计算盈亏平衡点，粗略预测项目适应市场变化的能力；进行敏感性分析，计算敏感度系数和临界点，找出敏感因素及其对项目效益的影响程度；对项目主要风险因素进行识别，采用定性和定量分析方法评估风险程度，研究提出防范和降低风险的对策措施。

9．国民经济评价（也称经济分析）

对于财务评价不能全面、真实地反映其经济价值的项目，应进行经济分析。从社会经济资源有效配置的角度，用项目产生的内部（直接）和外部（间接）的经济费用和效益编制项目投资经济费用效益流量表，计算有关评价指标，分析项目建设对经济发展所作出的贡献以及项目所耗费的社会资源，评价项目的经济合理性。

10．土地利用及移民搬迁安置方案分析

对于新增建设用地的项目，应分析项目用地情况，提出节约用地措施。涉及搬迁和移民的项目，还应分析搬迁方案和移民安置方案的合理性。

11．社会评价

对于涉及社会公共利益的项目，如农村扶贫项目，要在社会调查的基础上，分析拟建项目的社会影响，分析主要利益相关者的需求、对项目的支持和接受程度，分析项目的社会风险，提出防范和解决社会问题的方案。

12．社会稳定风险分析

社会稳定风险分析主要是在实施重大建设项目时，对存在的和潜在的对社会和群众生产与生活影响面大、持续时间长并容易导致较大社会冲突的不确定性的情况进行分析。

13．结论与建议

在完成以上各项分析研究之后，应归纳总结，说明所推荐方案的优点，指出可能存在的主要问题和可能遇到的主要风险，得出项目是否可行的明确结论，并对项目下一步工作和项目实施中需要解决的问题提出建议。

（二）政府投资项目可行性研究的主要内容

政府投资建设的社会公益性项目、公共基础设施项目和环境保护项目，除上述各项内容外，可行性研究的内容还应包括：

1．政府投资的必要性；

2．项目实施代建制方案；

3．政府投资项目的投资方式，采用资本金注入方式的项目，应分析出资人代表的情况及其合理性；

4．没有营业收入或收入不足以弥补运营成本的公益性项目，要从项目运营的财务可持续性角度，分析、研究政府提供补贴的方式和数额。

（三）可行性研究应达到的深度要求

1. 可行性研究报告内容应齐全、数据准确、论据充分、结论明确，能满足决策者定方案和定项目的需要。

2. 可行性研究中选用的主要设备的规格、参数应能满足预订货的要求。引进的技术设备的资料应能满足合同谈判的要求。

3. 可行性研究中的重大技术、财务方案应有两个以上方案的比选。

4. 可行性研究中确定的主要工程技术数据应能满足项目初步设计的要求。

5. 可行性研究阶段对投资和生产成本的估算应采用分项详细估算法，估算的准确度应达到规定的要求。

可行性研究与项目评估的区别与联系

6. 可行性研究确定的融资方案应能满足资金筹措及使用计划对投资数额、时间和币种的要求，并能满足银行等金融机构信贷决策的需要。

7. 可行性研究报告应反映在可行性研究中出现的某些方案的重大分歧及未被采纳的理由，供决策者权衡利弊进行决策。

8. 可行性研究报告应附有评估、决策审批所必需的合同、协议、意向书、政府批件等。

第三节　项目评估概述

一、项目评估的含义及其作用

（一）项目评估的含义

项目评估是指在可行性研究的基础上，根据国家有关部门颁布的政策、法律法规、方法和参数等，从项目（或企业）、国民经济和社会的角度出发，由有关部门（包括银行、中介咨询机构等）对拟建投资项目建设的必要性、产品市场需求、建设条件、生产条件、工程技术、财务效益、经济效益和社会效益等进行全面分析论证，并就该项目是否可行提出相应专业判断的一项工作。

（二）项目评估的作用

项目评估是由项目隶属政府部门、项目主管部门、贷款银行等部门或由上述部门委托咨询评估机构进行的。它是将微观问题拿到宏观中去权衡，其目的是用于决策，不仅为项目决策服务，还是银行贷款决策的依据。

1. 为上级主管部门把关提供依据

投资者在拟建项目之前都要由其主管部门进行审批或核准，在征得主管部门同意之后，方能实施该项目。主管部门只有在进行项目评估（或通过类似于项目评估的形式）以后才能决策。从这个意义上讲，项目评估可以为上级主管部门把关提供依据。

2. 为金融机构贷款决策提供依据

金融机构提供贷款一般坚持“三性”原则，即效益性、安全性和流动性。凡是申请贷款（一般是中长期贷款）的投资者，都要在提交贷款申请的同时，提供项目的可行性研究报告，由金融机构组织或委托有资质的中介咨询机构进行投资项目评估，并主要以项目评估的结论作为是否提供贷款的依据。在现行的经济体制和金融体制下，金融机构更加重视信贷资产的质量，对所有项目贷款的要求更加严格，对所有项目都要严格把关，进行真正的项目评估。从这个意义上讲，项目评估可以为金融机构贷款决策提供依据。

3. 为政府职能部门审批项目提供依据

《国务院关于投资体制改革的决定》规定政府投资项目一律实行审批制，企业投资的重大项目和限制类项目从维护社会公共利益的角度实行核准制。因此对有关国计民生的项目、大型基础设施项目和资源开发项目等，在审批或核准项目之前，政府职能部门要对拟建的大型项目进行评估，而且对这些项目的评估所花费的时间、财力和人力可能比可行性研究更多，特别是那些有关国计民生的大型的、结构复杂的投资项目。从这个意义上讲，投资项目评估为政府职能部门审批或核准项目提供了依据。

二、项目评估的内容

项目评估的目的是为投资决策提供科学的依据。项目的类型很多，其规模、性质和复杂程度各不相同，其评估的内容与侧重点也存在着一定的差异。但其基本内容大同小异，主要包括以下几个方面。

1. 项目与企业概况评估

首先，对项目实施的背景进行简要分析；其次，对各类项目的基本概况进行简要分析。对于基本建设项目，主要评估项目的投资者、建设性质、建设内容、产品方案和项目隶属关系以及项目得以成立的依据（如立项批复文件、选址意见书）等。对于更新改造项目，除上述内容外，还要评估现有企业的基本概况、历史沿革、组织机构、技术经济水平、资信程度和经济效益等。对于中外合资项目，则还要分别评估合资各方的基本概况。

2. 项目建设必要性评估

主要从国民经济和社会发展的宏观角度论证项目建设的必要性：分析拟建项目是否符合国家宏观经济和社会发展意图，是否符合市场要求和国家规定的投资方向，是否符合国家建设方针和技术经济政策，项目产品方案和产品纲领是否符合国家的产业政策、国民经济长远发展规划、行业规划和地区规划的要求等。

3. 产品市场需求分析

主要分析产品的性能、品种、规模构成和价格，判断其是否符合国内外市场需求趋势，有无竞争力，是否属于升级换代的产品。

4. 项目生产规模确定

根据产品的市场需求及所需生产要素的供应条件，分析项目的规模是否经济合理。

5. 项目建设和生产条件评估

主要评估项目的建设施工条件能否满足项目正常实施的需要，如分析场(厂)址选择、供电、供水、交通运输等条件是否落实，有无保证。建设项目的“三废”治理是否符合保护生态环境的要求，项目的环境保护方案是否获得环保部门的批准认可。评估项目建成投产后的生产条件能否满足正常生产经营活动的需要，如分析原材料、燃料、动力的来源是否可靠稳定，产品方案和资源利用是否合理等。

6. 项目工程与技术评估

综合论证分析拟建项目所采用的工艺、技术、设备的技术先进性，经济合理性和实际适用性。主要论证建筑工程总体布置方案的比较优选方案是否合理，论证项目建设工期和实施进度所选择的方案是否正确等。

7. 投资估算与融资方案研究

对估算的投资数据(包括建设投资、流动资金投资与建设期利息等)进行认真、细致和科学的测算和核实，分析数据估算是否合理，有无高估冒算、任意提高标准、扩大规模计算定额和费率等现象，是否有漏项、少算、压价等情况。还应论证融资方案，即资金筹措计划是否可行等。

8. 财务分析

从企业或项目的角度出发，采用现行财税制度和现行价格，测算项目的成本与效益，据此判断项目的财务盈利能力、贷款偿还能力和财务生存能力，检验财务指标的计算是否正确，是否达到行业投资收益和贷款偿还的判据基准，以确定项目在财务上的可行性等。

9. 经济分析

从国民经济的角度出发，分析项目对国民经济和社会的贡献，检验经济效益指标的计算是否正确，审查项目投入物和产出物采用的影子价格和经济参数测算是否科学合理，项目是否符合国家规定的评价标准，以确定项目在经济上的合理性等。

10. 不确定性分析

包括对项目评估进行盈亏平衡分析、敏感性分析，确定项目在财务上和经济上抵御投资风险的能力，主要是测算项目财务经济效益的可靠程度和项目承担投资风险的能力，以利于提高项目投资决策的可靠性、有效性和科学性。

11. 社会分析

按照项目的具体性质和特点，分析项目给整个社会带来的效益。是否能够促进国家或地区的经济发展和社会进步，是否能够提高国家、部门或地方的科学技术水平和人民文化生活水平等，并将项目对社会收入分配、劳动就业、生态平衡、环境保护和资源综合利用等的影响进行定量和定性分析，检验指标的计算是否正确、分析是否恰当，确定项目在社会效益上的可行性。

12. 社会稳定风险评估

主要是针对由于重大建设项目的建设可能引发的社会稳定风险进行分析，通过深入的调查研究，识别风险来源，采用风险分析和管理的技术方法，对重大项目建设的合法性、合理性、必要性、程序性、适时性等进行全面的分析评价。

13. **项目总评估**

在上述各项评估的基础上，得出项目评估的结论。通过汇总各方面的分析论证结果，进行综合研究，对是否能批准项目可行性研究报告和予以贷款等提出结论性意见和建议，为项目决策提供科学依据。

在实际评估中，可根据项目的性质、规模、类别等对上述内容加以调整。

第四节　实训案例

A市电力公司220kV YS变电站及高压走廊改造工程可行性研究报告概览

项目名称：220kV YS变电站及高压走廊改造工程

项目单位：A市电力经济技术研究院

编制单位：A电力设计院有限公司

220kV YS变电站及高压走廊改造工程可行性研究报告总目录如表3-1所示。

表3-1　220kV YS变电站及高压走廊改造工程可行性研究报告总目录

序　号	图　名
一	可行性研究报告说明书
二	主要设备材料清册
三	系统图纸
1	周边电网现状地理接线图
2	改造工程实施后周边电网地理接线图
3	周边电网远景地理接线图
4	本侧及对侧间隔布置示意图
5	2020年规划110kV出线
四	继保图纸
1	系统继电保护配置图
2	自动化系统配置图
五	通信图纸
1	相关站点光缆(三级网)现状图
2	过渡期间光缆方案拓扑图
3	最终阶段光缆方案拓扑图
4	光缆通道组织图
六	变电结构图纸
1	站址位置图(方案一)
2	站区总平面布置图(方案一)
3	站址位置图(方案二)
4	站区总平面布置图(方案二)
七	变电电气图纸

续表

序　号	图　名
1	原 YS 站电气主接线图
2	电气主接线图
3	原 YS 站电气总平面布置图
4	电气总平面图布置图(方案一)
5	配电装置楼电缆层平面布置图(方案一)
6	配电装置楼一层平面布置图(方案一)
7	配电装置楼二层平面布置图(方案一)
8	配电装置楼 I-I 剖面图(方案一)
9	电气总平面图布置图(方案二)
10	配电装置楼电缆层平面布置图(方案二)
11	配电装置楼一层平面布置图(方案二)
12	配电装置楼二层平面布置图(方案二)
13	配电装置楼 I-I 剖面图(方案二)
14	500kV SL 站 220kV 配电装置接线图
15	500kV SL 站 220kV 配电装置平面布置图
16	220kV PJ 站 220kV 配电装置接线图
17	220kV PJ 站 220kV 配电装置平面布置图
18	220kV XZ 站 220kV 配电装置接线图
19	220kV XZ 站 220kV 配电装置平面布置图
八	送电电气图纸
1	现状线路路径总图
2	过渡阶段路径总图
3	永久方案路径总图
4	光缆改造路径总图
5	过渡阶段线路路径图
6	线路路径图(一)
7	线路路径图(二)
8	线路路径图(三)
9	线路路径图(四)
10	线路路径图(五)
11	线路路径图(六)
12	220kV 电缆终端站平面及断面布置图
九	线路结构图纸
1	铁塔及基础一览图
2	终端站及超长工井土建一览图
十	临电图纸
	临电电缆走向图
十一	估算书(另行装订)
十二	隧道分册(另行装订)

220kV YS 变电站及高压走廊改造工程可行性研究报告说明书目录如下所示。

220kV YS 变电站及高压走廊改造工程
可行性研究报告说明书目录

1. 工程概述
    1.1　设计依据
    1.2　工程概况
    1.3　主要设计原则
    1.4　方案技术经济比选
    1.5　经济性与财务合规性
    1.6　上次评审会议纪要落实情况
2. 系统部分
    2.1　系统一次
    2.2　系统二次
3. 变电部分
    3.1　站址选择
    3.2　主要设计原则和工程设想
4. 输电部分
    4.1　线路概况
    4.2　线路路径走向
    4.3　线路路径方案
    4.4　地质条件
    4.5　气象条件
    4.6　导线和地线
    4.7　绝缘配合
    4.8　防雷保护和接地
    4.9　绝缘子串和金具
    4.10　导线对地和交叉跨越距离
    4.11　杆塔和基础
    4.12　对电信线路和无线台站的影响防护
    4.13　“三跨”区段设计技术措施
    4.14　电力电缆及附件的选型
    4.15　过电压保护及分段
    4.16　电缆敷设方式与排列
    4.17　电缆支持与固定
    4.18　电缆终端站
    4.19　电缆防火设计
    4.20　在线检测

4.21 问题建议与说明

5. 环境保护、水土保持、节能降耗和社会稳定

5.1 环境保护

5.2 水土保持

5.3 节能减排

5.4 社会稳定

6. 技术经济部分

6.1 编制原则和依据

6.2 投资估算

6.3 经济分析

7. 电网安全性论述

7.1 系统

7.2 变电

7.3 线路

7.4 土建

8. 附图及附件

8.1 附图

8.2 附件

思考与练习

1. 投资的概念是什么？投资的作用有哪些？投资如何进行分类？
2. 投资决策的含义和程序是什么？
3. 可行性研究的含义及作用是什么？可行性研究的主要内容有哪些？
4. 可行性研究应达到的深度要求有哪些？
5. 项目评估的含义及作用是什么？项目评估主要包括哪些内容？

第四章

电力项目投资估算

学习目标

1. 了解投资估算的概念及作用；
2. 掌握投资估算内容；
3. 理解投资估算的编制依据、要求及步骤；
4. 掌握静态投资部分、动态投资部分和流动资金的估算方法。

素养目标

1. 通过本章学习，帮助学生了解投资估算对投资决策的重要性；
2. 培养学生专业素养，准确地进行投资估算，降低投资的盲目性、风险与不确定性；
3. 利用电网资产投资估算分析，以及从投资视角解读能源电力工业发展成就等专题，实现知识教育与价值导向的融合。

本章知识结构图

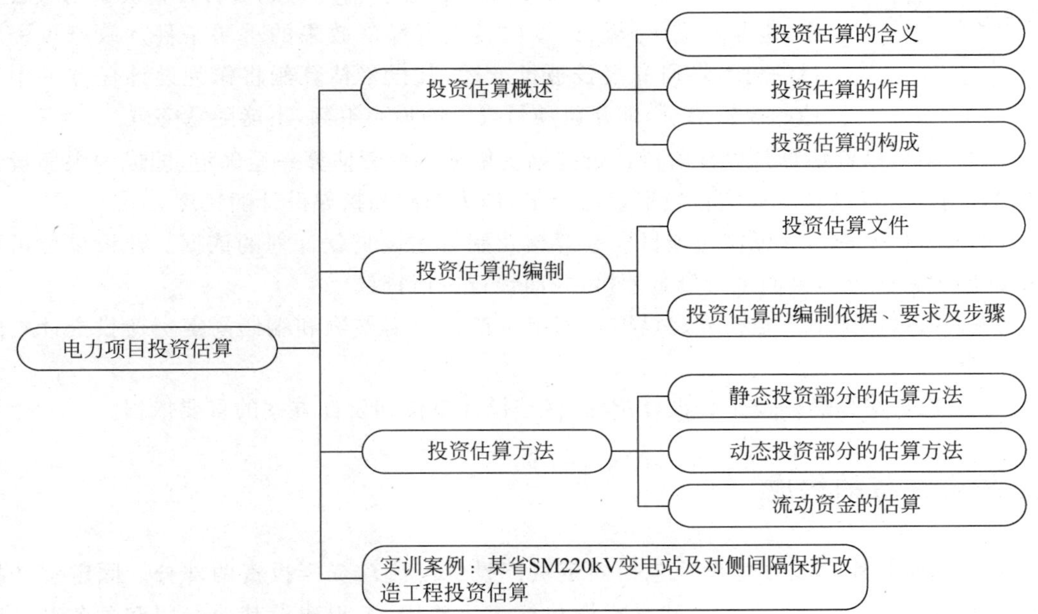

第一节 投资估算概述

一、投资估算的含义

投资估算是在投资决策阶段，以方案设计或可行性研究文件为依据，按照规定的程序、方法和依据，对拟建项目所需总投资及其构成进行的预测和估计，是在研究并确定项目的建设规模、产品方案、技术方案、工艺技术、设备方案、厂址方案、工程建设方案以及项目进度计划等的基础上，依据特定的方法，估算项目从筹建、施工直至建成投产所需全部建设资金总额并测算建设期各年资金使用计划的过程。投资估算的成果文件称为投资估算书，也简称投资估算。投资估算书是项目建议书或可行性研究报告的重要组成部分，是项目决策的重要依据之一。

二、投资估算的作用

投资估算作为论证拟建项目的重要经济文件，既是建设项目技术评价和投资决策的重要依据，又是项目实施阶段投资控制的目标值。投资估算在建设工程的投资决策、造价控制、筹集资金等方面具有重要作用。

拓展阅读
国外电力工程成本测算

（一）项目建议书阶段的投资估算。是项目主管部门审批项目建议书的依据之一，也是编制项目规划、确定建设规模的参考依据。

（二）项目可行性研究阶段的投资估算。是项目投资决策的重要依据，也是研究、分析、计算项目投资经济效果的重要条件。政府投资项目的可行性研究报告被批准后，其投资估算额将作为设计任务书中下达的投资限额，即建设项目投资的最高限额，不能随意突破。

（三）项目投资估算是设计阶段造价控制的依据。投资估算一经确定，即成为限额设计的依据，用以对各设计专业实行投资切块分配，作为控制和指导设计的尺度。

（四）项目投资估算可作为项目资金筹措及制订建设贷款计划的依据。建设单位可根据批准的项目投资估算额进行资金筹措，并向银行申请贷款。

（五）项目投资估算是核算建设项目固定资产投资需要额和编制固定资产投资计划的重要依据。

（六）投资估算是建设工程设计招标、优选设计单位和设计方案的重要依据。

三、投资估算的构成

我国现阶段建设项目总投资包括固定资产投资与流动资产投资两部分。固定资产投资包括建设投资、建设期利息。建设投资包括工程费用、工程建设其他费用和预备费。我国现行建设项目总投资结构图如图 4-1 所示。

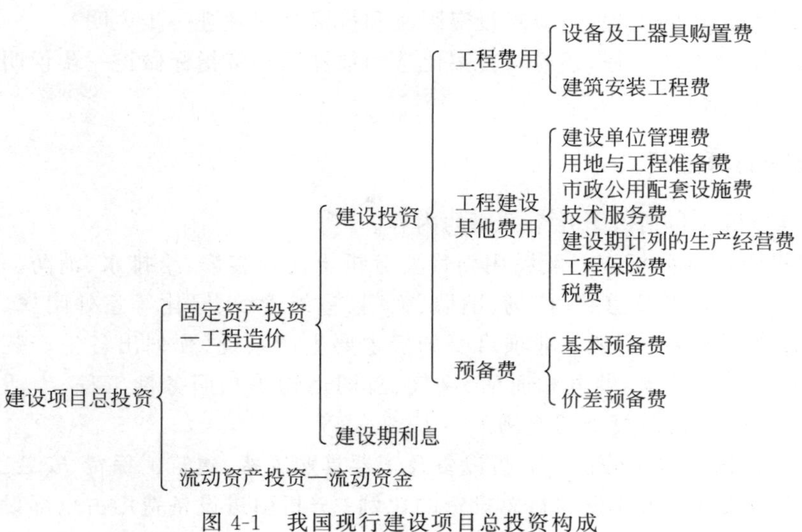

图 4-1　我国现行建设项目总投资构成

第二节　投资估算的编制

投资估算按照编制估算的工程对象划分，包括建设项目投资估算、单项工程投资估算和单位工程投资估算等。投资估算文件一般由封面、签署页、编制说明、投资估算分析、总投资估算表、单项工程估算表和主要技术经济指标等内容组成。

一、投资估算文件

（一）投资估算编制说明

投资估算编制说明一般包括以下内容。

1. 工程概况。

2. 编制范围。说明建设项目总投资估算中所包括的和不包括的工程项目和费用，如有几家单位共同编制时，应说明分工编制的情况。

3. 编制方法。

4. 编制依据。

5. 主要技术经济指标，包括投资、用地和主要材料用量标准。当设计规模有远期和近期不同的考虑时，或土建与安装的规模不同时，应分别计算后再综合。

6. 有关参数、率值选定的说明，如征地拆迁、供电供水、考察咨询等费用的费率标准选用情况。

7. 特殊问题的说明（包括采用新技术、新材料、新设备、新工艺）；必须说明价格的确定，进口材料、设备、技术费用的构成与技术参数；采用特殊结构的费用估算方法；安全、节能、环保、消防等专项投资占总投资的比重；建设项目总投资中未计算项目或费用的必要说明等。

8. 采用限额设计的工程,还应对投资限额和投资分解做进一步说明。

9. 采用方案比选的工程,还应对方案比选的估算和经济指标做进一步说明。

10. 资金筹措方式。

(二) 投资估算分析

投资估算分析应包括以下几个方面的内容。

1. 工程投资比例分析。一般民用项目要分析土建及装修、给排水、消防、采暖、通风空调、电气等主体工程,以及道路、广场、围墙、大门、室外管线、绿化等室外附属/总体工程占建设项目总投资的比例;一般工业项目要分析主要生产系统(须列出各生产装置)、辅助生产系统、公用工程(给排水、供电和通信、供气、总图运输等)、服务性工程、生活福利设施和厂外工程等占建设项目总投资的比例。

2. 各类费用构成占比分析。分析设备及工器具购置费、建筑工程费、安装工程费、工程建设其他费用和预备费占建设项目总投资的比例;分析引进设备费用占全部设备费用的比例等。

3. 分析影响投资的主要因素。

4. 与类似工程项目的比较,对投资总额进行分析。

(三) 总投资估算

总投资估算包括汇总单项工程估算、工程建设其他费用、基本预备费、价差预备费以及计算建设期利息等。

(四) 单项工程投资估算

单项工程投资估算中,应按建设项目划分的各单项工程分别计算组成工程费用的建筑工程费、设备及工器具购置费和安装工程费。

(五) 工程建设其他费用估算

工程建设其他费用估算应按预期将要发生的工程建设其他费用种类,逐项详细估算其费用金额。

(六) 主要技术经济指标

工程造价人员应根据项目特点,计算并分析整体建设项目、各单项工程和主要单位工程的主要技术经济指标。

二、投资估算的编制依据、要求及步骤

(一) 投资估算的编制依据

建设项目投资估算编制依据是指在编制投资估算时所遵循的计量规则、市场价格、费用标准及工程计价有关参数、率值等基础资料,主要有以下几个方面。

1. 国家、行业和地方政府的相关法律、法规及规定;政府有关部门、金融机构等发布的

价格指数、利率、汇率、税率等参数。

2. 行业部门、项目所在地工程造价管理机构或行业协会等编制的投资估算指标、概算指标(定额)、工程建设其他费用定额(规定)、综合单价、各类工程造价指标和相关造价文件等。

3. 类似工程的各种技术经济指标和参数。

4. 工程所在地同期的人工、材料、机具市场价格,建筑、工艺及附属设备的市场价格和有关费用。

5. 与建设项目相关的工程地质资料、设计文件、图纸等提供的主要工程量和主要设备清单等。

6. 委托单位提供的其他技术经济资料。

(二) 投资估算的编制要求

建设项目投资估算编制时,应满足以下几个方面的要求。

1. 应根据主体专业设计的阶段和深度,结合各行业的特点,根据生产工艺流程的成熟性,以及国家、地区、行业或部门的市场相关投资估算基础资料和数据的合理性、可靠性、完整性,采用合适的方法,对建设项目投资估算进行编制,并对主要技术经济指标进行分析。

2. 做到工程内容和费用构成齐全,不重复不遗漏,不提高或降低估算标准,计算合理。

3. 应充分考虑拟建项目设计的技术参数和投资估算所采用的估算系数、估算指标,综合考虑质和量方面内容,遵循口径一致的原则。

4. 投资估算应参考相应工程造价管理部门发布的投资估算指标,依据工程所在地市场价格水平,结合项目实体情况及科学合理的建造工艺,全面反映建设项目建设前期和建设期的全部投资。对于建设项目的边界条件,如建设用地费、外部交通、水、电、通信条件或市政基础设施配套条件等差异所产生的与主要生产内容投资无必然关联的费用,应结合建设项目实际情况进行修正。

5. 应对影响造价变动的因素进行敏感性分析,分析市场的变动因素,充分估计物价上涨因素和市场供求情况对项目造价的影响,确保投资估算的编制质量。

6. 投资估算精度应能满足控制初步设计概算的要求,并尽量减少投资估算的误差。

(三) 投资估算的编制步骤

根据投资估算的不同阶段,主要包括项目建议书阶段及可行性研究阶段的投资估算。可行性研究阶段的投资估算编制一般包含静态投资部分、动态投资部分与流动资金估算三部分,主要包括以下几个方面的步骤。

拓展阅读

投资估算文件的编制

1. 分别估算各单项工程所需建筑工程费、设备及工器具购置费、安装工程费,在汇总各单项工程费用的基础上,估算工程建设其他费用和基本预备费,完成工程项目静态投资部分的估算。

2. 在静态投资部分的基础上,估算价差预备费和建设期利息,完成工程项目动态投资部分的估算。

3. 估算流动资金。

4. 估算建设项目总投资。

投资估算编制的具体流程图，如图 4-2 所示。

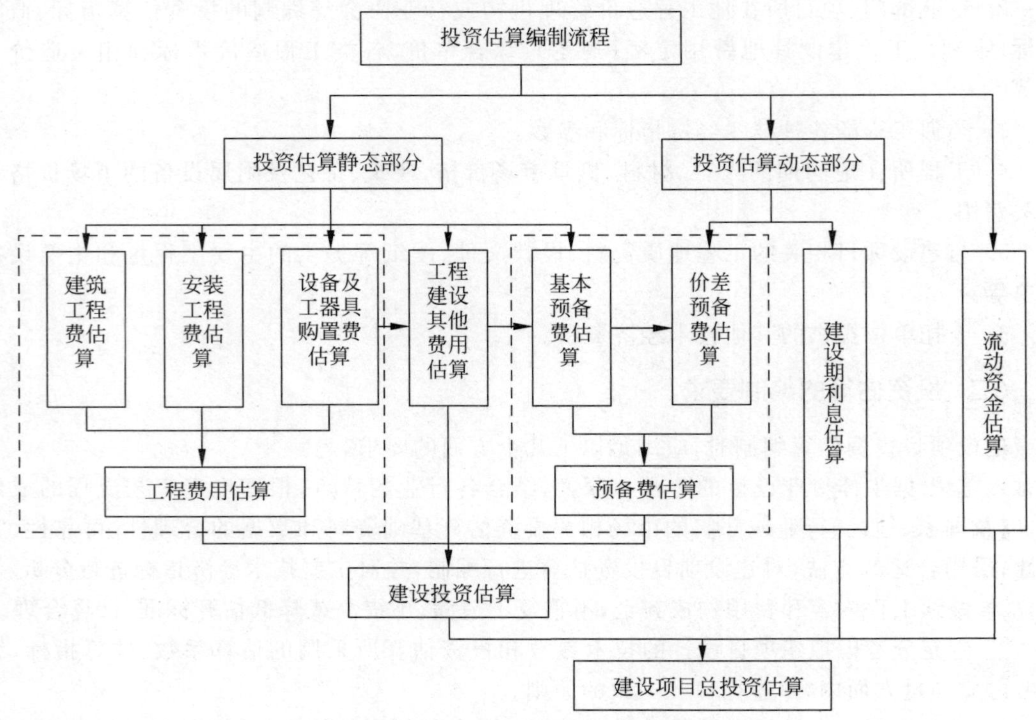

图 4-2 建设项目投资估算编制流程

第三节 投资估算方法

固定资产投资估算的内容按照费用性质划分，包括建筑安装工程费、设备及工器具购置费、工程建设其他费用(此时不含流动资金)、基本预备费、价差预备费和建设期贷款利息等。固定资产投资可分为静态部分和动态部分。价差预备费和建设期利息构成动态部分，其余部分为静态投资部分。

在项目建议书阶段，投资估算的精度较低，可采取简单的匡算法，如生产能力指数法、系数估算法，比例估算法或混合法等，在条件允许时，也可采用指标估算法。在可行性研究阶段，投资估算精度要求较高，需采用相对详细的投资估算方法，即指标估算法。

一、静态投资部分的估算方法

(一) 项目建议书阶段投资估算

1. 生产能力指数法

生产能力指数法，又称为指数估算法，是根据已建成的类似项目生产能力和投资额粗略估算同类但生产能力不同的拟建项目静态投资额的方法，其计算公式为

$$C_2 = C_1\left(\frac{Q_2}{Q_1}\right)^x f \tag{4-1}$$

式中，C_1——已建成类似项目的静态投资额；

C_2——拟建项目静态投资额；

Q_1——已建类似项目的生产能力；

Q_2——拟建项目的生产能力；

f——不同时期、不同地点的定额、单价、费用和其他差异的综合调整系数；

x——生产能力指数。

正常情况下，$0\leqslant x\leqslant 1$。不同生产率水平的国家和不同性质的项目中，x 的取值是不同的。若拟建项目规模和已建类似项目规模的比值在 0.5～2 时，x 的取值近似为 1；若拟建项目规模与已建类似项目规模的比值在 2～50 时，且拟建项目生产规模的扩大仅靠增大设备规模来达到时，则 x 的取值约为 0.6～0.7；若是靠增加相同规格设备的数量达到时，x 的取值约在 0.8～0.9。采用这种方法，计算简单、速度快，但要求类似工程的资料可靠，条件基本相同，否则误差就会增大。

【例 4-1】 某地 2018 年拟建一年产 20 万吨化工产品的项目。根据调查，该地区 2016 年建设的年产 10 万吨相同产品的已建项目的投资额为 5000 万元。生产能力指数为 0.6，2016 年至 2018 年工程造价平均每年递增 10%。估算该项目的建设投资。

【解答】 拟建项目的建设投资(C_2)$=5000\times\left(\frac{20}{10}\right)^{0.6}\times(1+10\%)^2=9170.0852$(万元)

2. 系数估算法

系数估算法，也称为因子估算法，是以拟建项目的主体工程费或主要设备购置费为基数，以其他辅助配套工程费与主体工程费或设备购置费的百分比为系数，依此估算拟建项目静态投资的方法。本办法主要适用于设计深度不足，拟建建设项目与类似建设项目的主体工程费或主要设备购置费比重较大，行业内相关系数等基础资料完备的情况。在我国国内常用的方法有设备系数法和主体专业系数法，世行项目投资估算常用的方法是朗格系数法。

(1) 设备系数法，是指以拟建项目的设备购置费为基数，根据已建成的同类项目的建筑安装工程费和其他工程费等与设备价值的百分比，求出拟建项目建筑安装工程费和其他工程费，进而求出项目的静态投资，其计算公式为

$$C = E(1 + f_1P_1 + f_2P_2 + f_3P_3 + \cdots) + I \tag{4-2}$$

式中，C——拟建项目的静态投资；

E——拟建项目根据当时当地价格计算的设备购置费；

$P_1, P_2, P_3\cdots$——已建成类似项目中建筑安装工程费及其他工程费等与设备购置费的比例；

$f_1, f_2, f_3\cdots$——不同建设时间、地点而产生的定额、价格、费用标准等差异的调整系数；

I——拟建项目的其他费用。

(2) 主体专业系数法，是指以拟建项目中投资比重较大，并与生产能力直接相关的工艺设备投资为基数，根据已建同类项目的有关统计资料，计算出拟建项目各专业工程(总图、

土建、采暖、给排水、管道、电气、自控等)与工艺设备投资的百分比,据以求出拟建项目各专业投资,然后加总即为拟建项目的静态投资,其计算公式为

$$C=E(1+f_1P'_1+f_2P'_2+f_3P'_3+\cdots)+I \tag{4-3}$$

式中,E——与生产能力直接相关的工艺设备投资;

$P'_1,P'_2,P'_3\cdots$——已建项目中各专业工程费用与工艺设备投资的比重。

(3) 朗格系数法,即以设备购置费为基数,乘以适当系数来推算项目的静态投资。这种方法在国内不常见,是世行项目投资估算常采用的方法。该方法的基本原理是将项目建设中的总成本费用中的直接成本和间接成本分别计算,再合为项目的静态投资,其计算公式为

$$C=E(1+\sum K_i)K_c \tag{4-4}$$

式中,K_i——管线、仪表、建筑物等项费用的估算系数;

K_c——管理费、合同费、应急费等间接费用在内的总估算系数。

静态投资与设备购置费之比为朗格系数 K_L,即

$$K_L=(1+\sum K_i)K_c \tag{4-5}$$

朗格系数包含的内容如表 4-1 所示。

表 4-1 朗格系数包含的内容

项目		固体流程	固流流程	流体流程
朗格系数 K_L		3.1	3.63	4.74
内容	(a) 包括基础、设备、绝热、油漆及设备安装费	1.43E		
	(b) 包括上述在内和配管工程费	(a)×1.1	(a)×1.25	(a)×1.6
	(c) 装置直接费	(b)×1.5		
	(d) 包括上述在内和间接费,总投资 C	(c)×1.31	(c)×1.35	(c)×1.38

朗格系数法是国际上估算一个工程项目或一套装置的费用时,采用较为广泛的方法。但是应用朗格系数法进行工程项目或装置估价的精度仍不是很高,主要原因为:①装置规模大小发生变化;②不同地区自然地理条件的差异;③不同地区经济地理条件的差异;④不同地区气候条件的差异;⑤主要设备材质发生变化时,设备费用变化较大而安装费变化不大。

尽管如此,由于朗格系数法是以设备购置费为计算基础,而设备费用在一项工程中所占的比重较大,对于石油、石化、化工工程而言占 45%~55%,同时一项工程中每台设备所含有的管道、电气、自控仪表、绝热、油漆、建筑等,都有一定的规律。所以,只要对各种不同的类型工程的朗格系数掌握得准确,估算精度仍可较高。朗格系数法估算误差在10%~15%。

3. 比例估算法

比例估算法,是根据已知的同类建设项目主要设备购置费占整个建设项目静态投资的比例,先逐项估算出拟建项目主要设备购置费,再按比例估算拟建项目的静态投资的方法。本办法主要应用于设计深度不足,拟建建设项目与类似建设项目的主要设备购置费比重较

大，行业内相关系数等基础资料完备的情况，其计算公式为

$$I=\frac{1}{K}\sum_{i=1}^{n}Q_iP_i \tag{4-6}$$

式中，I——拟建项目的静态投资；

K——已建项目主要设备购置费占已建项目静态投资的比例；

n——主要设备种类数；

Q_i——第 i 种主要设备的数量；

P_i——第 i 种主要设备的购置单价(到厂价格)。

4. 混合法

混合法是根据主体专业设计的阶段和深度，投资估算编制者所掌握的国家及地区、行业或部门相关投资估算基础资料和数据，以及其他统计和积累的可靠的相关造价基础资料，对一个拟建建设项目采用生产能力指数法与比例估算法或系数估算法与比例估算法混合估算其静态投资额的方法。

(二) 可行性研究阶段投资估算

指标估算法是投资估算的主要方法，为了保证编制精度，可行性研究阶段建设项目投资估算原则上应用指标估算法。指标估算法是指依据投资估算指标，对各单位工程或单项工程费用进行估算，进而估算建设项目总投资的方法。首先，把拟建建设项目以单项工程或单位工程为单位，按建设内容纵向划分为各个主要生产系统、辅助生产系统、公用工程、服务性工程、生活福利设施，以及各项其他工程费用；同时，按费用性质横向划分为建筑工程、设备购置、安装工程费用等。其次，根据各种具体的投资估算指标，进行各单位工程或单项工程投资的估算，在此基础上汇集编制成拟建建设项目的各个单项工程费用和拟建项目的工程费用投资估算。最后，再按相关规定估算工程建设其他费、基本预备费等，形成拟建建设项目静态投资。

在条件具备时，对于对投资有重大影响的主体工程应估算出分部分项工程量，套用相关综合定额(概算指标)或概算定额进行编制。对于子项单一的大型民用公共建筑，主要单项工程估算应细化到单位工程估算书。无论如何，可行性研究阶段的投资估算应满足项目的可行性研究与评估需要，并最终满足国家和地方相关部门批复或备案的要求。预可行性研究阶段、方案设计阶段项目建设投资估算视设计深度，宜参照可行性研究阶段的编制办法进行。

1. 建筑工程费用估算

建筑工程费用是指为建造永久性建筑物和构筑物所需要的费用。主要采用单位实物工程量投资估算法，是以单位实物工程量的建筑工程费乘以实物工程总量来估算建筑工程费的方法。当无适当估算指标或类似工程造价资料时，可采用计算主体实物工程量套用相关综合定额或概算定额进行估算，但通常需要较为详细的工程资料，工作量较大。实际工作中可根据具体条件和要求选用。建筑工程费估算通常应根据不同的专业选择不同的实物工程量计算方法。

(1) 工业与民用建筑物以“m^2”或“m^3”为单位，套用规模相当、结构形式和建筑标准相

适应的投资估算指标或类似工程造价资料进行估算；构筑物以“延长米”“m^2”“m^3”或“座”为单位，套用技术标准、结构形式相适应投资估算指标或类似工程造价资料进行估算。

(2) 大型土方、总平面竖向布置、道路及场地铺砌、室外综合管网和线路、围墙大门等，分别以“m^3”“m^2”“延长米”或“座”为单位，套用技术标准、结构形式相适应的投资估算指标或类似工程造价资料进行建筑工程费估算。

(3) 矿山井巷开拓、露天剥离工程、坝体堆砌等，分别以“m^3”“延长米”为单位，套用技术标准、结构形式、施工方法相适应的投资估算指标或类似工程造价资料进行建筑工程费估算。

(4) 公路、铁路、桥梁、隧道、涵洞设施等，分别以“公里”(铁路、公路)、“100 平方米桥面(桥梁)”“100 平方米断面(隧道)”“道(涵洞)”为单位，套用技术标准、结构形式、施工方法相适应的投资估算指标或类似工程造价资料进行估算。

2. 设备及工器具购置费估算

设备购置费根据项目主要设备表及价格、费用资料编制，工器具购置费按设备费的一定比例计取。对于价值高的设备应按单台(套)估算购置费，价值较小的设备可按类估算，国内设备和进口设备应分别估算。

3. 安装工程费估算

安装工程费包括安装主材费和安装费。其中，安装主材费可以根据行业和地方相关部门定期发布的价格信息或市场询价进行估算；安装费根据设备专业属性，可按以下方法进行估算。

(1) 工艺设备安装费估算，以单项工程为单元，根据单项工程的专业特点和各种具体的投资估算指标，采用按设备费百分比估算指标进行估算；或根据单项工程设备总重，采用以“t”为单位的综合单价指标进行估算，其计算公式为

$$安装工程费 = 设备原价 \times 设备安装费率 \tag{4-7}$$

$$安装工程费 = 设备吨重 \times 单位重量(t)安装费指标 \tag{4-8}$$

(2) 工艺非标准件、金属结构和管道安装费估算，以单项工程为单元，根据设计选用的材质、规格，以“t”为单位，套用技术标准、材质和规格、施工方法相适应的投资估算指标或类似工程造价资料进行估算，其计算公式为

$$安装工程费 = 重量总量 \times 单位重量安装费指标 \tag{4-9}$$

(3) 工业炉窑砌筑和保温工程安装费估算，以单项工程为单元，以“t”“m^3”或“m^2”为单位，套用技术标准、材质和规格、施工方法相适应的投资估算指标或类似工程造价资料进行估算，其计算公式为

$$安装工程费 = 重量(体积、面积)总量 \times 单位重量(“m^3”“m^2”)安装费指标 \tag{4-10}$$

(4) 电气设备及自控仪表安装费估算，以单项工程为单元，根据该专业设计的具体内容，采用相适应的投资估算指标或类似工程造价资料进行估算，或根据设备台套数、变配电容量、装机容量、桥架重量和电缆长度等工程量，采用相应综合单价指标进行估算，其计算公式为

$$安装工程费 = 设备工程量 \times 单位工程量安装费指标 \tag{4-11}$$

4. 工程建设其他费用估算

工程建设其他费用的估算应结合拟建项目的具体情况确定。有合同或协议明确的费

用按合同或协议列入；无合同或协议明确的费用，应根据国家和各行业部门、工程所在地地方政府的有关工程建设其他费用定额（规定）和计算办法估算，没有定额或计算办法的，可参照市场价格标准计算。

5. 基本预备费的估算

基本预备费是指针对项目实施过程中可能发生难以预料的支出而事先预留的费用，也称为工程建设不可预见费，主要指设计变更及施工过程中可能增加工程量的费用。基本预备费一般由以下四部分构成。

（1）工程变更及洽商费用。在批准的初步设计范围内，技术设计、施工图设计及施工过程中所增加的工程费用；设计变更、工程变更、材料代用、局部地基处理等增加的费用。

（2）一般自然灾害处理费用。一般自然灾害造成的损失和预防自然灾害所采取的措施费用。对于已实行工程保险的工程项目，该费用可适当降低。

（3）不可预见的地下障碍物处理的费用。

（4）超规超限设备运输增加的费用。

基本预备费的估算一般是以建设项目的工程费用和工程建设其他费用之和为基数，乘以基本预备费率进行计算[如式(4-12)所示]。基本预备费率的大小，应根据建设项目的设计阶段、具体的设计深度、各项估算指标与设计内容的贴近度，以及项目所属行业主管部门的具体规定确定。

$$\text{基本预备费}=(\text{工程费用}+\text{工程建设其他费用})\times\text{基本预备费费率} \tag{4-12}$$

基本预备费费率的取值应执行国家及部门的有关规定。

6. 指标估算法注意事项

使用指标估算法，应注意以下几方面的事项。

（1）影响投资估算精度的因素主要包括价格波动、现场施工条件、项目特征的变化等。因此，在应用指标估算法时，应根据不同地区、建设年代、条件等进行调整。由于地区、年代不同，人工、材料与设备的价格均有差异，调整方法可以以人工、主要材料消耗量或“工程量”为计算依据，也可以按不同的工程项目的“万元工料消耗定额”确定不同的系数。若有关部门发布定额或人工、材料价差系数（物价指数）时，应据此进行调整。

（2）使用估算指标法进行投资估算绝不能生搬硬套，必须对工艺流程、定额、价格及费用标准进行分析，经过实事求是的调整与换算后，才能提高其精确度。

二、动态投资部分的估算方法

价差预备费和建设期利息属于建设项目固定资产投资的动态部分。动态部分的估算应以基准年静态投资的资金使用计划为基础来计算，而不是以编制年的静态投资为基础计算。

（一）价差预备费

1. 价差预备费的内容

价差预备费又称涨价预备费，是指为在建设期内利率、汇率或价格等因素的变化而预留的可能增加的费用，亦称为价格变动不可预见费。价差预备费的内容包括人工、设备、材料、施工机具的价差费，建筑安装工程费以及工程建设其他费用调整，利率、汇率调整等增加的费用。

2. 价差预备费的测算方法

价差预备费一般根据国家规定的投资综合价格指数，按估算年份价格水平的投资额为基数，采用复利方法计算。计算公式为

$$PF=\sum_{t=1}^{n}I_t[(1+f)^m(1+f)^{0.5}(1+f)^{t-1}-1] \tag{4-13}$$

式中，PF——价差预备费；

n——建设期年份数；

I_t——建设期中第 t 年的静态投资计划额，包括工程费用、工程建设其他费用及基本预备费；

f——年涨价率；

m——建设前期年限(从编制估算到开工建设，单位：年)。

年涨价率，政府部门有规定的按规定执行，没有规定的由可行性研究人员预测执行。除此之外，如果是涉外项目，还应该计算汇率的影响。

【例 4-2】 某建设项目建安工程费 5000 万元，设备购置费 3000 万元，工程建设其他费用 2000 万元，已知基本预备费率 5%，项目建设前期年限为 1 年，建设期为 3 年。各年投资计划额为：第一年完成投资 20%，第二年 60%，第三年 20%。年均投资价格上涨率为 6%，求建设项目建设期间价差预备费。

【解答】 基本预备费＝(5000＋3000＋2000)×5%＝500(万元)

静态投资＝5000＋3000＋2000＋500＝10500(万元)

建设期第一年完成投资＝10500×20%＝2100(万元)

第一年价差预备费为：$PF_1=I_1[(1+f)(1+f)^{0.5}-1]=191.8$(万元)

第二年完成投资＝10500×60%＝6300(万元)

第二年价差预备费为：$PF_2=I_2[(1+f)(1+f)^{0.5}(1+f)-1]=987.9$(万元)

第三年完成投资＝10500×20%＝2100(万元)

第三年价差预备费为：$PF_3=I_3[(1+f)(1+f)^{0.5}(1+f)^2-1]=475.1$(万元)

所以，建设期的价差预备费为：

PF＝191.8＋987.9＋475.1＝1654.8(万元)

(二) 建设期利息

建设期利息主要是指在建设期内发生的为工程项目筹措资金的融资费用及债务资金利息。建设期利息包括银行借款和其他债务资金的利息以及其他融资费用。其他融资费用是指某些债务融资中发生的手续费、承诺费、管理费和信贷保险费等融资费用，一般情况下应将其单独计算并计入建设期利息；在项目前期研究的初期阶段，也可做粗略估算并计入建设投资；对于不涉及国外贷款的项目，在可行性研究阶段，可作粗略估算并入建设投资。

当总贷款是分年均衡发放时，建设期利息的计算可按当年借款在年中支用考虑，即当年贷款按半年计息，上年贷款按全年计息。计算公式为

$$q_j = \left(P_{j-1} + \frac{1}{2}A_j\right)i \tag{4-14}$$

式中，q_j——建设期第 j 年应计利息；

P_{j-1}——建设期第$(j-1)$年末累计贷款本金与利息之和；

A_j——建设期第 j 年贷款金额；

i——年利率。

【例 4-3】 某新建项目，建设期为 3 年，分年均衡进行贷款，第一年贷款 300 万元，第二年贷款 600 万元，第三年贷款 400 万元，年利率 12%。建设期内利息只计息不支付，计算建设期利息。

【解答】 在建设期，各年利息计算如下：

$$q_1 = \frac{1}{2}A_1 i = \frac{1}{2} \times 300 \times 12\% = 18（万元）$$

$$q_2 = \left(P_1 + \frac{1}{2}A_2\right)i = \left(300 + 18 + \frac{1}{2} \times 600\right) \times 12\% = 74.16（万元）$$

$$q_3 = \left(P_2 + \frac{1}{2}A_3\right)i = \left(318 + 600 + 74.16 + \frac{1}{2} \times 400\right) \times 12\% = 143.06（万元）$$

所以，建设期利息$=q_1+q_2+q_3=18+74.16+143.06=235.22$（万元）

在完成了建设投资各组成部分的分类估算后，应汇总编制建设投资估算表。

三、流动资金的估算

流动资金是指项目运营需要的流动资产投资。即生产经营性项目投产后，为进行正常生产运营，用于购买原材料、燃料，支付工资及其他经营费用等所需的周转资金。流动资金估算一般采用分项详细估算法，个别情况或者小型项目可采用扩大指标估算法。

1. 分项详细估算法

流动资金的显著特点是在生产过程中不断周转，其周转额的大小与生产规模及周转速度直接相关。分项详细估算法是根据项目的流动资产和流动负债，估算项目所占用流动资金的方法。其中，流动资产的构成要素一般包括存货、库存现金、应收账款和预付账款。流动负债的构成要素一般包括应付账款和预收账款。流动资金等于流动资产和流动负债的差额，计算公式为

$$流动资金 = 流动资产 - 流动负债 \tag{4-15}$$

$$流动资产 = 应收账款 + 预付账款 + 存货 + 库存现金 \tag{4-16}$$

$$流动负债 = 应付账款 + 预收账款 \tag{4-17}$$

$$流动资金本年增加额 = 本年流动资金 - 上年流动资金 \tag{4-18}$$

进行流动资金估算时，首先计算各类流动资产和流动负债的年周转次数，然后再分项估算占用资金额。

(1) 周转次数，是指流动资金的各个构成项目在一年内完成多少个生产过程，可用 1 年天数（通常按 360 天计算）除以流动资金的最低周转天数计算，则各项流动资金年平均占用额度为流动资金的年周转额度除以流动资金的年周转次数，即

$$周转次数=\frac{360}{流动资金最低周转天数} \tag{4-19}$$

各类流动资产和流动负债的最低周转天数，可参照同类企业的平均周转天数并结合项目特点确定，或按部门(行业)的规定确定。另外，在确定最低周转天数时应考虑储存天数、在途天数，并考虑适当的保险系数。

(2) 应收账款，是指企业对外赊销商品、提供劳务尚未收回的资金，其计算公式为

$$应收账款=\frac{年经营成本}{应收账款周转次数} \tag{4-20}$$

(3) 预付账款，是指企业为购买各类材料、半成品或服务所预先支付的款项，其计算公式为

$$预付账款=\frac{外购商品或服务年费用金额}{预付账款周转次数} \tag{4-21}$$

(4) 存货，是指企业为销售或者生产耗用而储备的各种物资，主要有原材料、辅助材料、燃料、低值易耗品、维修备件、包装物、商品、在产品、自制半成品和产成品等。为简化计算，仅考虑外购原材料、燃料、其他材料、在产品和产成品，并分项进行计算，其计算公式为

$$存货=外购原材料、燃料+其他材料+在产品+产成品 \tag{4-22}$$

$$外购原材料、燃料=\frac{年外购原材料、燃料费用}{分项周转次数} \tag{4-23}$$

$$其他材料=\frac{年其他材料费用}{其他材料周转次数} \tag{4-24}$$

$$在产品=\frac{年外购原材料、燃料费用+年工资及福利费+年修理费+年其他制造费用}{在产品周转次数} \tag{4-25}$$

$$产成品=\frac{年经营成本-年其他营业费用}{产成品周转次数} \tag{4-26}$$

(5) 现金，项目流动资金中的现金是指货币资金，即企业生产运营活动中停留于货币形态的那部分资金，包括企业库存现金和银行存款，计算公式为

$$现金=\frac{年工资及福利费+年其他费用}{现金周转次数} \tag{4-27}$$

$$\begin{aligned}年其他费用=&制造费用+管理费用+营业费用-(以上三项费用中所含的\\&工资及福利费、折旧费、摊销费、修理费)\end{aligned} \tag{4-28}$$

(6) 流动负债估算，是指在一年或者超过一年的一个营业周期内，需要偿还的各种债务，包括短期借款、应付票据、应付账款、预收账款、应付工资、应付福利费、应付股利、应交税费、其他暂收应付款、预提费用和一年内到期的长期借款等。在可行性研究中，流动负债的估算可以只考虑应付账款和预收账款两项，计算公式为

$$应付账款=\frac{外购原材料、燃料动力费及其他材料年费用}{应付账款周转次数} \tag{4-29}$$

$$预收账款=\frac{预收的营业收入年金额}{预收账款周转次数} \tag{4-30}$$

2. 扩大指标估算法

扩大指标估算法是根据现有同类企业的实际资料，求得各种流动资金率指标，亦可依

据行业或部门给定的参考值或经验确定比率。将各类流动资金率乘以相对应的费用基数来估算流动资金。一般常用的基数有营业收入、经营成本、总成本费用和建设投资等，究竟采用何种基数依行业惯例而定，其计算公式为

$$年流动资金额=年费用基数\times各类流动资金率 \tag{4-31}$$

扩大指标估算法简便易行，但准确率不高，适用于项目建议书阶段的估算。

【例 4-4】 某拟建项目第四年开始投产，投产后的生产成本和费用的估算如表 4-2 所示。各项流动资产和流动负债(应付账款)的最低周转天数如表 4-3 所示。试估算投产阶段需要投入的流动资金。

表 4-2　年生产成本和费用估算　　万元

序号	项　　目	计　算　期				
		4	5	6	7	…
1	外购原材料	2055	3475	4125	4125	
2	进口零部件	1087	1208	725	725	
3	外购燃料	13	25	27	27	
4	外购动力	29	48	58	58	
5	工资及福利费	213	228	228	228	
6	修理费	15	15	69	69	
7	折旧费	224	224	224	224	
8	摊销费	70	70	70	70	
9	利息支出	234	196	151	130	
10	其他费用	324	441	507	507	
11	总成本费用	4264	5930	6184	6163	
12	经营成本(11－7－8－9)	3736	5440	5739	5739	

说明：① 经营成本是指生产总成本费用中不包括折旧、摊销和利息的支出和费用。

② 这张表的项目是按成本要素列的。其中各项要素费用包括了制造费用、管理费用、财务费用和销售费用中的该要素费用。表中第 10 项"其他费用"是指制造费用、管理费用、财务费用和销售费用中扣除了工资及福利费、折旧费、摊销费、修理费和利息支出后的其他费用。

表 4-3　流动资金和应付账款的最低周转天数　　天

序　　号	项　　目	最低周转天数
1	应收账款	40
2	存货	—
2.1	原材料	50
2.2	进口零部件	90
2.3	燃料	60
2.4	在产品	20
2.5	产成品	10
3	现金	15
4	应付账款	40

【解答】 按以上资料，列表（如表4-4所示）算出流动资金的需要量和逐年的投入量。附注中给出对应表4-2的赖以周转的成本费用项目。

表4-4 流动资金估算 万元

序号	项目	最低周转天数	周转次数	计算期					对应表4-2的成本费用项目
				4	5	6	7	…	
(一)	流动资产	—	—						—
1	应收账款	40	9	415	604	638	638		12
2	存货	—	—						—
2.1	原材料	50	7.2	285	483	573	573		1
2.2	进口零部件	90	4	272	302	181	181		2
2.3	燃料	60	6	2	4	5	5		3
2.4	在产品	20	18	190	278	290	290		1+2+3+4+5+6
2.5	产成品	10	36	104	151	159	159		12
3	现金	15	24	22	28	31	31		5+10
	小计	—	—	1290	1850	1877	1877		—
(二)	流动负债	—	—						—
4	应付账款	40	9	354	528	548	548		1+2+3+4
(三)	流动资金(一)-(二)			936	1322	1329	1329		
(四)	流动资金本年增加额			936	386	7	0		

由表4-4可知，投产年初（第四年初）需投入流动资金936万元；第五年再投入386万元；第六年再投入7万元。第六年后，假定生产已达正常，流动资金已不再需要投入，始终保持在1329万元的水平上。

第四节 实训案例

某省SM 220kV变电站及对侧间隔保护改造工程投资估算

设计依据

(1) 关于SM 220kV输变电工程可行性研究报告的批复。

(2) 关于SM 220kV输变电工程可行性研究报告的评审意见。

(3) 年度电网项目前期工作计划及设计委托。

(4) 电网近期滚动规划等。

工程概况

根据电网规划，为满足区域电网供电需要，缓解220kV HC变、FX变供电压力，提高区域电网供电可靠性，满足XQ电气化铁路的供电需求，2020年建成220kV LY变是必要的。本项目工程组成如表4-5所示。220kV变电站工程建设规模如表4-6所示。

表 4-5　项目工程组成

工程名称（含配套工程）	SM 220kV 变电站工程
	HC 220kV 变电站间隔保护改造工程
	XP 220kV 变电站间隔保护改造工程
	XP～HC Ⅰ回开断接入 LY 变 220kV 线路工程
	配套光缆通信工程

表 4-6　SM 变电站工程建设规模

项目名称	本　期	同　期	远　景
主变压器	1×180MVA	/	3×180MVA
220kV 出线数	2 回	/	6 回
110kV 出线数	5 回	1	12 回
10kV 出线数	8 回	/	24 回
无功补偿	1×4×8Mvar 电容器	/	3×4×8Mvar 电容器

设计水平年

本工程 2020 年建成投产。

SM 变及其对侧间隔项目投资估算

见表 4-7 至表 4-9。

表 4-7　SM 变及其对侧间隔保护改造工程投资估算表　万元

序号	项目名称	投资估算	
		静态	动态
1	LY 220kV 变电站工程	9474	9651
2	HC 220kV 变电站 220kV 间隔保护改造工程	50	50
3	XP 220kV 变电站 220kV 间隔保护改造工程	57	58

表 4-8　LY 变修编收口估算与批准估算对比分析表　万元

项目名称	批准估算	修编收口估算	核减（修编收口估算—批准估算）	原因分析
建筑工程费	2225	2728	503	主要是消防系统由泡沫喷雾消防变为水喷雾消防增加约 51 万元；场地平整工程量增加，费用增加约 48 万元；挡墙护坡工程量减少，费用减少约 248 万元；地基处理工程量增大，费用增加约 404 万元，站外道路工程量增加，费用增加约 141 万元；编制年价差增加约 107 万元；其他略有增减。
设备购置费	3262	3725	463	主要是由于采用国网 2019 年第二季度信息价，主变压器系统增加 15 万元；10kV 配电装置核增 5 万元；220kV 配电装置增加 6 个备用间隔及 39 米主母线，设备费增加 416 万元；110kV 配电装置增加 2 个备用间隔，设备费增加 6 万元；无功补偿核减 5 万元；控制及直流系统增加 30 万元；站用电系统核减 5 万元；通信及远动系统核减 2 万元。

续表

项目名称	批准估算	修编收口估算	核减(修编收口估算—批准估算)	原因分析
安装工程费	955	984	29	主要是主变压器系统核减铝母线 120 米,核减 36 只 10kV 支柱绝缘子,安装费核减 21 万元;220kV、110kV 配电装置设备增加,安装费增加 18 万元;核减安全等级测评费用 15 万元;全站电缆部分,增加 10kV 电缆 140 米,相应增加电缆辅助设施及防火材料,预制光缆采用近期价格,安装费增加 49 万元;全站接地核减斜井接地极,费用核减 9 万元;全站调试增加 10 万元;站外电源核减 10 万元;编制年价差增加 7 万元;其余略有增减。
其他费用	2088	2037	−51	主要是征地面积增加,征地费增加 47 万元,核减拆迁补偿费 165 万元;增加勘察设计费 41 万元,增加桩基检测费和高边坡监测费 55 万元;其余由于取费基数变化引起费用变化。
合计	8530	9474	944	

表 4-9 LY 变修编收口估算与送审估算对比分析表 万元

项目名称	送审估算	收口估算	核减(收口—送审)	原因分析
建筑工程费	3243	2728	−515	主要是场地平整核减费用 72 万元,特殊构筑物核减费用 111 万元,地基处理核减费用 28 万元,站外道路核减费用 191 万元,材料价差合计减少约 113 万元。其他略有增减
设备购置费	3678	3725	47	主要是由于采用国网 2019 年第二季度信息价,主变压器系统核减 5 万元;控制及直流系统且增加安全等级测评、充电屏电源模块增加,增加 50 万元;通信系统增加 3 万元
安装工程费	817	984	167	主要是由于主变压器系统带形母线采用预算价,核减 2 万元;核减安全等级测评费用 25 万元;站外电源增加 184 万元;增加电缆槽盒 330 米,增加费用 10 万元,其余略有增减
其他费用	2091	2037	−54	主要是取费基数核减,其他费用相应核减等
合计	9829	9474	−355	

思考与练习

即测即练

一、简答题

1. 什么是投资估算?投资估算的作用哪些?
2. 简述建设项目总投资的构成。
3. 项目建议书阶段的静态投资估算方法包括哪些?
4. 可行性研究阶段的静态投资估算方法有哪些?
5. 动态投资部分包含哪些内容?
6. 简述分项详细估算方法的过程及注意事项。

二、计算题

1. 某地拟于 2024 年新建一条年产 30 万件电力配套设备的生产线，该地区 2022 年建成的年产 25 万件类似产品的生产线的建设投资额为 5000 万元，生产能力指数为 0.8，假定 2022 年至 2024 年该地区工程造价年均递增 4%，则该生产线的建设投资为多少？

2. 某地 2024 年拟建一座年产某种电力工程材料 10 万件的工厂。根据调查，该地区 2022 年已建年产 12 万件相同电力工程材料的建筑工程费为 4000 万元，安装工程费为 2000 万元，设备购置费为 8000 万元。已知按 2024 年该地区价格计算的拟建项目设备购置费为 9500 万元，工程建设其他费用为 1200 万元，且该地区 2022 年至 2024 年建筑安装工程费平均每年递增 5%，请用设备系数法估算该项目的静态投资。

3. 某电力建设项目静态投资 20000 万元，项目建设前期年限为 1 年，建设期为 2 年，计划第一年完成投资 60%，第二年完成投资 40%，年均投资价格上涨率为 5%，该项目建设期价差预备费为多少？

4. 某新建电力项目建设期 2 年，分年均衡贷款，2 年分别贷款 3000 万元和 4000 万元，贷款年利率为 8%，建设期内只计息不付息，则建设期贷款利息为多少？

5. 某电力配件公司拟建投资项目开始投产后的某年年生产成本和费用估算如下：外购原材料 3134 万元；零部件 2200 万元；外购燃料 21 万元；外购动力 40 万元；工资及福利费 350 万元；修理费 25 万元；折旧费 325 万元；摊销费 105 万元；利息支出 360 万元；其他费用 450 万元；总成本费用 7010 万元。各项流动资产和流动负债的最低周转天数为应收账款 45 天；原材料 60 天；进口零部件 75 天；燃料 60 天；在产品 24 天；产成品 12 天；现金 18 天；应付账款 40 天。试估算该年所需要投入的流动资金。

第五章

电力项目融资方案

学习目标

1. 掌握资金结构的基本概念，熟悉资金来源与筹措渠道；
2. 掌握项目资金成本的计算；
3. 理解项目融资定义、特点、框架结构和参与者；
4. 理解 PPP、BOT、ABS 等多种项目融资模式。

素养目标

1. 通过对本章知识点的讲解，让学生理解资本结构和项目融资的相关理论和方法；
2. 使学生充分了解我国当前的融资体系和资本市场的发展情况，建立民族自豪感和自信心；
3. 培养学生专业素养，鼓励融资模式的创新，理解我国建设多元化融资体系和多层次资本市场的趋势，树立正确的融资价值观。

本章知识结构图

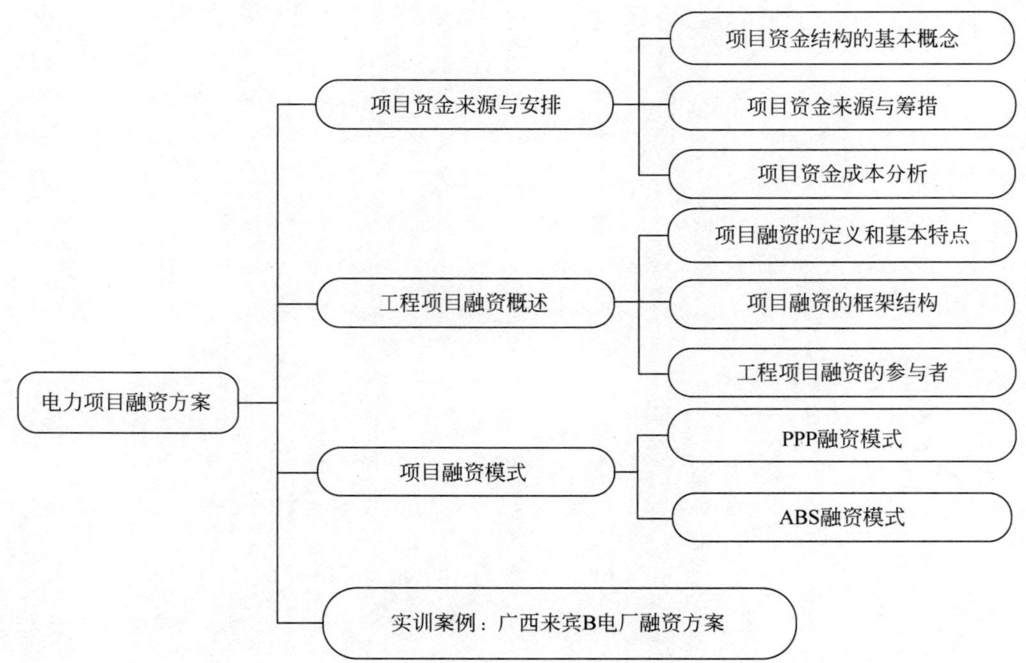

第一节　项目资金来源与安排

一、项目资金结构的基本概念

资金结构是指项目融资方案中各种资金来源的构成及其比例关系，又称资本结构。广义的资本结构是指项目公司全部资本的构成，不仅包括长期资本，还包括短期资本，主要是短期债务资本。狭义的资本结构是指项目公司所拥有的各种长期资本的构成及其比例关系，尤其是指长期的股权资本与债务资本的构成及其比例关系。资本结构的分析应包括项目筹集资金中股本资金、债务资金的形式，各种资金所占比例以及资金的来源，包括项目资本金与负债资金比例、资本金结构和债务资金结构。

（一）项目资本金与债务资金比例

项目建设资金的权益资金和债务资金结构是融资方案制定中必须考虑的一个重要方面。在项目总投资和投资风险一定的条件下，项目资本金比例越高，权益投资人投入项目的资金越多，承担的风险越高，而提供债务资金的债权人承担的风险越低。从权益投资人的角度考虑，项目融资的资金结构应追求以较低的资本金投入获得较多的债务资金，同时要争取尽可能低的股东追索。另外，由于债务资本的利息在所得税前列支，在考虑公司所得税的基础上，债务资本要比项目资本金的资金成本低很多，由于财务杠杆作用，适当的债务资本比例能够提高项目资本金财务内部收益率。提供债务资金的债权人则希望债权得到有效的风险控制，项目有较高的资本金比例可以承担较高的市场风险，有利于债权得到有效的风险控制。

（二）项目资本金结构

项目资本金内部结构比例是指项目投资各方的出资比例。投资方对项目不同的出资比例决定了投资各方对项目的建设和经营所享有的决策权、应承担的责任以及项目收益的分配。采用新设法人筹资方式的项目，应根据投资各方在资本、技术、人力和市场开发等方面的优势，通过协商确定各方的出资比例、出资形式和出资时间。

（三）项目债务资金结构

一般情况下，项目融资中债务融资占较大的比例，因此，项目债务资金的筹集是解决项目融资资金结构问题的核心。项目债务资本结构比例反映债权各方为项目提供债务资本的数额比例、债务期限比例、内债和外债的比例以及外债中各币种债务的比例等。

二、项目资金来源与筹措

项目资本金是指在项目总投资中由投资者认缴的出资额。对项目来说，项目资本金是非债务资金,项目法人不承担这部分资金的任何利息和债务。投资者可按其出资的比例依法享有所有者权益,也可转让其出资,但不得以任何方式抽回。

(一) 项目资本金来源

项目资本金可以用货币出资,也可以用实物、工业产权、非专利技术、土地使用权作价出资。对作为资本金的实物、工业产权、非专利技术和土地使用权等,必须经过有资格的资产评估机构依照法律、法规评估作价,不得高估或低估。以工业产权、非专利技术作价出资的比例不得超过投资项目资本金总额的20%,国家对采用高新技术成果有特别规定的除外。

投资者以货币方式认缴的资本金,其资金来源有以下几方面。

(1) 各级人民政府的财政预算内资金、国家批准的各种专项建设基金、经营性基本建设基金回收的本息、土地批租收入、国有企业产权转让收入,以及地方人民政府按国家有关规定收取的各种规费及其他预算外资金。

(2) 国家授权的投资机构及企业法人的所有者权益(包括资本金、资本公积金、盈余公积金、未分配利润、股票上市收益资金等)、企业折旧资金,以及投资者按照国家规定从资金市场上筹措的资金。

(3) 社会个人合法所有的资金。

(4) 国家规定的其他可以用作投资项目资本金的资金。

(二) 项目资本金筹措

投资项目的资本金一次认缴,并根据批准的建设进度按比例逐年到位。

1. 既有法人项目资本金筹措

既有法人作为项目法人进行项目资本金筹措时,不组建新的独立法人,筹资方案应与既有法人公司(包括企业、事业单位等)的总体财务安排相协调。既有法人可用于项目资本金的资金来源分为内部和外部两个方面。

(1) 内部资金来源。主要包括以下几个方面。

① 企业的现金。企业库存现金和银行存款可由企业的资产负债表得以反映,即扣除保持必要的日常经营所需的货币资金额后,剩余的资金可用于项目投资。

② 未来生产经营中获得的可用于项目的资金。在未来的项目建设期间,企业从生产经营中产生的新增现金,扣除生产经营开支及其他必要开支之后,剩余部分可以用于项目投资。

③ 企业资产变现。既有法人可将流动资产、长期投资或固定资产变现,取得现金用于新项目投资。企业资产变现通常包括短期投资、长期投资、固定资产和无形资产的变现。

④ 企业产权转让。企业可将原拥有的产权部分或全部转让给他人,换取资金用作新项目的资本金。

(2) 外部资金来源。包括既有法人通过在资本市场发行股票和企业增资扩股,以及一些准资本金手段,如发行优先股来获外部投资人的权益资金投入,同时也包括接受国家预算内资金为来源的融资方式。

1）企业增资扩股。企业可以通过原有股东增资扩股或吸收新股东增资扩股，包括国家股、企业法人股、个人股和外资股的增资扩股。

2）优先股。优先股与普通股相同的是没有还本期限，与债券特征相似的是股息固定。相对于其他借款融资，优先股的受偿顺序通常靠后，对于项目公司其他债权人而言，可视为项目资本金。但对于普通股股东来说，优先股通常要优先受偿，是一种负债。因此，优先股是一种介于股本资金与负债之间的融资方式。

3）国家预算内投资。国家预算内投资是指以国家预算资金为来源并列入国家计划的固定资产投资。具体包括国家预算、地方财政、主管部门和国家专项投资，拨给或委托银行贷给建设单位的基本建设拨款及中央基本建设基金，拨给企业单位的更新改造拨款，以及中央财政安排的专项款中用于基本建设的资金。

2. 新设法人项目资本金筹措

新设法人项目资本金的形成分为两种形式：（1）在新法人设立时由发起人和投资人按项目资本金额度要求提供足额资金；（2）由新设法人在资本市场上进行融资来形成项目资本金。

新设项目法人资本金通常以注册资本的方式投入。由初期设立的项目法人进行的资本金筹措主要有以下几种形式。

（1）在资本市场募集股本资金。具体可以采取两种基本方式，即私募与公开募集。

① 私募。私募是指将股票直接出售给少数特定的投资者，不通过公开市场销售。私募程序相对简化，但在信息披露方面仍必须满足投资者的要求。

② 公开募集。公开募集是指在证券市场上公开向社会发行销售。在证券市场上公开发行股票，需要取得证券监管机关的批准，需要通过证券公司或投资银行向社会推销，需要提供详细的文件，保证公司的信息披露，保证公司的经营及财务透明度，筹资费用较高，筹资时间较长。

（2）合资合作。通过在资本投资市场上寻求新的投资者，由初期设立的项目法人与新的投资者以合资合作等多种形式，重新组建新的法人，或者由设立初期项目法人的发起人和投资人与新的投资者进行资本整合，重新设立新的法人，使重新设立的新法人拥有的资本达到或满足项目资本金投资的额度要求。采用这一方式，新法人往往需要重新进行公司注册或变更登记。

（三）债务资金筹措渠道与方式

债务资金是指项目投资中除项目资本金外，以负债方式取得的资金。债务资金是项目公司一项重要的资金来源。债务融资的优点是速度快、成本较低，缺点是融资风险较大，有还本付息的压力。债务资金主要通过信贷、债券和租赁等方式进行筹措。

1. 信贷方式融资

信贷方式融资是项目负债融资的重要组成部分，是公司融资和项目融资中最基本和最简单的形式，也是比重最大的债务融资形式。国内信贷资金主要有商业银行和政策性银行等提供的贷款。国外信贷资金主要有商业银行的贷款，以及世界银行、亚洲开发银行等国际金融机构贷款。此外，还有外国政府贷款、出口信贷和信托投资公司等非银行金融机构提供的贷款。

2. 债券方式融资

债券是债务人为筹集债务资金而发行的、约定在一定期限内还本付息的一种有价证券。发行债券融资可从资金市场直接获得资金,资金成本(利率)一般应低于银行借款。除一般债券融资外,还有可转换债券融资。可转换债券是企业发行的一种特殊形式债券,在预先约定的期限内,可转换债的债券持有人有权选择按照预先规定的条件将债权转换为发行人公司的股权。

债券筹资的优点包括:(1)筹资成本低,发行费用少且利息可税前抵扣;(2)能保障股东控制权,债券持有人无权干涉管理事务;(3)可发挥财务杠杆作用,固定利息下更多收益留归股东或用于企业发展;(4)便于调整资本结构,如发行可转换债券或发行债券时规定可提前赎回债券。

债券筹资的缺点包括:(1)可能产生财务杠杆负效应,固定本息支付增加企业财务负担与破产风险,当资产收益率低于债券利息率时尤为明显;(2)可能会使总资金成本增大,由于债务增加致财务风险上升,带动债券与权益资金成本提高;(3)经营灵活性降低,债券合同保护性条款会制约企业股息策略、融资和资金调度等多方面举措实施。

3. 租赁方式融资

租赁方式融资是指当企业需要筹措资金和添置必要的设备时,可以通过租赁公司代其购入所选择的设备,并以租赁的方式将设备租给企业使用。在大多数情况下,出租人在租赁期内向承租人分期回收设备的全部成本、利息和利润。租赁期满后,将租赁设备的所有权转移给承租人,通常为长期租赁。根据租赁所体现的经济实质不同,租赁分为经营性租赁与融资性租赁两类。

(1) 经营性租赁。经营性租赁是出租方以自己经营的设备租给承租方使用,出租方收取租金。承租方则通过租入设备的方式,节省了项目设备购置投资,等同于筹集到了一笔设备购置资金,承租方只需为此支付一定的租金。当预计项目中使用设备的租赁期短于租入设备的经济寿命时,经营性租赁可以节约项目运行期间的成本开支,并避免设备经济寿命在项目上的空耗。

(2) 融资性租赁。融资性租赁又称为金融租赁或财务租赁。采取这种租赁方式,通常由承租人选定需要的设备,由出租人购置后供承租人使用,承租人向出租人支付租金,承租人租赁取得的设备按照固定资产计提折旧。租赁期满,设备一般要由承租人所有,由承租人以事先约定的、很低的价格向出租人收购的形式取得设备的所有权。

1) 融资租赁的优点:①融资性租赁将融资与融物相融合,企业借此能快速获取资产的长期使用权;②与长期借款相比,融资租赁灵活性强,可避开借款筹资附加的各类限制性条款;③融资租赁由经验丰富、熟悉市场的租赁公司负责融资与进口设备,能削减设备进口费,降低设备取得成本。

2) 融资租赁的租金主要包括:①租赁资产成本,包含资产购买价、运杂费、运输保险费等;②租赁资产利息,即承租人实际承担的购买设备贷款利息;③租赁手续费,包含出租人承办租赁业务费用及提供租赁服务所获利润。

三、项目资金成本分析

（一）资金成本及其构成

资金成本是指企业为筹集和使用资金而付出的代价。广义地讲，企业筹集和使用任何资金，不论是短期的还是长期的，都要付出代价。狭义的资金成本仅指筹集和使用长期资金（包括自有资金和借入长期资金）的成本。由于长期资金也被称为资本，所以，长期资金的成本也可称为资本成本。在这里所说的资金成本主要是指狭义的资金成本，即资本成本。资金成本一般包括资金筹集成本和资金使用成本两部分。

1. 资金筹集成本

资金筹集成本是指在资金筹集过程中所支付的各项费用，如发行股票或债券支付的印刷费、发行手续费、律师费、资信评估费、公证费、担保费和广告费等。资金筹集成本一般属于一次性费用，筹资次数越多，资金筹集成本也就越大。

2. 资金使用成本

资金使用成本又称为资金占用费，是指占用资金而支付的费用，它主要包括支付给股东的各种股息和红利、向债权人支付的贷款利息以及支付给其他债权人的各种利息费用等。资金使用成本一般与所筹集的资金多少以及使用时间的长短有关，具有经常性、定期性的特征，是资金成本的主要内容。

（二）资金成本的作用

资金成本是比较筹资方式、选择筹资方案的依据。资金成本有个别资金成本、综合资金成本、边际资金成本等形式，它们在不同情况下具有各自的作用。

(1) 个别资金成本主要用于比较各种筹资方式资金成本的高低，是确定筹资方式的重要依据。运用不同的筹资方式，个别资金成本是不同的。这时，个别资金成本的高低可作为比较各种融资方式优劣的一个依据。

(2) 综合资金成本是项目公司资本结构决策的依据。通常，项目所需的全部长期资金是采用多种筹资方式组合构成的，这种筹资组合往往有多个筹资方案可供选择。所以，综合资金成本的高低就是比较各个筹资方案，作出最佳资本结构决策的基本依据。

(3) 边际资金成本是追加筹资决策的重要依据。项目公司为了扩大项目规模，增加所需资产或投资，往往需要追加筹集资金。在这种情况下，边际资金成本就成为比较选择各个追加筹资方案的重要依据。

（三）资金成本的计算

资金成本的表示方法有两种，即绝对数表示方法和相对数表示方法。绝对数表示方法是指为筹集和使用资本实际付出了多少费用。相对数表示方法则是通过资金成本率来表示，以每年用资费用与筹得的资金净额（筹资金额与筹资费用之差）之间的比率来定义。由于在不同条件下筹集资金的数额不相同，成本便不相同，因此，资金成本通常以相对数表示。其计算公式如下：

$$K=\frac{D}{P-F} \tag{5-1}$$

或

$$K=\frac{D}{P(1-f)} \tag{5-2}$$

式中，K——资金成本率(一般也可称为资金成本)；

P——筹资资金总额；

D——使用费；

F——筹资费；

f——筹资费费率(即筹资费占筹资资金总额的比率)。

1. 个别资金成本

个别资金成本是指各种资金来源的成本。企业的长期资金一般有优先股、普通股、留存收益、长期借款、债券和租赁等，其中前三者统称权益资金，后三者统称债务资金。

(1) 权益资金成本

1）优先股成本。优先股最大的一个特点是每年的股利不是固定不变的，当项目运营过程中出现资金紧张时可暂不支付。但因其股息是在税后支付，无法抵消所得税，因此，筹资成本大于债券，这对企业来说是必须支付的固定成本。优先股的资金成本率计算公式为

$$K_P=\frac{D_P}{P_0(1-f)} \tag{5-3}$$

或

$$K_P=\frac{P_0\cdot i}{P_0(1-f)}=\frac{i}{1-f} \tag{5-4}$$

式中，K_P——优先股成本率；

P_0——优先股票面值；

i——股息率。

【例 5-1】 某公司发行优先股股票，票面额按正常市价计算为 200 万元，筹资费费率为 4%，股息年利率为 14%，则其资金成本率为

$$K_P=\frac{200\times 14\%}{200\times(1-4\%)}=\frac{14\%}{1-4\%}=14.58\%$$

2）普通股成本。由于普通股股东的收益是随着项目公司税后收益额的大小而变动的，每年股利可能各不相同，而且这种变化深受项目公司融资意向与投资意向及股票市场股价变动因素的影响，因此，确定普通股成本通常比确定债务成本及优先股成本更困难些。确定普通股资金成本的方法有股利增长模型法、税前债务成本加风险溢价法和资本资产定价模型法。

① 股利增长模型法。普通股的股利往往不是固定的，因此，其资金成本率的计算通常用股利增长模型法计算。一般假定收益以固定的年增长率递增，则普通股成本的计算公式为

$$K_S=\frac{D_C}{P_C(1-f)}+g=\frac{i_c}{1-f}+g \tag{5-5}$$

式中，K_s——普通股成本率；

P_c——普通股票面值；

D_c——普通股预计年股利额；

i_c——普通股预计年股利率；

g——普通股利年增长率。

【例 5-2】 某公司发行普通股正常市价为 56 元，估计年增长率为 12%，第一年预计发放股利 2 元，筹资费用率为股票市价的 10%，则新发行普通股的成本为

$$K_s = \frac{2}{56 \times (1 - 10\%)} + 12\% = 15.97\%$$

② 税前债务成本加风险溢价法。根据投资“风险越大，要求的报酬率越高”的原理，投资者的投资风险大于提供债务融资的债权人，因而会在债权人要求的收益率上再要求一定的风险溢价。在这种前提下，普通股资金成本的计算公式为

$$K_s = K_b + RP_c \tag{5-6}$$

式中，K_s——普通股成本率；

K_b——所得税前的债务资金成本；

RP_c——投资者比债权人承担更大风险所要求的风险溢价。

③ 资本资产定价模型法。根据投资者对股票的期望收益来确定资金成本，在这种前提下，普通股成本的计算公式为

$$K_s = R_f + \beta(R_m - R_f) \tag{5-7}$$

式中，K_s——普通股成本率；

R_f——社会无风险投资收益率；

β——股票的投资风险系数；

R_m——市场投资组合预期收益率。

【例 5-3】 某期间市场无风险报酬率为 12%，平均风险股票必要报酬率为 14%，某公司普通股 β 值为 1.2，则普通股的成本为

$$K_s = 12\% + 1.2 \times (14\% - 12\%) = 14.4\%$$

3）保留盈余成本。保留盈余又称为留存收益，是企业缴纳所得税后形成的，其所有权属于股东。股东将这一部分未分派的税后利润留在企业，实质上是对其追加投资。对此，股东同样要求这部分投资有一定的报酬，所以，保留盈余也有资金成本。它的资金成本是股东失去向外投资的机会成本，故与普通股成本的计算基本相同，只是不考虑筹资费用。其计算公式为

$$K_R = \frac{D_c}{P_c} + g = i_c + g \tag{5-8}$$

式中，K_R——保留盈余成本率。

（2）债务资金成本

1）长期借款成本。长期借款成本一般由借款利息和借款手续费两部分组成。按照国际惯例和各国税法的规定，借款利息可以计入税前成本费用，起到抵税的作用，因而使企业的实际支出相应减少。

对每年年末支付利息、贷款期末一次全部还本的借款，其借款成本率为

$$K_g=\frac{I_t(1-T)}{G-F}=i_g\ \frac{1-T}{1-f} \tag{5-9}$$

式中，K_g——借款成本率；

G——贷款总额；

I_t——贷款年利息；

i_g——贷款年利率；

T——所得税税率；

F——贷款费用。

2）债券成本。债券成本主要是指债券利息和筹资费用。债券利息的处理和长期借款利息的处理相同，应以税后的债务成本为计算依据。债券的筹资费用一般比较高，不可以在计算资金成本时省略。因此，债券成本率可以按下列公式计算

$$K_B=\frac{I_t(1-T)}{B(1-f)} \tag{5-10}$$

或

$$K_B=i_b\ \frac{1-T}{1-f} \tag{5-11}$$

式中，K_B——债券成本率；

B——债券筹资额；

i_b——债券年利息利率。

【例 5-4】 某公司为新建项目发行总面额为 1000 万元的 10 年期债券，票面利率为 13%，发行费用为 5%，公司所得税税率为 25%。该债券的成本为

$$K_B=\frac{1000\times 13\%\times(1-25\%)}{1000\times(1-5\%)}=10.26\%$$

由于债券的发行价格受发行市场利率的影响，致使债券发行价格出现等价、溢价、折价等情况，因此，在计算债券成本时，债券的利息按票面利率确定，但债券的筹资金额按照发行价格计算。

【例 5-5】 假定上述公司发行面额为 1000 万元的 10 年期债券，票面利率为 13%，发行费用率为 5%，发行价格为 1200 万元，公司所得税率为 25%。则该债券成本为

$$K_B=\frac{1000\times 13\%\times(1-25\%)}{1200\times(1-5\%)}=8.55\%$$

3）租赁成本。企业租入某项资产，获得其使用权，要定期支付租金，并且租金列入企业成本，可以减少应付所得税。因此，其租金成本率为

$$K_L=\frac{E}{P_L}(1-T) \tag{5-12}$$

式中，K_L——租赁成本率；

P_L——租赁资产价值；

E——年租金额。

4）考虑时间价值的负债融资成本计算。上述负债融资成本计算公式假设各期所支付的利息是相同的，并且没有考虑不同时期所支付利息的时间价值，同时也没有考虑还本付息的方式。如综合考虑这些因素，负债融资成本的表达式为

$$P_0(1-f)=\sum_{t=1}^{n}\frac{P_t+I_t(1-T)}{(1+K_d)^t} \tag{5-13}$$

式中，P_0——债券发行额或长期借款金额，即债务现值；

I_t——约定的第 t 期末支付的债务利息；

P_t——约定的第 t 期末偿还的债务本金；

K_d——所得税后债务资金成本；

n——债务期限，通常以年表示。

2. 加权平均资金成本

企业不可能只使用某种单一的筹资方式，往往需要通过多种方式筹集所需资金。为进行筹资决策，需要计算确定企业长期资金的总成本——加权平均资金成本。加权平均资金成本一般是以各种资本占全部资本的比重为权重，对各类资金成本进行加权平均确定的。其计算公式为

$$K_w=\sum_{i=1}^{n}W_iK_i \tag{5-14}$$

式中，K_w——加权平均资金成本；

W_i——各种资本占全部资本的比重；

K_i——第 i 类资金成本。

【例 5-6】 某企业账面反映的长期资金共 1000 万元，其中长期借款 300 万元，应付长期债券 200 万元，普通股 400 万元，保留盈余 100 万元；其资金成本分别为 5.64%、6.25%、15.7%、15%。该企业的加权平均资金成本为

$$5.64\%\times\frac{300}{1000}+6.25\%\times\frac{200}{1000}+15.7\%\times\frac{400}{1000}+15\%\times\frac{100}{1000}=10.722\%$$

上述计算中的个别资金成本的比重，是按账面价值确定的，其资料容易取得。但当资本的账面价值与市场价值差别较大时，如股票、债券的市场价格发生较大变动，计算结果会与实际有较大的差距，从而贻误筹资决策。为了克服这一缺陷，个别资金成本的比重确定还可以按市场价值或目标价值确定。

第二节　工程项目融资概述

一、项目融资的含义和基本特点

（一）项目融资的含义

项目融资有广义和狭义两种理解。广义上讲，项目融资是指“为项目而融资”，包括新建项目、收购现有项目或对现有项目进行债务重组等。狭义的项目融资则是指一种有限追索（极端情况下为无追索）的融资活动，是以项目的资产、预期收益、预期现金流量等作为偿还贷款的资金来源。

（二）项目融资的基本特点

与传统的融资方式相比较，项目融资的基本特点可以归纳为以下几个主要方面。

1. 项目导向

主要是依赖于项目的现金流量和资产，而不是依赖于项目的投资者或发起人的资信来安排融资是项目融资的第一个特点。项目融资，顾名思义，是以项目为主体安排的融资。贷款银行在项目融资中的注意力主要放在项目在贷款期间能够产生多少现金流量用于还款，贷款的数量、融资成本的高低以及融资结构的设计都是与项目的预期现金流量和资产价值直接联系在一起的。

2. 有限追索

追索是指在借款人未按期偿还债务时，贷款人要求借款人以抵押资产之外的其他资产偿还债务的权利。在某种意义上，贷款人对项目借款人的追索形式和程度是区分融资是属于项目融资还是属于传统形式融资的重要标志。对于传统形式融资，贷款人为项目借款人提供的是完全追索形式的贷款，即贷款人更主要依赖的是借款人自身的资信情况，而不是项目的经济强度。而作为有限追索的项目融资，贷款人可以在贷款的某个特定阶段（如项目的建设开发阶段和试生产阶段）对项目借款人实行追索，或者在一个规定的范围内（包括金额和形式的限制）对项目借款人实行追索。除此之外，无论项目出现任何问题，贷款人均不能追索到项目借款人除该项目资产、现金流量以及所承担的义务之外的任何形式的财产。有限追索融资的特例是“无追索”融资，即融资百分之百的依赖于项目的经济强度。在融资的任何阶段，贷款人均不能追索到项目借款人除项目之外的资产。然而，在实际工作中是很难获得这样的融资结构的。

3. 风险分担

为了实现项目融资的有限追索，对于与项目有关的各种风险要素，需要以某种形式在项目投资者（借款人）、与项目开发有直接或间接利益关系的其他参与者和贷款人之间进行分担。一个成功的项目融资结构应该是在项目中没有任何一方单独承担全部项目债务的风险责任。在组织项目融资的过程中，项目借款人如何识别和分析项目的各种风险因素，确定本人、贷款人以及其他参与者所能承受风险的最大能力及可能性，充分利用与项目有关的一切可以利用的优势，最后设计出对投资者具有最低追索的融资结构是法人该做的首要工作。融资结构一旦建立之后，任何一方都要准备承担未能预料到的风险。

4. 非公司负债型融资

非公司负债型融资（off-balance finance）亦称为资产负债表之外的融资，是指项目的债务不表现在项目投资者（借款人）公司的资产负债表中的一种融资形式。项目融资通过对其投资结构和融资结构的设计，可以帮助投资者（借款人）将贷款安排成为一种非公司负债型的融资。根据项目融资风险分担原则，贷款人对于项目的债务追索权主要被限制在项目公司的资产和现金流量中，项目投资者（借款人）所承担的是有限责任，因而有条件使融资被安排成为一种不需要进入项目投资者（借款人）资产负债表的贷款形式。

非公司负债型融资对于项目投资者的价值在于，使这些公司有可能以有限的财力从事更多的投资，同时将投资的风险分散并限制在更多的项目之中。

5. 信用结构多样化

一个成功的项目融资，可以将贷款的信用支持分配到与项目有关的各个关键方面，典型的做法包括：(1)在市场方面，可以要求对项目产品感兴趣的购买者提供一种长期购买合同作为融资的信用支持（这种信用支持所能起到的作用取决于合同的形式和购买者的资信）；资源性项目的开发受到国际市场的需求及价格变动影响很大，能否获得一个稳定的、合乎贷款银行要求的项目产品长期销售合同，往往成为能否组织成功项目融资的关键；(2)在工程建设方面，为了减少风险，可以要求工程承包公司提供固定价格、固定工期的合同，或"交钥匙"工程合同，并要求项目设计者提供工程技术保证等；(3)在原材料和能源供应方面，可以要求供应方在保证供应的同时，在定价上根据项目产品的价格变化设计一定的浮动价格公式，保证项目的最低收益。所有这些做法，都可以成为项目融资强有力的信用支持，提高项目的债务承受能力，减少融资对投资者（借款人）资信和其他资产的依赖程度。

6. 注重发挥税务结构的作用

在项目所在国税法允许的正常范围内，通过精心设计的投资和融资结构，把项目的税务亏损作为一种资源最大限度地加以利用，以此为杠杆来降低融资成本，缓解项目高负债期的现金流量压力，提高项目的偿债能力和综合收益率。这是项目融资与传统融资方式相比的一个显著优势。在项目融资中使用的税务亏损是一种结构性亏损，不能简单地等同于一般意义上的经营性亏损。这种亏损多出现在项目投资的前期，是由于项目的投入与产出在时间上不匹配所造成，主要成因包括固定资产折旧、债务资金的利息成本以及一些特殊的成本摊销等。因此这种亏损有时也被称为"结构性税务亏损"。

7. 融资成本较高

与传统的融资方式比较，项目融资存在的一个主要问题是相对筹资成本较高，组织融资所需要的时间较长。项目融资涉及面广，结构复杂，需要做好大量有关风险分担、税收结构、资产抵押等一系列技术性的工作，筹资文件比一般公司融资往往要多出几倍，需要几十个甚至上百个法律文件才能解决问题。这就必然造成两方面的后果：(1)组织项目融资花费的时间长，通常从开始准备到完成整个融资计划需要 3～6 个月的时间（贷款金额大小和融资结构复杂程度决定安排融资时间长短），有些大型项目融资甚至需要几年的时间。这就要求参加工作的各个方面人员都要有足够的耐心和合作精神。(2)项目融资的大量前期工作和有限追索性质，导致融资的成本要比传统融资方式高。

二、项目融资的框架结构

项目融资由四个基本模块组成：项目的投资结构、项目的融资结构、项目的资金结构和项目的信用保证结构。

拓展阅读

山东日照电厂项目融资分析

（一）项目的投资结构

项目的投资结构，即项目的资产所有权结构，是指投资者对项目资产权益的法律拥有形式和其他项目投资者之间（如果项目有超过一个以上的投资者)的法律合作关系。

(二) 项目的融资结构

融资结构是项目融资的核心部分。项目的投资者在确定投资结构问题上达成一致意见之后,其重要工作就是要设计和选择合适的融资结构,以实现投资者在融资方面的目标要求。

(三) 项目的资金结构

项目的资金结构设计用于决定在项目中股本资金、准股本资金和债务资金的形式、相互之间比例关系以及相应的来源。项目融资重点解决的是项目的债务资金问题,在整个结构中也需要以适当数量和形式的股本资金和准股本资金作为结构的信用支持。

(四) 项目的信用保证结构

对于银行和其他债权人而言,项目融资的安全性来自两个方面:1.来自项目本身的经济强度;2.来自项目之外的各种直接或间接的担保。这些担保可以是由项目的投资者提供的,也可以是由与项目有直接或间接利益关系的其他方面提供的。

无论融资的结构如何复杂,项目融资的一些基本原则和特点是必须遵循和保留的,这里面包括了有限追索、风险分担、信用支持多样化和充分利用税务优势降低融资成本等。

三、工程项目融资的参与者

由于工程项目融资的复杂性合同与融资结构在其中发挥不同程度的作用。较利益主体也比传统的融资方式多,概括起来,工程项目融资的参与者主要包括这样几个方面:项目的直接主办人、项目的实际投资者、项目的贷款银行、项目产品的购买者/项目设施的使用者、项目建设的工程公司/承包公司、项目设备/能源/原材料供应商、融资顾问、项目发起人和法律/税务顾问,各个角色都在不同领域发挥作用。

(一) 项目的直接主办人

融资项目的直接主办人是指直接参与项目投资和项目管理,并直接承担项目债务责任和项目风险的法律实体。工程项目融资中的普遍做法是成立一个单一目的的项目公司作为项目的直接主办人,而不是由母公司或控股公司担任,即由项目的实际投资者作为项目的直接主办人。项目公司可以是一个实体,即实际拥有项目管理所必须具备的生产技术、管理能力及人员条件;实践中,项目公司也可以只是一个法律上拥有项目资产的公司,项目运作则委托给一家富有生产管理经验的管理公司负责。

(二) 项目的实际投资者

项目投资者通过项目的投资活动和经营活动,获取投资利润和其他利益,通过组织工程项目融资,实现投资项目的综合目标要求。在工程项目融资结构中,项目投资者除了拥有公司全部股权或部分股权,提供一部分股本资金外,还需要以直接担保或者间接担保的形式为项目公司提供一定的信用支持。因此，项目实际投资者是工程项目融资中的实质借款人。项目投资者在融资中需要承担的责任和义务，需要提供的担保的性质、金额和时间要求，主要取决于项目的经济强度及贷款银行的要求，是由借贷双方通过谈判决定的。

（三）项目的贷款银行

商业银行、非银行金融机构（如租赁公司、财务公司和某种类型的投资基金等）和一些国家政府的出口信贷机构，是工程项目融资债务资金来源的主要提供者，统称为"贷款银行"。承担工程项目融资贷款责任的银行可以是单一的一两家商业银行，也可以是由十几家组成的国际银团。银行参与数目主要是根据贷款的规模和项目的风险（特别是项目所在国的国家风险）两个因素决定的。银行希望通过组织银团贷款的方式减少和分散每一家银行在项目中的风险。从借款人的角度，通过银团融资可以为融资者提供机会，与更多的银行及金融机构建立联系，增进相互的了解。

（四）项目产品的购买者/项目设施的使用者

项目产品的购买者或项目设施的使用者可以在工程项目融资中发挥相当重要的作用，构成融资信用保证的关键部分之一。项目产品的购买者通过与项目公司签订长期购买合同（特别是具有"无论提货与否均需付款"和"提货与付款"性质的合同），保证了项目的市场和现金流量，为投资者对项目的贷款提供了信用保证。项目产品的购买者作为工程项目融资的一个参与者，可以直接参加工程项目融资谈判，确定项目产品的最小承购数量和价格公式。工程项目融资中的产品购买者或项目设施使用者这一角色，一般由项目投资者本身、对项目产品（设施）有兴趣的独立第三方，或者有关政府机构（多数在交通运输、电力等基础设施项目中）承担。

（五）项目建设的工程公司/承包公司

项目建设的工程公司或承包公司的资金状况、工程技术能力和以往的经营历史记录，在很大程度上影响工程项目融资的贷款银行对项目建设期风险的判断。一般来说，如果由信誉卓著的工程公司承建项目，有较为合理的合同安排，可以帮助项目投资者减少在项目建设期间所承担的义务和责任，甚至在建设期间将工程项目融资设计为有限追索形式。

（六）项目的设备、能源、原材料供应者

项目设备供应商通过延期付款或者低息优惠出口信贷的安排，构成项目资金的一个重要来源。这种做法为许多国家在鼓励本国设备出口时所采用。

项目能源/原材料生产者为了寻求长期稳定的市场，在一定的条件下，愿意以长期的优惠价格条件为项目提供能源和原材料。这种安排有助于减少项目初期以至项目经营期间的许多不确定性因素影响，为项目投资者安排工程项目融资提供了便利条件。

（七）融资顾问

工程项目融资的组织安排工作需要具有专门技能的人员来完成。绝大多数的项目投资者缺乏这方面的经验和资源，需要聘请专业融资顾问。融资顾问通常聘请投资银行、财

务公司或者商业银行中的工程项目融资部门相关人员来担任。担任融资顾问的条件包括能够准确地了解项目投资者的目标和具体要求；熟悉项目所在国的政治经济结构、投资环境、法律和税务规定；对项目本身以及项目所属工业部门的技术发展趋势、成本结构、投资费用有清楚的认识和分析；掌握当前金融市场的变化动向和各种新的融资手段；与主要银行和金融机构建立良好的关系，具备丰富的谈判经验和技巧等方面要求。

（八）项目的最终所有者——项目发起人

项目发起人是项目所在国家政府、政府机构和政府指定的公司。项目发起人在法律上既不拥有项目，也不经营项目，宏观上通过给予项目某些特许经营权（例如承购项目产品以保证项目的最低收益）和给予项目一定数额的从属性贷款或贷款担保，作为对项目建设、开发和融资安排的支持。微观方面，项目发起人可以为项目的开发提供土地、良好基础设施、长期稳定的能源供应和某种形式的经营特许权，减少项目的建设风险和经营风险。项目发起人可以为项目提供条件优惠的出口信贷和其他类型的贷款或贷款担保，这种贷款或贷款担保可以作为一种特殊股本资金进入项目，促成工程项目融资的完成。战略方面，项目发起人可以为项目建设提供一种良好的投资环境，例如利用批准特殊外汇政策和特殊税务结构等种种优惠政策降低项目的综合债务成本，提高项目的经济强度和可融资性。在融资期间结束后，项目发起人通常无偿地获得项目的所有权和经营权。

（九）法律/税务顾问

富有经验的法律和税务顾问是项目投资者在安排融资项目中不可缺少的另一个助手。工程项目融资中，大量的法律文件需要有经验的法律顾问来起草和把关。同时，由于工程项目融资结构要达到有限追索的目的，又需充分利用项目投资所带来的税务亏损以降低资金的综合成本，或者将融资设计成为非公司负债型的贷款结构，必须要有丰富经验的会计税务顾问来检查这些安排是否符合项目所在国家的有关规定，避免任何潜在的问题和风险。

第三节　项目融资模式

传统的项目融资模式主要包括直接融资模式、项目公司融资模式、“设施使用协议”融资模式、杠杆租赁融资模式和“生产支付”融资模式等，随着项目融资理论研究与实践应用的不断发展，出现了一系列新型项目融资模式，如BOT、PPP、ABS、TOT和PFI等，这里主要介绍新型融资模式。

一、PPP融资模式

（一）PPP模式的基本含义

政府和社会资本合作（public-private-partnership，PPP）模式可归纳为政府和社会资本在风险分担和利益共享的基础上建立并维持长期的合作伙伴关系，通过发挥各自的优势及特长，最终为公众提供质量更高、效果更好的公共产品及服务的一种项目投融资方式。

（二）PPP 模式的适用范围

PPP 模式涉及的行业可分为能源、交通运输、水利建设、生态建设和环境保护、市政工程、片区开发、农业、林业、科技、保障性安居工程、旅游、医疗卫生、养老、教育、文化、体育、社会保障、政府基础设施及其他等 19 个一级行业。PPP 模式不但可以用于新建项目，而且也可以在存量项目、在建项目中使用。

（三）PPP 项目实施方案的内容

根据《关于印发政府和社会资本合作模式操作指南（试行）的通知》（财金〔2014〕113 号）的规定，投资规模较大、需求长期稳定、价格调整机制灵活、市场化程度较高的基础设施及公共服务类项目，适宜采用政府和社会资本合作模式。政府和社会资本合作项目由政府或社会资本发起，以政府发起为主。政府或其指定的有关职能部门或事业单位可作为项目实施机构，负责项目准备、采购、监管和移交等工作。项目实施机构应组织编制项目实施方案。

（四）PPP 模式的主要运作方式

关于 PPP 融资模式，主要有以下几种典型运作方式。

1. BOT

建设—运营—移交（build-operate-transfer，BOT）是指由社会资本或项目公司承担新建项目融资、设计、建造、运营、维护和用户服务职责，合同期满后项目资产及相关权利等移交给政府的融资形式。BOT 是 20 世纪 80 年代中后期发展起来的一种项目融资方式，主要适用于竞争性不强的行业或有稳定收入的项目，如包括自来水厂和发电厂等在内的公共基础设施、市政设施等。

实际上 BOT 是一类项目融资方式的总称，通常所说的 BOT 主要包括典型 BOT、BOOT 以及 BOO 三种基本形式。除上述三种基本形式外，BOT 还有十余种演变形式，如建设—移交（build-transfer，BT）、建设—移交—运营（build-transfer-operate，BTO）、建设—拥有—经营—补贴—移交（build-own-operate-subsidy-transfer，BOOST）、移交—运营—移交（transfer-operate-transfer，TOT）、设计—建设—运营—移交（design-build-operate-transfer，DBOT）等多种演变形式。

2. BOO 和 BOOT

建设—拥有—运营（build-own-operate，BOO）形式是由 BOT 形式演变而来的，二者的区别主要是 BOO 方式下，社会资本或项目公司拥有项目所有权，但必须在合同中注明保证公益性的约束条款，一般不涉及项目期满移交。

建设—拥有—运营—移交（build-own-operate-transfer，BOOT）形式是在项目建成后，社会资本或项目公司在规定的期限内拥有所有权并进行经营，期满后将项目移交给政府。BOOT 方式与典型 BOT 方式的主要不同之处是，项目公司既有经营权又有所有权。政府允许项目公司在一定范围和一定时期内，将项目资产以融资目的抵押给银行，以获得更优惠的贷款条件，从而使项目的产品/服务价格降低，但特许期一般比典型 BOT 方式稍长。

3. TOT

移交—运营—移交(transfer-operate-transfer,TOT),是从BOT方式演变而来的一种新型方式,具体是指用社会资本购买某个项目资产(一般是公益性资产)的经营权,购买者在约定的时间内通过经营该资产收回全部和得到合理的回报后,再将项目无偿移交给原产权所有人(一般为政府或国有企业)的一种投资运作方式。

4. PFI

私人主动融资(private finance initiative,PFI)是指由私营企业进行项目的建设与运营,从政府方或接受服务方收取费用以回收成本,在运营期结束时,私营企业应将所运营的项目完好地、无债务地归还政府。PFI融资方式具有使用领域广泛、能够缓解政府资金压力和提高建设效率等特点。

5. O&M

委托运营(operations & maintenance,O&M)形式是指政府将存量公共资产的运营维护职责委托给社会资本或项目公司,社会资本或项目公司不负责用户服务的一种政府和社会资本合作的项目运作方式。政府保留资产所有权,只向社会资本或项目公司支付委托运营费。合同期限一般不超过8年。

6. MC

管理合同(management contract,MC)形式是指政府将存量公共资产的运营、维护及用户服务职责授权给社会资本或项目公司的一种项目运作方式。政府保留资产所有权,只向社会资本或项目公司支付管理费。管理合同通常作为转让—运营—移交的过渡方式,合同期限一般不超过3年。

7. ROT

改建—运营—移交(rehabilitate-operate-transfer,ROT)形式是指政府在TOT形式的基础上,增加改扩建内容的一种项目运作方式。合同期限一般为20～30年。

ABS与BOT、PPP融资模式的比较

8. 其他方式

采用PPP模式进行融资的项目按照社会资本方或项目公司具体承担的工作,还可以应用的其他方式包括设计—建设—融资—运营(design-build-finance-operate,DBFO)、融资—建设—拥有—运营—移交(finance-build-own-operate-transfer FBOOT)、设计—建设—运营—维护(design-build-operate-maintain,DBOM)、设计—建设—运营—移交(design-build-operate-transfer,DBOT)等。

二、ABS融资模式

(一) ABS模式

资产证券化(asset-backed securitization,ABS)是20世纪80年代首先在美国兴起的一种新型的资产变现方式,它将缺乏流动性但能产生可预见的和稳定的现金流量的资产归集起来，通过一定的安排，对资产中的风险与收益要素进行分离与重组，进而转换为在金融市场上可以出售和流通的证券过程。

（二）ABS 融资模式的运作过程

ABS 融资模式的运作过程主要包括以下几个方面。

1. 组建特殊目的机构（special purpose vehicle，SPV）

该机构可以是一个信托机构，如信托投资公司、信用担保公司、投资保险公司或其他独立法人。该机构应能够获得国际权威资信评估机构较高级别的信用等级（AA 或 AAA 级），由于 SPV 是进行 ABS 融资的载体，成功组建 SPV 是 ABS 能够成功运作的基本条件和关键因素。

2. SPV 与项目结合

即 SPV 寻找可以进行资产证券化融资的对象。一般来说，投资项目所依附的资产只要在未来一定时期内能带来现金收入，就可以进行 ABS 融资。拥有这种未来现金流量所有权的企业（项目公司）能够成为原始权益人。这些未来现金流量所代表的资产，是 ABS 融资方式的物质基础。在进行 ABS 融资时，一般应选择未来现金流量稳定、可靠和风险较小的项目资产。而 SPV 与这些项目的结合，就是以合同、协议等方式将原始权益人所拥有的项目资产的未来现金收入的权利转让给 SPV，转让的目的在于将原始权益人本身的风险割断。这样 SPV 进行 ABS 方式融资时，其融资风险仅与项目资产未来现金收入有关，而与建设项目的原始权益人本身的风险无关。

3. 进行信用增级

利用信用增级手段使项目资产获得预期的信用等级，为此，就要调整项目资产现有的财务结构，使项目融资债券达到投资级水平，达到 SPV 关于承包 ABS 债券的条件要求。SPV 通过提供专业化的信用担保进行信用升级，之后委托资信评估机构进行信用评级，确定 ABS 债券的资信等级。

4. SPV 发行债券

SPV 直接在资本市场上发行债券募集资金，或者经过 SPV 通过信用担保其他机构组织债券发行，通过发行债券筹集的资金用于项目建设。

5. SPV 偿债

由于项目原始受益人已将项目资产的未来现金收入权利让渡给 SPV，因此，SPV 能利用项目资产的现金流入量，清偿其在国际高等级投资证券市场上所发行债券的本息。

第四节 实训案例

广西来宾 B 电厂融资方案

项目背景

1994 年以后，我国外资的利用政策发生了重大变化，在基础设施建设方面，由限制外资直接投资转向引导外资从事基础设施直接投资。

1995 年初，国家计委开始组织 BOT 试点工作，探索在国内开发 BOT 项目的经验。

广西壮族自治区政府和国家计委联系紧密，信息较快。来宾 B 电厂本身条件较成熟，大量的前期工作都已经完成。1995 年 5 月 8 日，国家计委批准了第一个 BOT 试点项目：广西来宾 B 电厂。

项目概况

项目装机规模为 72 万千瓦，电厂的主要设备是两台 36 万千瓦的燃煤发电机组。

广西建设燃料有限责任公司负责供应发电所需燃煤供应。广西电力公司每年购买 35 亿千瓦时的最低输出电量，并送入广西电网。

设计全部采用欧洲当时最新的方案，低能耗、高环保是这套设备最大的特点。

通过"三层循环"管理运作模式，不仅成功规避了高耗能陷阱，而且成为国内火电行业环保、高效的楷模。生产运营既提高了经济效益，又能实现可持续发展。

项目实施

被选为试点以后，广西壮族自治区政府组成了 BOT 项目领导小组并设立常设办公室。广西壮族自治区政府聘请专业的投资咨询有限公司作为代理，负责代理广西壮族自治区政府处理有关 B 电厂的资格预审、招标、评标和谈判工作。

来宾 B 电厂项目实施主要包括下列几个阶段。

(1) 1995 年 5 月 8 日，国家计委批准作为试点项目；

(2) 1995 年 8 月 8 日，发布资格预审通告；

(3) 1995 年 9 月 30 日，递交资审文件截止；

(4) 1995 年 10 月 18 日，发出招标邀请；

(5) 1996 年 5 月 8 日，提交建议书截止并开标；

(6) 1996 年 6 月 10 日至 15 日，进行评标；

(7) 1996 年 10 月 11 日，草签特许权协议。

项目融资过程

项目协议于 1997 年 7 月 18 日正式签订。在此基础上，中标人法国电力联合体先后完成了项目初步设计、建设合同、运营维护合同、保险协议和融资协议的签署。同时，对外贸易经济合作部批准了项目的章程，完成项目公司的注册成立工作。

1997 年 9 月 3 日，自治区政府与项目公司在北京正式签署了特许权协议，意味着项目特许权协议正式生效，特许期开始并正式开工。特许期为 18 年，其中建设期为 2 年 9 个月，运营期 15 年 3 个月。特许期满，电厂无偿移交给自治区政府，并承担移交后 12 个月内的质量保证义务。来宾 B 电厂将于 2015 年移交广西壮族自治区政府。

项目融资方式

项目公司通过有限追索的项目融资方式筹措 75% 的项目资金。4.62 亿美元的贷款中约 3.12 亿美元由法国出口信贷机构——法国对外贸易保险公司提供出口信贷保险。我国各级政府、金融机构和非金融机构不为该项目融资提供任何形式的担保。在建设期和运营期内项目公司将向广西壮族自治区政府分别提交履约保证金 3000 万美元。

项目资金构成如表5-1所示。

表5-1　项目资金构成

<table>
<tr><th colspan="2">投　　资</th><th>方　　式</th></tr>
<tr><td rowspan="3">总投资6.16亿美元</td><td rowspan="2">股东投资1.54亿美元(25%)</td><td>法国电力国际出资60%</td></tr>
<tr><td>通用电气阿尔斯通公司出资40%</td></tr>
<tr><td>项目融资4.62亿美元(75%)</td><td>项目贷款由法国东方汇理银行、英国汇丰投资银行及英国巴莱银行组成的银团联合承担</td></tr>
</table>

政府支持政策

来宾B电厂项目成功完成融资和建设工作,并且已经开始运营。该厂已成为广西电网的骨干电源和“西电东送”输电系统的支撑点。

作为我国第一个正式由政府批准的BOT项目,在其投资设计、融资、建设的整个过程中,广西壮族自治区政府对该项目提供了大力支持,主要包括八个方面。

① 允许投资者将其从电厂经营中取得的人民币收入,扣除税费后,换成外汇汇出境外。

② 为解决政府政策的变化导致人民币与外汇的兑换率大幅度变化,从而导致的投资方损失,允许调整电价来解决。

③ 指定一家燃料公司供应项目公司所需要的燃料,并与项目公司签订燃料供应协议,按协议保证供应项目公司所需要的燃料。

④ 保证每年至少购买35亿千瓦时的上网电量,并指定由广西供电局与项目公司签订购电合同和调度协议。

⑤ 关于通货膨胀问题,同意由于燃料价格的变化可以调整电价。

⑥ 项目公司可以享受国家和地方政府所规定的税收优惠。

⑦ 广西壮族自治区政府免费或以优惠的价格向项目公司提供电厂建设、营运和维护所需要的土地、供水、供电、通讯、道路和铁路等现有设施的使用。

⑧ 在项目公司的整个特许权期限内,所需要的各方面的协调和协助,广西壮族自治区政府都可以给予支持。

项目风险管理

BOT项目规模大,结构复杂,参与方多,不确定因素多,风险也很大。本项目的风险主要有履约风险、市场风险、外汇风险、政治风险和法律风险等等。来宾B电厂项目的风险管理对于中方来说较为合理,各方面具体做法有以下几个方面。

(1) 履约风险。采用国际通行的竞争性招标方式选择境外项目发起人,并对境外项目发起人规定了良好的约束机制。

(2) 市场风险。评标标准注重电价水平,走出了回报率的误区。

(3) 外汇风险。特许权协议规定当人民币兑换美元汇率发生变化并超过一定范围时,允许项目公司相应地调整电价。

(4) 政治风险。政府对来宾B电厂BOT项目提供了强有力的支持。

(5) 法律风险。该风险主要由广西壮族自治区政府承担。

项目评价

广西来宾B电厂项目自1995年8月正式向国际投资市场公开招标之后，不仅得到了我国政府有关部门的大力支持，同时也得到了国际投资市场和国际金融市场的广泛关注。

1995年该项目被海外誉为世界十大BOT项目之一，1996年又被《亚洲金融》杂志评为1996年亚洲最佳融资项目。该项目的国际招标工作是成功的，主要表现在以下几个方面。

(1) 招标工作安排紧凑，用时较短。

(2) 走出回报率的误区。

(3) 充分发挥竞争优势，使电价降低。

(4) 政策公开透明，外商放心。

(5) 特许权协议全面、严谨、有利于各方参与。

BOT项目前景展望

作为基础设施建设的市场化融资模式之一的BOT项目融资模式，不但可以解决政府财力不足问题，同时也消除了政府国有资产流失的顾虑。

对于项目本身而言，既可以引进创新的设计方案，同时也能够提高项目的建设运营效率。随着经验的积累、法律和政策框架的继续完善，BOT的融资优势必将更加凸显。

思考与练习

一、简答题

1. 什么是资本结构？项目资本金有哪些来源渠道？项目债务资金有哪些来源渠道？

2. 什么是资金成本？资金成本一般包括哪几个部分？

3. 什么是项目融资？项目融资的基本特点有哪些？简述项目融资的框架结构。

4. PPP的基本含义是什么？PPP的主要运作方式包括哪几种？

5. 简述ABS的含义及其运作过程。

二、计算题

1. 设社会无风险投资收益率为4%，市场投资组合预期收益率为10%，某项目的投资风险系数为1.2，采用资本资产定价模型计算普通股资金成本。

2. 融资租赁公司提供的设备融资额为100万元，年租赁费费率为15%，按年支付，租赁期限15年，到期设备归承租方，忽略设备余值的影响，资金筹集费为融资额的5%，所得税税率为25%。计算融资租赁资金成本。

3. 某上市公司拟上一项目，准备筹资5000万元，有两种选择：

(1) 增发5000万普通股，发行费率为5%。

(2) 5000万从企业内部筹资，来源于公司未分配利润和盈余公积金。

预计当年股利率为10%，同时估计未来股利每年递增4%，试分别计算两种方式的权益资金成本。

4．企业采用发行债券、普通股和银行借款三种形式筹集资金 10000 万元，有关资料计算综合资金成本如表 5-2 所示。试计算加权平均资金成本。

表 5-2　筹资方式及资金成本表

筹资方式	金额(万元)	资金成本
长期借款	3000	7%
优先股	2000	12%
普通股	5000	16%

第六章

资金时间价值与等值换算

学习目标

1. 掌握现金流量概念和现金流量图的绘制方法，理解现金流量分析原则；
2. 熟悉财务效益与费用构成，掌握财务现金流量估算方法；
3. 理解资金时间价值和资金等值的含义，掌握资金等值换算方法；
4. 掌握常用的还本付息方式。

素养目标

1. 培养学生的知识掌握能力，使其掌握资金时间价值与等值换算的概念、理论和方法；
2. 培养学生的实践能力，使其能够将所学资金时间价值的价值观念应用于实践；
3. 培养学生正确的消费观、人生观和价值观。

本章知识结构图

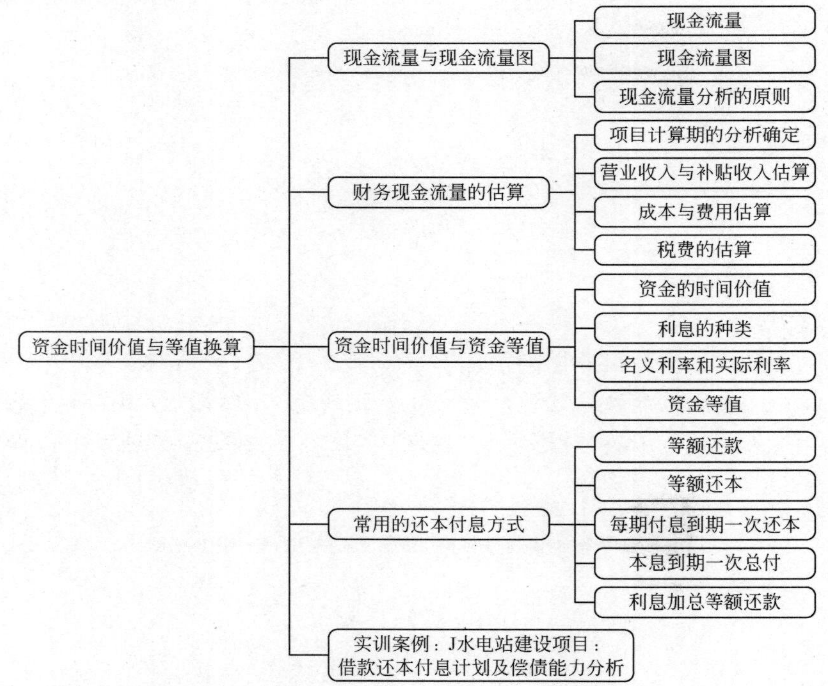

第一节　现金流量与现金流量图

在投资决策中，投资者和决策者必须预测并了解投资活动在未来各期的现金收支情况，并以此为基础，分析、计算投资项目的经济效果，判断是否可行并据此选择最优方案。

在投资项目的经济评价中，通常把每一个投资项目看作一个经济系统，它投入的资金、消耗的成本以及大多数项目的收益，都表现为货币形式的资金流入或资金流出。

一、现金流量

现金流量(cash flow)，即投资项目在各个时间点上向项目实体流入和流出的现金的总称。流入项目实体的现金称为现金流入，流出项目实体的现金称为现金流出。

(一) 现金流出

现金流出(cash outflow，CO)，包括投资、成本或费用(折旧费除外)和各种税金。

(二) 现金流入

现金流入(cash inflow，CI)，包括：营业收入、固定资产期末回收和流动资金期末回收。其中，固定资产期末回收主要指折旧后固定资产残值，或固定资产在项目期末的转售价值；流动资金因为具有作为生产周转资金的性质，在项目寿命结束时，全部流动资金才能退出生产和流通，以货币的形式回收。

(三) 净现金流量

净现金流量(net cash flow，NCF)，指发生在某个时点的现金流入与现金流出之差，即NCF可以表达为(CI－CO)，它可以是正值、负值或零。

二、现金流量图

现金流量图是把项目寿命期内各时点的净现金流量，用时间坐标表示出来的示意图(如图6-1所示)，能够直观地表示出投资项目在各个时点的净现金流量。

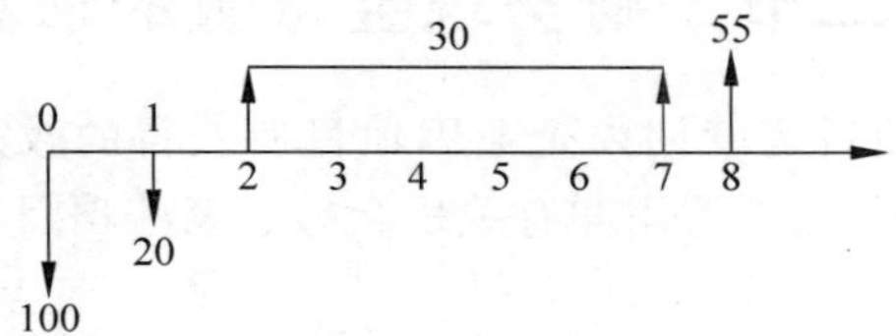

图6-1　某建设项目现金流量图

关于现金流量图的一般规定有如下几个方面。

(1) 时间轴向右表示时间的延续，一个间隔表示一期(可以取年、半年、季度或月度等作为单位),对于工程建设项目一般以年为单位。

(2) 每个时点表示该期的期末(或下一期的期初)。

(3) 箭线表示系统的净现金流量。向上为正,向下为负。箭线的长短可根据净现金流量的大小近似成比例绘出,并标出数值。

(4) 一般情况下,经常性收益或成本的现金流量发生在年末。

三、现金流量分析的原则

现金流量分析是对项目筹资、建设、运行到关闭终止的全寿命周期内,现金流出和流入的全部资金活动的分析活动。现金流量分析是进行投资决策的基础,是项目经济评价的重要工具。采用现金流量分析有利于合理地考虑时间价值因素,使得投资决策更符合客观实际情况。识别并估计现金流量应遵循以下基本原则。

(一) 计算口径一致原则

为正确评价项目获利能力,需遵循现金流入与流出计算口径一致原则。若投资估算包含某工程,则其带来的效益也应计入,否则会低估项目效益;反之,若仅考虑效益而未计入投资,则会高估项目效益。这一原则确保净效益真实反映投入回报。

(二) 费用效益识别有无对比原则

有无对比原则是项目评价中识别费用与效益的基本方法。"有"指实施项目后的未来状况,"无"指不实施项目的状态。通过对比,识别项目带来的增量效益和费用,排除其他因素产生的效益,从而准确体现项目投资的净效益。

(三) 基础数据确定的稳妥原则

财务和经济分析的准确性依赖于基础数据的可靠性,但投资决策阶段的数据多来自预测和估计,存在不确定性。因此,在确定现金流量基础数据时,遵循稳妥原则至关重要,以避免人为乐观估计带来的风险。此外,分析时还需关注折旧方法对税前利润和所得税的影响和分摊费用的合理计算,以及通货膨胀对存货价格和实际现金流量的影响。这些内容将在后续章节详细讨论。

第二节 财务现金流量的估算

财务效益与费用是指项目运营期内企业因项目所获得的收入以及企业为项目所支付的支出。主要包括营业收入、成本费用和有关税金等。某些项目可能得到的补贴收入也应计入财务效益。

一、项目计算期的分析确定

项目财务效益与费用的估算涉及整个计算期的数据。项目计算期是指对项目进行经济评价应延续的年限，是财务分析的重要参数，包括建设期和运营期费用。

（一）建设期

评价用建设期费用是从项目资金正式投入起到建成投产的时间，需综合考虑建设规模、性质、复杂程度、建设条件和管理水平等因素，并与项目进度计划中的建设工期协调。建设工期是从现场破土动工到投产的时间，两者终点相同但起点可能不同。既有法人融资项目两者差异小，新设法人项目因需先注册企业投入资金导致起点有差异，故评价用建设期可能大于或等于建设工期。对于连续建设或滚动发展项目，应结合具体情况确定评价与建设期。

（二）运营期

评价运营期费用应根据多种因素综合确定，考虑电力行业特点、主要装置（或设备）的经济寿命期（受到电力建设项目生命周期、主要装置物理寿命、综合折旧年限等因素影响）等因素。

二、营业收入与补贴收入估算

（一）营业收入估算

营业收入是指销售产品或提供服务所取得的收入，通常是项目财务效益的主要部分。对于销售产品的项目，营业收入即为销售收入。在估算营业收入的同时，一般还要完成相关流转税金的估算。流转税金主要包括增值税、消费税和税金及附加等。

在项目决策分析与评价中，营业收入的估算通常假定当年产品当年全部销售，也就是当年生产量等于当年销售量。营业收入估算的具体要求有以下几个方面。

1. 合理确定运营负荷

计算营业收入，首先要正确估计各年运营负荷（或称生产能力利用率）。运营负荷是指项目运营过程中负荷达到设计能力的百分数。它的指标高低与项目复杂程度、产品生命周期、技术成熟程度、市场开发程度、原材料供应、配套条件和管理因素等都有关系。在市场经济条件下，如果其他方面没有大的问题，运营负荷的高低主要取决于市场。

运营负荷的确定一般有两种方式：(1)经验设定法，即根据以往项目的经验，结合该项目的实际情况，粗估各年的运营负荷，以设计能力的百分数表示。常见的做法是，如【例 6-1】所示设定一段低负荷的投产期，以后各年均按达到年设计能力计；(2)营销计划法，通过制定详细的分年营销计划，确定各年的电力产量和电力服务工作量。项目的运营负荷可能先低后高，再降低，如【例 6-2】所示，也可能是其他形式。

2. 合理确定产品或服务的价格

为提高营业收入估算的准确性，应遵循前述稳妥原则，采用适宜的方法，合理确定产品或服务的价格。

3. 多种产品分别估算或合理折算

对于生产多种产品和提供多项服务的项目，应分别估算各种产品及服务的营业收入。

对那些不便于按详细的品种分类计算营业收入的项目，也可采取折算为标准产品的方法计算营业收入。

4. **编制营业收入估算表**

营业收入估算表的格式依据电力行业特点编制。项目的营业收入估算表格既可单独给出，也可同时列出各种应纳税金及附加以及增值税。

【例 6-1】 某拟建工业项目(以下简称M项目)，建设期2年，运营期6年。根据市场需求和同类项目生产情况，计划投产当年生产负荷达到90%，投产后第二年及以后各年均为100%。该项目拟生产4种产品，产品价格采用预测的投产期初价格(不含增值税销项税额，以下简称不含税价格)，营业收入估算如表6-1所示。

表 6-1 M项目营业收入估算表 万元

序号	项　目	年销量(吨)	单价(元/吨)	运营期					
				3	4	5	6	7	8
	生产负荷	100%		90%	100%	100%	100%	100%	100%
	营业收入合计	536300		114888	127653	127653	127653	127653	127653
1	子项目A	330000	2094	62192	69102	69102	69102	69102	69102
2	子项目B	150000	2735	36923	41025	41025	41025	41025	41025
3	子项目C	50000	3419	15386	17095	17095	17095	17095	17095
4	子项目D	6300	684	388	431	431	431	431	431

注：1. 本表产品价格采用不含税价格，即营业收入以不含税价格表示。

2. 表中数字加和尾数有可能不对应，系计算机自动取整所致。以下表格都可能有此问题，不再重复说明。

【例 6-2】 某公司欲投资生产一种电子新产品，设计生产能力是每年250万台。该项目拟2020年建设，2021年投产。由于是新产品，需要大量的营销活动拓展市场，根据市场预测及产品营销计划安排，投产当年(计算期第2年)生产负荷可以达到30%，投产后第2年达到60%，第3年和第4年达到90%。预计第5年开始出现竞争对手或替代产品，生产负荷开始下降，第8年寿命周期结束。价格研究预测结果表明，该产品价格(只考虑相对价格变动因素)将先高后低。各年的生产负荷、价格、营业收入估算如表6-2所示。

表 6-2 某项目营业收入估算表

年　份	第1年	第2年	第3年	第4年	第5年	第6年	第7年	第8年
生产负荷	0	30%	60%	90%	90%	70%	50%	10%
设计生产能力(万台)	250	250	250	250	250	250	250	250
预测销售量/(万台)	0	75	150	225	225	175	125	25
产品售价(元/台)	50	39	36	35	35	26	20	18
营业收入(万元)	0	2925	5400	7875	7875	4550	2500	450

注：预测销售量是生产负荷与设计生产能力的乘积，营业收入是预测销售量与产品售价的乘积。

(二) 补贴收入估算

根据《企业会计制度》，“企业按规定实际收到的补贴，或按销量、工作量等和国家规定的补助定额计算并按期给予的定额补贴，以及属于国家财政扶持的领域而给予的其他形式的补助”，应计入补贴收入科目。

依据《企业会计准则》，企业从政府无偿取得货币性资产或非货币性资产称为政府补助，并按照是否形成长期资产区分为与资产相关的政府补助和与收益相关的政府补助。

在项目财务分析中，作为运营期财务效益核算的通常是与收益相关的政府补助，主要用于补偿项目建成（企业）后产生的相关费用或损失。按照《企业会计准则》，这些补助在取得时应确认为递延收益，在确认相关费用的期间计入当期损益（营业外收入）。由于在项目财务分析中通常忽略营业外收入科目，需要单列一个财务收益科目，称为“补贴收入”。

三、成本与费用估算

（一）成本与费用的概念

按照《企业会计准则——基本准则》，费用是指企业在日常活动中发生的、会导致所有者权益减少的、与向所有者分配利润无关的经济利益的总流出，费用只有在经济利益很可能流出从而导致企业资产减少或者负债增加，且经济利益的流出额能够可靠计量时才能予以确认。企业为生产产品、提供劳务等发生的费用可归属于产品成本和劳务成本。其他符合费用确认要求的支出，应当直接作为当期损益列入利润表。在项目财务分析中，为了对运营期间的总费用一目了然，将管理费用、财务费用和销售费用这三项期间费用与生产成本合并为总成本费用。

（二）成本与费用的种类

项目决策分析与评价中，成本与费用按其计算范围分为单位产品成本和总成本费用；按成本与产量的关系分为固定成本和可变成本；按会计核算的要求分为生产成本（或称制造成本）和期间费用；按财务分析的特定要求有经营成本等。

（三）总成本费用估算方法

1. 总成本费用和经营成本

总成本费用（ total cost ）是指在运营期内为生产产品或提供服务所发生的全部费用，等于经营成本与折旧费、摊销费和财务费用之和。注意，折旧费包括生产成本制造费用中的折旧费和矿山维护费，也包括管理费用和营业费用中的折旧费。工资及福利费和外购原材料、燃料动力费也如此。

折旧和摊销不是一种经常性实际支出，它们是以前一次投资支出的分摊，在按年计算成本费用、利润和所得税时，已经把它们看作是成本费用的组成部分。但是，从项目的投资周期看，固定资产、无形资产和其他资产的投资已经作为一次性支出，所以不能再把折旧和摊销看作现金流出，否则会发生重复计算。利息支出也是一种实际支出，在新财务会计制度下，实行的是税后还贷，借款本金（包括融资租赁的租赁费）要用税后利润和折旧归还，而生产经营期的利息可以计入财务费用。在考察全部投资（包括自有资金和债务资金）时，利息无疑也是投资收益的组成部分，因此，不能再把它看作支出。根据上述理由，在总成本费

用中剔除折旧费、摊销费和利息支出后留存的经营性实际支出为经营成本。即

$$经营成本 = 总成本费用 - 折旧费 - 摊销费 - 利息支出 \tag{6-1}$$

2. 总成本费用的估算

总成本费用可按下面两种方法估算。

(1) 生产成本加期间费用估算法

$$总成本费用 = 生产成本 + 期间费用 \tag{6-2}$$

$$生产成本 = 直接材料费 + 直接燃料和动力费 + 直接工资 + 制造费用 \tag{6-3}$$

制造费用是指企业为生产产品和提供劳务而发生的各项间接费用,包括生产单位管理人员工资,以及福利费、折旧费、修理资金(生产单位和管理用房屋、建筑物、设备)、办公费、水电费、机物料消耗、劳动成本、季节性和修理期间的停工损失等。

$$期间费用 = 管理费用 + 销售费用 + 财务费用 \tag{6-4}$$

管理费用是指企业行政管理部门为管理和组织经营活动发生的各项费用,包括公司经费(总部管理人员工资、工资福利费、差旅费、办公费、折旧费、修理费、物料消耗费、低值易耗品摊销以及公司其他经费)、工会经费、职工教育经费、劳动保险费、董事会费、咨询费、顾问费、交际应酬费、税金(指企业按规定支付的房产税、车船使用税、城镇土地使用税和印花税等)、技术转让费、无形资产摊销、开办费摊销、研究发展费以及其他管理费。

销售费用是指企业在销售产品、自制半成品和提供劳务等过程中发生的各项费用,以及专设销售机构的各项经费,包括由企业负担的运输费、装卸费、包装费、保险费、委托代销费、广告费、展览费、租赁费(不包括融资租赁费),以及销售服务费用、销售人员工资、职工福利费、差旅费、办公费、折旧费、修理费、物料消耗、低值易耗品摊销费和其他经费等。

财务费用是指企业为筹集资金而发生的各项费用,包括运营期间的利息净支出、汇兑净损失、外汇调剂手续费、金融机构手续费以及在筹资过程中发生的其他财务费用等。

(2) 生产要素估算法

$$\begin{aligned}总成本费用 = {} & 外购原材料及燃料和动力费 + 工资及福利费 + 折旧费 + 摊销费 + \\ & 修理费 + 财务费用(利息支出) + 其他费用\end{aligned} \tag{6-5}$$

式中,“其他费用”定义同经营成本中的“其他费用”一致。

3. 固定成本和变动成本

成本费用可分解为不随产量变动的固定成本和随产量变动的变动成本。

固定成本一般包括折旧费、摊销费、修理费、工资及福利费(计件工资除外)和其他费用等,通常把运营期发生的全部利息也作为固定成本。

变动成本主要包括外购原材料、燃料及动力费和计件工资等。

总成本费用中的有些成本属于半可变成本,必要时可进一步分解为固定成本和变动成本。项目财务分析时可简化处理。

4. 总成本费用各分项的估算要点

下面以生产要素估算法总成本费用构成为例,分步说明总成本费用各分项的估算要点。

(1) 外购原材料、燃料及动力费

外购原材料和燃料动力费的估算需要以下基础数据。

1）相关专业所提出的外购原材料和燃料动力年耗用量。

2）选定价格体系下的预测价格，按入库价格计算，即到厂价格并考虑入库损耗；或者按到厂价格计算，同时把入库损耗换算到年耗用量中。

3）适用的增值税税率，以便估算进项税额。

（2）工资或薪酬

工资或薪酬是成本费用中反映劳动者报酬的科目，是指企业为获得职工提供的服务而给予各种形式的报酬以及福利费，通常包括职工工资、奖金、津贴和补贴以及职工福利费等。在项目评价中，当采用生产要素法估算总成本费用时，公式中的职工薪酬是指项目全部定员的职工薪酬。

（3）固定资产原值和折旧费

1）固定资产与固定资产原值

固定资产是指同时具有下列特征的有形资产：①为生产商品、提供劳务、出租或经营管理而持有；②使用寿命超过一个会计年度。

计算折旧，需要先计算固定资产原值。固定资产原值是指项目投产时(达到预定可使用状态)按规定由投资形成固定资产的价值，包括工程费用(设备购置费、安装工程费、建筑工程费)和工程建设其他费用中应计入固定资产原值的部分(也称固定资产其他费用)。预备费通常计入固定资产原值。按相关规定建设期利息应计入固定资产原值。

应注意，2009 年增值税转型改革以及 2016 年全面营改增后，允许抵扣建设投资进项税额。该部分可抵扣的进项税额不得计入固定资产、无形资产和其他资产原值。

按照生产要素估算法估算总成本费用时，需要按项目全部固定资产原值计算折旧。

2）固定资产折旧

固定资产在使用过程中的价值损耗，通过提取折旧的方式补偿。财务分析中，折旧费通常按年计列。按生产要素法估算总成本费用时，固定资产折旧费可直接列支于总成本费用。符合税法的折旧费允许在所得税前列支。

固定资产的折旧方法可在税法允许的范围内由企业自行确定。可采用直线法(原称平均年限法)和工作量法。税法允许对由于技术进步、产品更新换代较快的产品，或常年处于强震动、高腐蚀状态的固定资产缩短折旧年限或者采取加速折旧的方法。我国税法允许的加速折旧方法有双倍余额递减法和年数总和法。上述各种折旧方法的计算公式如下

① 年限平均法

$$\text{年折旧率} = \frac{(1-\text{预计净残值率})}{\text{折旧年限}} \times 100\% \tag{6-6}$$

$$\text{年折旧额} = \text{固定资产原值} \times \text{年折旧率} \tag{6-7}$$

② 工作量法

工作量法又分两种。一种按照行驶里程计算折旧；另一种按照工作小时计算折旧。各自的计算公式如下所示。

按照行驶里程计算折旧的公式

$$\text{单位里程折旧额} = \frac{\text{固定资产原值} \times (1-\text{预计净残值率})}{\text{总行驶里程}} \tag{6-8}$$

$$\text{年折旧额} = \text{单位里程折旧额} \times \text{年行驶里程} \tag{6-9}$$

按照工作小时计算折旧的公式

$$每工作小时折旧额=\frac{固定资产原值\times(1-预计净残值率)}{总工作小时} \tag{6-10}$$

$$年折旧额=每工作小时折旧额\times年工作小时 \tag{6-11}$$

③ 双倍余额递减法

$$年折旧率=\frac{2}{折旧年限}\times100\% \tag{6-12}$$

$$年折旧额=年初固定资产净值\times年折旧率 \tag{6-13}$$

$$年初固定资产净值=固定资产原值-以前各年累计折旧 \tag{6-14}$$

采用双倍余额递减法应在折旧年限到期前两年内，将固定资产净值扣除净残值后的净额平均摊销。

④ 年数总和法

$$年折旧率=\frac{折旧年限-已使用年数}{折旧年限\times(折旧年限+1)\div2}\times100\% \tag{6-15}$$

$$年折旧额=(固定资产原值-预计净残值)\times年折旧率 \tag{6-16}$$

【例 6-3】 设固定资产原值为 10000 万元，综合折旧年限为 5 年，净残值率为 3%，试分别按年限平均法、双倍余额递减法和年数总和法计算折旧。

解：1. 按年限平均法

$年折旧率=\frac{(1-3\%)}{5}\times100\%=19.4\%$

各年折旧额$=10000\times19.4\%=1940$(万元)

2. 按双倍余额递减法

$年折旧率=\frac{2}{5}\times100\%=40\%$

第 1 年折旧额$=10000\times40\%=4000$(万元)

第 2 年折旧额$=(10000-4000)\times40\%=2400$(万元)

第 3 年折旧额$=(10000-4000-2400)\times40\%=1440$(万元)

第 4、5 年折旧额$=[(10000-4000-2400-1440)-(10000\times5\%)]\div2=930$(万元)

3. 按年数总和法

第 1 年年折旧率$=\frac{5-0}{5\times(5+1)\div2}\times100\%=33.33\%$

年折旧额$=(10000-10000\times3\%)\times33.33\%=3233.01$(万元)

第 2 年年折旧率$=\frac{5-1}{5\times(5+1)\div2}\times100\%=26.67\%$

年折旧额$=(10000-10000\times3\%)\times26.67\%=2586.99$(万元)

第 3 年年折旧率$=\frac{5-2}{5\times(5+1)\div2}\times100\%=20\%$

年折旧额$=(10000-10000\times3\%)\times20\%=1940$(万元)

第 4 年年折旧率$=\frac{5-3}{5\times(5+1)\div2}\times100\%=13.33\%$

年折旧额＝(10000－10000×3%)×13.33%＝1293.01(万元)

$$第5年年折旧率=\frac{5-4}{5\times(5+1)\div 2}\times 100\%=6.67\%$$

年折旧额＝(10000－10000×3%)×6.67%＝646.99(万元)

可以看出以上分别按三种方法计算的5年年折旧费总额都为9700万元。几种折旧方法的比较总结如表6-3所示。

表6-3　几种折旧方法比较

项　　目	年限平均法	双倍余额递减法	年数总和法
年折旧率	相等	相等	逐年减少
年折旧额	相等	逐年减少	逐年减少
折旧额计算基数	固定资产原值－净残值	年初固定资产净值	原值－预计净残值
备注		最后两年净额平均摊销	

(4) 固定资产修理费

固定资产修理费是指为保持固定资产的正常运转和使用，充分发挥其使用效能，在运营期内对其进行必要修理所发生的费用，按其修理范围的大小和修理时间间隔的长短可以分为大修理和中小修理。

项目决策分析与评价中修理费可直接按项目全部固定资产原值(扣除所含的建设期利息)的一定百分数估算，百分数的选取应考虑电力行业和项目特点。

(5) 无形资产摊销费

无形资产，是指企业拥有或者控制的没有实物形态的可辨认的非货币性资产。包括专利权、非专利技术、商标权、著作权、土地使用权和特许权等。项目决策分析与评价中可以将项目投资中所包括的专利及专有技术使用费(包括专利权、非专利技术)、土地使用权、商标权费等费用直接转入形成无形资产原值，采用年限平均法进行摊销，不计残值。

(6) 其他资产摊销费

其他资产原称递延资产，是指除固定资产、无形资产和流动资产之外的其他资产。项目决策分析与评价中可将生产准备费、办公和生活家具购置费等开办费性质的费用直接形成其他资产。其他资产的摊销也采用年限平均法进行摊销，不计残值，其摊销年限应注意符合税法的要求。

(7) 其他费用

其他费用包括其他制造费用、其他管理费用和其他营业费用这三项费用。是指由制造费用、管理费用和销售费用中，分别扣除工资或薪酬、折旧费、摊销费和修理费等之后的其余部分。

(8) 利息支出

在项目决策分析与评价中，财务费用一般只考虑利息支出。利息支出的估算包括长期借款利息(即建设投资借款在投产后需支付的利息)、流动资金的借款利息和短期借款利息三部分。

1) 建设投资借款利息

建设投资借款一般是长期借款。建设投资借款利息指建设投资借款在还款起始年年初(通常也是运营期初)的余额(含未支付的建设期利息)应在运营期支付的利息。建设投资借款还本付息方式要由借贷双方约定,通行的还本付息方法主要有等额还本付息方式和等额还本、利息照付两种,有时也可约定采取其他方法。

2) 流动资金借款利息

流动资金借款利息一般按当年年初流动资金借款余额乘以相应的借款年利率计算。

$$流动资金借款利息=当年年初流动资金借款余额\times相应的借款年利率 \quad (6\text{-}17)$$

3) 短期借款利息

项目决策分析与评价中的短期借款是指项目运营期间为了满足资金的临时需要而发生的短期借款,短期借款的数额应在财务计划现金流量表中有所反映,其利息应计入总成本费用的利息支出中。计算短期借款利息所采用的利率一般为一年期借款利率。短期借款的偿还按照随借随还的原则处理,即当年借款尽可能于下年偿还。

(四) 经营成本

经营成本与融资方案无关。在完成建设投资和营业收入估算后,就可以估算经营成本,为项目融资前的现金流量分析提供数据。根据式(6-1)和式(6-5),经营成本也可表示为

$$经营成本=外购原材料费+外购燃料及动力费+工资及福利费+修理费+其他费用 \quad (6\text{-}18)$$

(五) 固定成本与可变成本

根据成本费用与产量的关系可以将总成本费用分解为可变成本、固定成本和半可变(半固定)成本。固定成本是指在一定的产量范围内不随产品产量变化的各项成本费用,可变成本是指随产品产量增减而成正比例变化的各项成本费用。有些成本如工资或薪酬、营业费用和流动资金利息等也都可能既有可变因素也有固定因素。必要时需将半可变(或半固定)成本进一步分解为可变成本和固定成本,使成本费用最终划分为可变成本和固定成本。因此,总成本费用组成可以表示为图 6-2 所示。

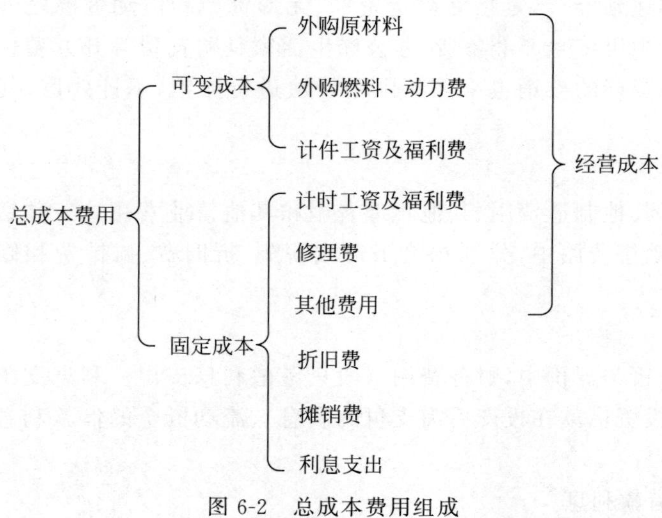

图 6-2 总成本费用组成

（六）维持运营的投资费用

在运营期内发生的固定资产更新费用和煤炭、石油等矿产资源开发项目的开拓延伸费用等，应计作维持运营的投资费用，并在现金流量表中将其作为现金流出，同时应适当调整相关报表。

总成本费用估算表格编制可参见例 6-4 所示。

【例 6-4】　续【例 6-1】，项目建设期 2 年，运营期 6 年，总成本费用、经营成本、可变成本和固定成本的估算结果如表 6-4 所示。

表 6-4　总成本费用估算表　　万元

序号	项　目	运营期					
		3	4	5	6	7	8
	生产负荷	90%	100%	100%	100%	100%	100%
1	外购原材料费	25419	28244	28244	28244	28244	28244
2	外购辅助材料	882	980	980	980	980	980
3	外购燃料	6630	7366	7366	7366	7366	7366
4	外购动力	4723	5247	5247	5247	5247	5247
5	职工薪酬	3400	3400	3400	3400	3400	3400
6	修理费	7860	7860	7860	7860	7860	7860
7	其他费用	7706	7962	7962	7962	7962	7962
7.1	其中：其他营业费用	2298	2553	2553	2553	2553	2553
8	经营成本（1+2+3+4+5+6+7）	56620	61059	61059	61059	61059	61059
9	折旧费	37591	37591	37591	37591	37591	37591
10	摊销费	733	733	733	733	733	623
11	利息支出	8238	7089	5863	4575	3222	1802
12	总成本费用合计（8+9+10+11）	103183	106473	105247	103959	102606	101076
	其中：可变成本（1+2+3+4+7.1）	39951	44390	44390	44390	44390	44390
	固定成本（5+6+7−7.1+9+10+11）	63231	62083	60856	59568	58216	56686

四、税费的估算

（一）税金及附加估算

税金及附加包括企业经营活动发生的消费税、资源税、土地增值税、城市维护建设税和教育费附加。

1. 消费税

消费税(consumption tax)是对工业企业生产、委托加工和进口的部分应税消费品，按差别税率或税额征收的税种。消费税是在普遍征收增值税的基础上,根据消费政策和产业政策的要求,有选择地对部分消费品征收的一种特殊的税种。目前,我国的消费税共设15个税目及13个子目。消费税的税率有从价定率和从量定额两种形式。

2. 资源税

资源税(resource tax)是国家对在我国境内开采应税矿产品或者生产盐的单位和个人征收的税种。实质上是对因资源生成和开发条件的差异而客观形成的级差收入征收的。资源税的征收范围有如下几个方面。

(1) 矿产品。矿产品包括原油、天然气、煤炭、金属矿产品和其他非金属矿产品。

(2) 盐。盐包括固体盐、液体盐。

资源税的应纳税额,按照应税产品的课税数量和规定税额计算。应纳税额的计算公式为

$$\text{应纳税额} = \text{应税产品课税数量} \times \text{单位税额} \tag{6-19}$$

式中,课税数量是指纳税人开采或者生产应税产品用于销售的,以销售数量为课础纳税人开采或者生产应税产品自用的,以自用数量为课税数量。

(3) 土地增值税

土地增值税是按转让房地产取得的增值额征收的税种。房地产开发项目应按规定计算土地增值税。

(4) 城市维护建设税

城市维护建设税是以纳税人实际缴纳的流转税额为计税依据征收的税种。城市建设维护税按纳税人所在地区实行差别税率:项目所在地为市区的,税率为7%;项目所在地为县城、镇的,税率为5%;项目所在地为乡村的,税率为1%。

城市维护建设税以纳税人实际缴纳的增值税、消费税税额为计税依据,并分别与上述两种税同时缴纳。其应纳税额计算公式为

$$\text{应纳税额} = (\text{增值税实纳税额} + \text{消费税实纳税额}) \times \text{适用税率} \tag{6-20}$$

(5) 教育费附加

教育费附加是为了加快地方教育事业的发展、扩大地方教育经费的来源而开征的一种附加费。根据有关规定,凡缴纳消费税、增值税的单位和个人,都是教育费附加的缴纳人。教育费附加随消费税和增值税同时缴纳。教育费附加的计征依据是各缴纳人实际缴纳的消费税、增值税的税额,征收率为3%。其计算公式为

$$\text{应纳教育费附加额} = (\text{消费税实纳税额} + \text{增值税实纳税额}) \times 3\% \tag{6-21}$$

(二) 增值税估算

增值税(value-added tax)是对我国境内销售货物、进口货物及提供加工、修理服务的单位和个人,就其取得货物的销售额、进口货物金额和应税劳务收入额计算税款并实行税款抵扣制的一种流转税。

在工程经济分析中,增值税可作为价外税不出现在现金流量表中,也可作为价内税出现在现金流量表中。当现金流量表中不包括增值税时,产出物的价格不含有增值的销项税,投入物的价格中也不含有增值税中的进项税。但在税金及附加的估算时还需要单独计

算增值税额，作为城市维护建设税和教育费附加的计算基数。

经国务院批准，自2016年5月1日起，在全国范围内全面推开营业税改征增值税（以下简称营改增）试点，在建筑业、房地产业、金融业和生活服务业等全部营业税纳税人进行试点，由缴纳营业税改为缴纳增值税。现行实施办法和规定有《营业税改增值税试点实施办法》《营业税改征增值税试点有关事项的规定》《营业税改征增值税试点过渡政策的规定》和《跨境应税行为适用增值税零税率和免税政策的规定》等。

在中华人民共和国境内（以下简称境内）销售服务、无形资产或者不动产的单位和个人，作为增值税纳税人，应当依法缴纳增值税，不再缴纳营业税。

1. 增值税税率和征收率

2016年3月23日，财政部、国家税务总局公布了《关于全面推开营业税改征增值税试点的通知》（财税〔2016〕36号），该通知附件1第三章第十五条对于增值税税率和征收率进行了说明，如："（一）纳税人发生应税行为，除本条第（二）项、第（三）项、第（四）项规定外，税率为6%。（二）提供交通运输、邮政、基础电信、建筑、不动产租赁服务，销售不动产，转让土地使用权，税率为11%。（三）提供有形动产租赁服务，税率为17%。（四）境内单位和个人发生的跨境应税行为，税率为零。具体范围由财政部和国家税务总局另行规定。"对于小规模纳税人，第十六条规定增值税征收率为3%，财政部和国家税务总局另有规定的除外。

2. 一般计税方法

一般计税方法的应纳税额，是指当期销项税额抵扣当期进项税额后的余额。应纳税额计算公式为

$$应纳税额 = 当期销项税额 - 当期进项税额 \quad (6\text{-}22)$$

当期销项税额小于当期进项税额不足抵扣时，其不足部分可以结转下期继续抵扣。销项税额，是指纳税人发生应税行为按照销售额和增值税税率计算并收取的增值税额。销项税额计算公式为

$$销项税额 = 销售额 \times 税率 \quad (6\text{-}23)$$

一般计税方法的销售额不包括销项税额，纳税人采用销售额和销项税额合并定价方法的，按照下列公式计算销售额

$$销售额 = 含税销售额 \div (1 + 税率) \quad (6\text{-}24)$$

（三）所得税估算

根据税法的规定，企业取得利润后，先向国家缴纳所得税，即凡在我国境内实行独立经营核算的各类企业或者组织者，其来源于我国境内外的生产、经营所得和其他所得，均应依法缴纳企业所得税。

企业所得税以应纳税所得额为计税依据。

纳税人每一纳税年度的收入总额减去准予扣除项目的余额，为应纳税所得额。纳税人发生年度亏损的，可用下一纳税年度的所得弥补；下一纳税年度的所得不足弥补的，可以逐年延续弥补，但是延续弥补期最长不得超过5年。

企业所得税的应纳税额计算公式为

$$所得税应纳税额 = 应纳税所得额 \times 企业所得税税率 \quad (6\text{-}25)$$

在项目财务分析中，一般按照利润总额作为企业所得，乘以企业所得税税率计算所得税，即

$$所得税应纳税额=利润总额\times企业所得税税率 \tag{6-26}$$

第三节 资金时间价值与资金等值

一、资金的时间价值

资金的时间价值是一种具有广泛实用价值的理论和概念。在对项目进行评价时，一般要进行静态和动态的评价。其主要区别在于是否引入了资金的时间因素，即是否考虑了资金的时间价值。

（一）资金具有双重价值——本身的价值和它的时间价值

假如某人决定取消今年全家外出度假的计划，打算明年再去。于是他将原来准备度假的 10000 元存入银行，拿到存期 1 年、年利率 10%的定期存单。1 年后，取出 11000 元。该 11000 元包括了双重价值：一部分是资金本身的价值，即一年前存入银行的 10000 元本金；另一部分是它的时间价值，即在这一年中产生的 1000 元的利息。显而易见，利息的多少不仅与存入本金的多少有关，还与存款利率和存款期限密切相关。

由此可知，要客观地评价投资项目的效果，不仅要考察现金流入流出的数额，还必须考察现金流量发生的时间以及所适用利率（收益率、折现率）的大小。

（二）资金时间价值的含义

发生在不同时点的等额资金在价值上的差别即资金的时间价值。

（三）对资金时间价值的理解

1. 在市场经济条件下，资金在生产和流通领域的循环周转中，随着时间的推移，不断发生增值，该增值即资金的时间价值。

这里，我们应当认识到以下两点。

(1) 增值的实质是劳动者在生产过程中，在劳动与生产资料相结合的条件下创造的剩余价值。马克思指出："货币——在这里它被看作一个价值额的独立表现，而不管这个价值额实际上以货币形式还是以商品形式存在……，在资本主义生产的基础上能转化为资本，并通过这种转化，由一个一定的价值变为一个自行增值、自行增加的价值。"

马克思讲的是资本主义社会的经济现象，同时也是市场经济社会的普遍现象。这种资本的增加值正是资金时间价值的体现。

(2) 资金必须进入流通或生产领域（包括直接进入和间接进入），否则不会产生增值。例如，我们手中的资金，如果不用于直接投资，也不用于间接投资，而是放在抽屉里，那么这部分资金不仅不会产生增值反而损失了资金的时间价值。

2. 利润和利息都是资金增值的部分，是剩余价值在不同部门的再分配。但是，利润和利息并不完全就是资金的时间价值，即利润和利息事实上并不等同于资金的增值。

3. 资金的时间价值即资金增值的大小，取决于多种因素，主要有以下方面。

(1) 投资利润率，即单位投资所能获得的利润。这与投资项目的利润率有直接的关系，而全社会各行各业的投资利润率是不同的。

(2) 通货膨胀率，即资金的时间价值中应包含通货膨胀率的影响。

(3) 风险因素，投资或多或少都存在一定程度的风险，故资金的时间价值中还包含因冒一定风险而投资所获得的高于平均利润的额外利润，即风险价值。

二、利息的种类

利息即占用他人资金所付出的代价，或放弃资金的使用权而得到的补偿。利息分为单利(simple interest)及复利(compound interest)两种。用以表示计算利息的时间单位称为计息周期，可以按年也可以按半年、季度、月度或一年的周期计算。

1. 单利

每期均按原始本金计息，这种计息方式称为单利。在以单利计息的情况下，利息与时间是线性关系，不论计息期数为多大，只有本金计息，而利息不计利息。设 P 代表本金，n 代表计息期数，i 代表利率，I 代表所付或所收的总利息，F 代表计息期末的本利和，计算公式为

$$I = Pni \tag{6-27}$$

$$F = P(1 + ni) \tag{6-28}$$

假如以单利方式借入一笔资金 1000 元，规定年利率为 6%，则在第 5 年末时利息应为

$$I = 1000 \times 5 \times 0.06 = 300(\text{元})$$

年末应付的本利和等于 1300 元。

2. 复利

将这期利息转为下期的本金，下期将按本利和的总额计息，这种计息方法称为复利。在以复利计息的情况下，除本金计息外，利息再计利息，即所谓的“利滚利”。其计息公式为

$$F = P(1 + i)^n \tag{6-29}$$

$$I = P(1 + i)^n - P \tag{6-30}$$

显然，同一笔借款，在 i，n 相同的情况下，用复利计算出的利息金额数比用单利计算所得金额大(期数为 1 期除外)，且本金越大，利率越高，期数越多时，两者差距就越大。

三、名义利率和实际利率

在项目经济评价中，复利计算的计息周期通常为年。在实际经济活动中，计息周期可能是年、季、月、周、日等。这样就产生了在不同计息周期下的利率换算问题。

如年利率为 12%，每月计息一次，计息次数 m 为 12 次。此时，12%被称为名义年利率(通常用 r 表示)，而每月实际用于计息的利率(有效利率)；即有效利率 i 可以表示为 $\frac{12\%}{12}$，

即1%。

【例 6-5】 如果存入银行1000元,名义年利率为12%,要求每月计息一次,求一年后本利和为多少?实际年利率为多少?

解:因为计息周期为每月计息一次,所以一年计息12期,每次用于计息的实际利率为i,等于1%,根据复利公式(6-29)可得

$$F_{12}=P(1+i)^m=P\left(1+\frac{r}{m}\right)^m=1000\times\left(1+\frac{0.12}{12}\right)^{12}$$
$$=1000\times(1+0.01)^{12}=1126.8(\text{元})$$

一般的,因为利息为$P\left(1+\frac{r}{m}\right)^m-P$,按利率的定义,实际年利率$i_{\text{eff}}$等于$\frac{\text{利息}}{\text{本金}}$,故

$$i_{\text{eff}}=\frac{P\left(1+\dfrac{r}{m}\right)^m-P}{P}=\left(1+\frac{r}{m}\right)^m-1$$

故本例实际年利率为

$$i_{\text{eff}}=\left(1+\frac{0.12}{12}\right)^{12}-1=(1+0.01)^{12}-1=1.1268-1=12.68\%$$

由此,得名义利率与实际利率的换算公式为

$$i_{\text{eff}}=\left(1+\frac{r}{m}\right)^m-1 \tag{6-31}$$

式中,i_{eff}——年实际(有效)利率;

r——名义利率;

m——一年中的计息次数;

$i=\frac{r}{m}$——每期用于计息的实际(有效)利率。

四、资金等值

(一)资金等值概念

资金等值是指在考虑时间因素的情况下,不同时点发生的、数额不等的资金,可能具有相等的价值。资金等值计算则是指利用等值的概念,把在一个时点上发生的资金换算成另一时点(或一些特定时点)上的等值金额的过程。其目的是解决在不同时点发生的收入或支出,将它们换算到同一时点,使资金能直接相加减或进行比较,以便于投资项目评价的进行。

(二)资金等值的影响要素

在不考虑通货膨胀和风险影响的情况下,影响资金等值的要素包括资金的金额、发生时间和增值率。注意在考虑资金等值问题时,利率可看作资金的增值率,而在进行等值计算时,该增值率称为折现率。

(三)几个关键术语

1. 时值。资金在某个时点上的金额,如今年的10000元、明年的11000元等。

2. 折现。即利用资金等值的概念，把将来时点 $t+k$ 上发生的资金 F，按某折现率（增值率）换算到时点 t，得到其等值金额的过程（即资金由时点 $t+k$ 向时点 t 换算）。

3. 现值 P。将来时点 $t+k$ 上的资金 F 被折现到时点 t 后得到的金额（如图 6-3 所示中的 P）。

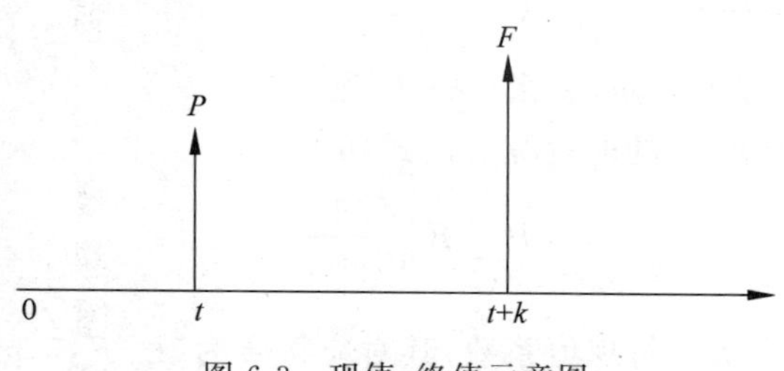

图 6-3　现值、终值示意图

4. 终值 F。与 P 等值的将来时点的资金金额。

第四节　常用的资金等值换算公式

按支付（或收入）的方式不同，共有四类等值计算公式。

一、一次支付类型

该类型的典型现金流量如图 6-4 所示。其特点是，在所分析的系统中，无论是现金流出还是现金流入，均只在一个时点上发生，即在考虑资金时间价值条件下，只研究一笔资金，P 与 F 等值。该类型也称之为整支整付。

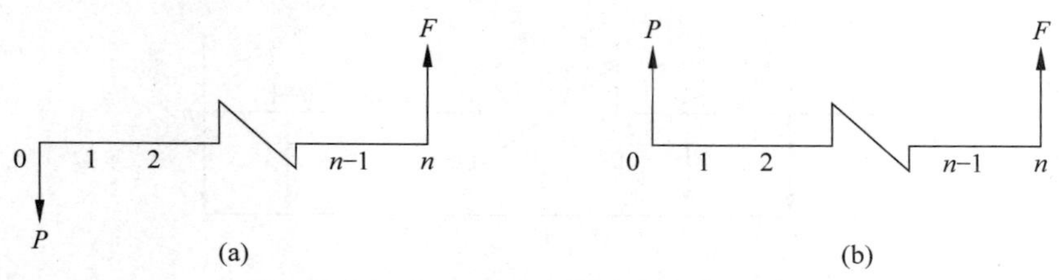

图 6-4　一次支付类型现金流量图

图 6-4(a) 可理解为：第 1 期期初存入（或贷出）本金 P，于第 n 期期末取出（或收回）F。

图 6-4(b) 可理解为：有一笔资金 P，n 年后与 P 等值的终值为 F。

（一）一次支付终值公式

依据图 6-4，其对应问题之一为：若第 1 期期初存入 P（即现值），每期计息的实际利率（收益率）为 i，则第 n 期后，其终值（本利和）F 为多少？

实质上，F 为考虑时间因素的第 n 期后的本利和（终值），根据复利公式(6-29)，一次支付终值公式如下：

$$F=P(1+i)^n \tag{6-32}$$

式中，$(1+i)^n$ 称为一次支付终值系数，用符号$(F/P,i,n)$表示。其中，P,i,n 是已知的现值、年利率和计息期数，而 F 就是所求的终值。故，一次支付终值公式(6-32)可以写成

$$F=P(F/P,i,n) \tag{6-33}$$

（二）一次支付现值公式

对应图 6-4 中，若已知 F,i,n，怎么求解 P 呢？

显然，求 P 的过程是求 F 的逆运算。由式(6-32)得

$$P=F\frac{1}{(1+i)^n} \tag{6-34}$$

式中，$\frac{1}{(1+i)^n}$称为一次支付现值系数，其对应符号为$(P/F,i,n)$，表示已知 F,i,n，求 P。因此，现值公式(6-34)可记为

$$P=F(P/F,i,n) \tag{6-35}$$

二、等额序列类型

等额序列是多次支付形式中的一种。它的特点是具有由 n 个等额且连续的 A（称为等额年金）组成的现金流序列，故称为等额现金流序列。

（一）等额序列与其终值的等值关系（n 个 A 与其共同的 F 的关系）

如图 6-5 所示，设在考虑资金的时间价值的条件下，第 n 期期末的 F 与 n 个等额的 A 等值，或者说，F 是 n 个 A 组成的等额序列的终值。

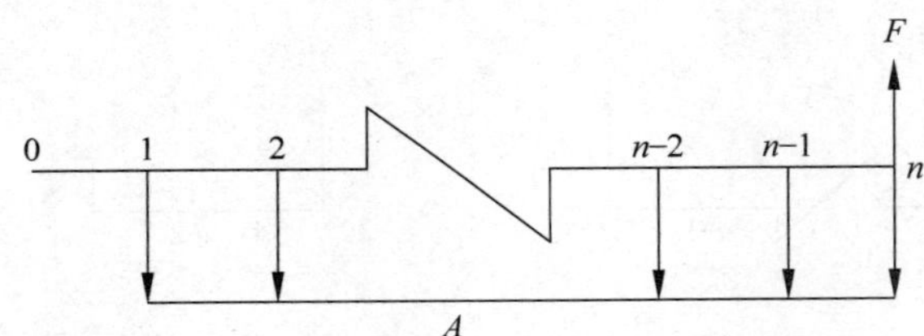

图 6-5 等额序列现金流 A 与 F 的等值关系

注意：首先，图 6-5 中，F 必须与最后一个 A 同在时点 n 上；其次，n 既是期数，又代表等额序列 A 的个数。

图 6-5 可理解为储蓄者(或银行)的系统，即每期期末存入银行(或贷出)等额资金 A，在第 n 期期末则可取出(或收回)资金 F。如果图中的 A 与 F 的方向相反，则可理解为借贷者的系统，每期期末借入 A，第 n 期期末偿还一笔资金 F。

1. 等额序列终值公式。如图 6-4 所示，已知从 1 到 n 期期末，有 n 个等额年值 A，折现率为 i，求 n 期期末与 n 个 A 等值的 F。

公式推导如下。我们把等额序列看作 n 个等额的 A 的一次支付的组合，利用一次支付终值公式 (6-32)，分别求出每个 A 在第 n 期的终值，再将结果相加。

$$F=A+A(1+i)+A(1+i)^2+\cdots+A(1+i)^{n-2}+A(1+i)^{n-1}$$
$$=A[1+(1+i)+(1+i)^2+\cdots+(1+i)^{n-2}+(1+i)^{n-1}]$$

利用等比级数求和公式，整理后可得

$$F=A\frac{(1+i)^n-1}{i} \tag{6-36}$$

式中，系数$\frac{(1+i)^n-1}{i}$称为等额序列终值系数，可以用符号表示为$(F/A,i,n)$，表示已知A，i，n，求F。故，等额序列终值公式可记为

$$F=A(F/A,i,n) \tag{6-37}$$

2. 等额序列偿债基金公式。如图 6-5 所示，已知终值F、折现率i、从 1 到n期期末的n个等额年金A，求与F等值的等额年金A（可理解为：为了在第n期偿还一笔资金F，作为偿债基金，每期应当存入等额的A，所以也称为偿债基金公式）。

显然，由F求A，是等额序列终值公式的逆运算。由式(6-36)可得

$$A=F\frac{i}{(1+i)^n-1} \tag{6-38}$$

式中，系数$\frac{i}{(1+i)^n-1}$称为等额序列偿债基金系数，对应符号为$(A/F,i,n)$，表示已知F，i和n，求A。故，等额序列偿债基金公式可记为

$$A=F(A/F,i,n) \tag{6-39}$$

（二）等额序列与其现值的关系（n个A与P的关系）

如图 6-6 所示，在考虑资金时间价值的条件下，即发生在 0 期（第 1 期期初）的现金流出P与 1 到n年末的n个等额年金A等值，也就是说，P是n个A组成的等额序列的现值。（注意：P必须位于第一个A的前一期。）

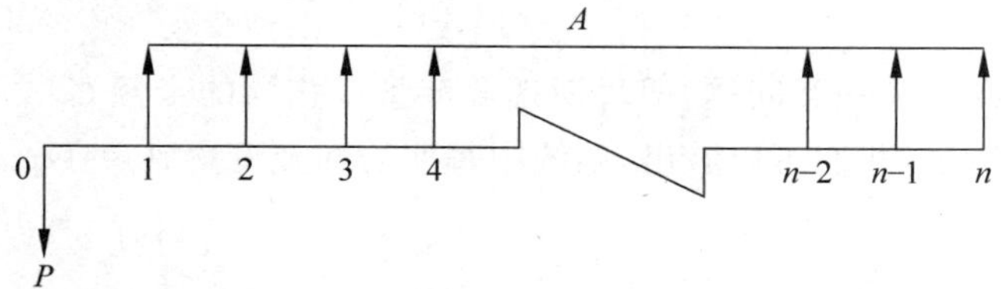

图 6-6　等额序列现金流A与P的关系

1. 等额序列现值公式。如图 6-6 所示，已知i和n个等额的A，求与n个A等额的P。

公式推导如下。首先，我们把一次支付终值公式$F=P(1+i)^n$代入等额序列终值公式(6-36)：

$$F=A\frac{(1+i)^n-1}{i}$$

可得

$$P(1+i)^n=A\frac{(1+i)^n-1}{i}$$

拓展阅读

常用的还本付息方式

将等式两边同乘以$\frac{1}{(1+i)^n}$，得

$$P=A\ \frac{(1+i)^n-1}{i(1+i)^n} \tag{6-40}$$

式中，$\frac{(1+i)^n-1}{i(1+i)^n}$称为等额序列现值系数，其符号为$(P/A,i,n)$，表示已知$A,i,n$，求$P$。故等额序列现值公式可记为

$$P=A(P/A,i,n) \tag{6-41}$$

2. 等额序列资金回收公式。如图6-6所示，已知P,i,n，求A（可理解为期初借出资金P，求在n期内每期等额回收的金额A，故称为资金回收公式）。很明显，求A是公式(6-40)的逆运算。由公式(6-40)得

$$A=P\ \frac{i(1+i)^n}{(1+i)^n-1} \tag{6-42}$$

式中，系数$\frac{i(1+i)^n}{(1+i)^n-1}$称为等额序列资金回收系数，其符号规定为$(A/P,i,n)$，表示已知$P,i,n$，求$A$。故，等额序列资金回收公式可记为

$$A=P(A/P,i,n) \tag{6-43}$$

3. 关于永续年金的概念。在项目寿命近似无穷大的情况下，即$n=\infty$时，公式(6-43)中的系数$(A/P,i,\infty)=i$，故得出

$$A=Pi\quad（或\ P=A/i） \tag{6-44}$$

式中等额年金A称为永续年金——无限期支付(或收入)的年金。永久债券的利息和优先股股利等即为永续年金。

三、等差序列类型

我们可能会遇到这样一类问题，即每期现金流量以相同的金额G发生等差(arithmetic)的变化。如图6-7所示，我们可以看出，系统中每期的现金流量$A_t=(t-1)G$，t为时点数。

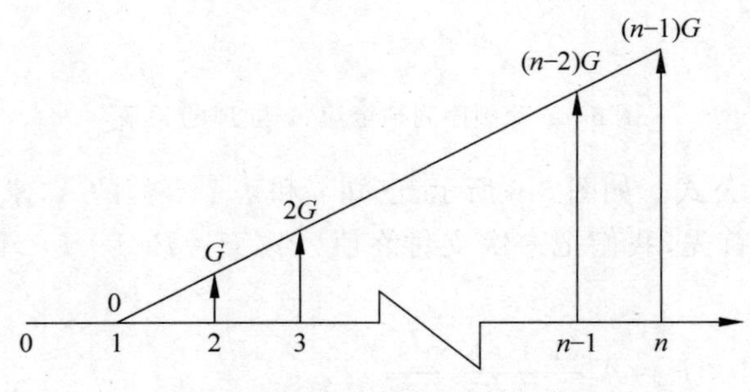

图6-7 等差序列现金流量分解

注意：图中从第2期期末($n=2$)才开始有G出现。

（一）等差序列终值公式

通过图 6-7 对等差序列现金流量的分解，可以看出原等差序列现金流可被分解为 $n-1$ 个 $A=G$ 的等额序列现金流。通过分别求出这 $n-1$ 个等额序列终值的总和，得出 G 与其终值关系的公式

$$F=\frac{G}{i}\left[\frac{(1+i)^n-1}{i}-n\right]=\frac{G}{i}[(F/A,i,n)-n] \tag{6-45}$$

（二）等差序列现值公式

将式(6-19)两边同乘以一次支付现值系数 $(1+i)^{-n}$，经整理得

$$P=G\left[\frac{(1+i)^n-in-1}{i^2(1+i)^n}\right] \tag{6-46}$$

括号内的系数称为等额序列现值系数，其对应符号为 $(P/G,i,n)$。

（三）等差序列年值公式

将式(6-19) 两边同乘以等额序列偿债基金系数 $\frac{i}{(1+i)^n-1}$，可得

$$A=G\left[\frac{1}{i}-\frac{n}{(1+i)^n-1}\right] \tag{6-47}$$

括号内的系数称为等差序列年值系数，其符号为 $(A/G,i,n)$。另外，还存在如下关系

$$A=G(P/G,i,n)(A/P,i,n) \tag{6-48}$$

四、等比序列类型

在等比序列现金流中，现金流量以一个不变的百分率 g 变动。这种变动可以朝正的方向（如图 6-8 所示），也可以朝负的方向。在图 6-8 中，有

$$A_t=A_{t-1}(1+g)$$

式中，$t=1,2,\cdots,n$，所以，$A_t=A_1(1+g)^{t-1}$。

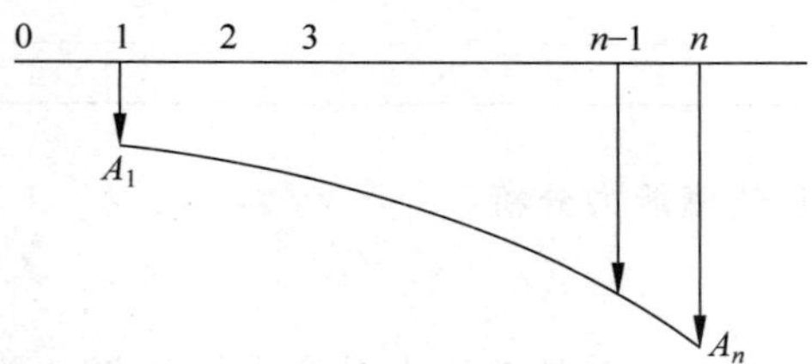

图 6-8　等比序列现金流

等比序列现金流的现值为

$$P=\sum_{t=1}^{n}A_1(1+g)^{t-1}(1+i)^{-t}=\frac{A_1}{1+g}\sum_{t=1}^{n}\left(\frac{1+g}{1+i}\right)^t$$

由等比级数求和公式可得

$$P=\begin{cases}A_1\left[\dfrac{1-(1+g)^n(1+i)^{-n}}{i-g}\right], & i\neq g\\ nA_1(1+i)^{-1}, & i=g\end{cases} \tag{6-49}$$

第五节 实 训 案 例

J水电站建设项目：借款还本付息计划及偿债能力分析

J水电站概况

J水电站装机容量2400MW(4×600MW)。工程施工总工期9年,其中筹建期1年,工程计划于第8年12月底(自筹建期起算,下同)第一台机组发电,其后每4个月新增一台机组投产发电,第9年12月底最后一台机组投产发电。

根据相关规划和前期工作进展情况,J水电站按2015年投产考虑;下游电站在2025年发挥效益。J水电站在2015—2024年多年平均发电量按单独运行考虑,2025年及以后,采用联合运行的电量,上游水库投入后电站增加的电量按50%计入J电站;下游电站投入前、后有效电量分别按多年平均发电量的95%、98%考虑。本项目资本金占总投资的20%,其余资金从银行贷款。资本金不还本付息,还贷期间每年按5%的利润率分配红利,还完贷后每年按15%的利润率分配红利;银行贷款按现行逐年平均长期贷款利率,如表6-5所示,贷款期限25年。

本项目资本金每年按投资的比例投入;工程建设所需的其余资金,根据工程进展及资金的需求情况,从商业银行贷款。

表6-5 银行贷款利率

年 份	短期贷款利率(%)	长期贷款利率(%)
2007	6.72	7.34
2008	7.17	7.59
2009	5.31	5.94
2010	5.36	5.98
2011	6.34	6.85
2012	6.56	7.05

借款还本付息表编制及偿债能力分析

借款还本付息表编制

根据每年投资额及贷款情况编制借款还本付息表。根据借款还本付息表,J水电站在借款偿还期24.73年,满足借款期限不超过25年的要求。

偿债能力分析

经对项目债务资金融资能力进行分析,J水电站工程项目贷款本金为1225365.21万元(不含流动资金1680万元,含流动资金为1227045.21万元),建设期利息为355543.57万元，债务资金总额为1580908.78万元。贷款偿还方式为按还贷能力还贷，还贷资金主要包括未分配利润、折旧费（折旧费的90%用于还贷）和计入成本费用的利息支出，每年的还款额度为87141.01～181056.06万元，总还款额为2665133.36万元，其中还本1580908.78万元，付息1084224.58万元，还本总额等于长期贷款的债务资金总额（不含流动资金借款），满足贷款偿还要求。

拓展阅读

实训案例借款还本付息表

工程正常运行的前9年，利息备付率小于2，但大于1，在工程正常运行9年后，利息备付率均大于2，说明工程的偿债能力较好。

思考与练习

1. 什么是现金流量？怎样绘制现金流量图？
2. 如何确定项目计算期？
3. 如何估算项目营业收入？
4. 如何估算项目成本费用，以及税金？
5. 如何理解资金时间价值的概念？
6. 利率有哪些具体类型？
7. 如何理解名义利率和实际利率的关系？
8. 什么是资金等值？它的影响要素有哪些？
9. 复利系数有哪些方面的应用？
10. 识别与估算现金流量时应遵循哪些原则？

即测即练

第七章

电力项目评价指标与比选方法

学习目标

1. 掌握建设项目各评价指标的概念、计算方法和判断准则，熟悉其优缺点；
2. 熟悉建设方案的关系类型，掌握互斥型方案的经济比选方法；
3. 了解基准收益率的影响因素及确定方法。

素养目标

1. 培养学生的知识掌握能力，掌握项目评价指标与比选方法的概念、理论和方法，进行实际应用；

2. 培养学生的实践能力，提升其实际投资决策分析能力，能够根据具体项目选用合理的评价指标与比选方法做出科学决策；

3. 通过案例学习，帮助学生树立钻研奋进的钉钉子精神、精益求精的品质精神、追求卓越的进取精神等工匠精神。

本章知识结构图

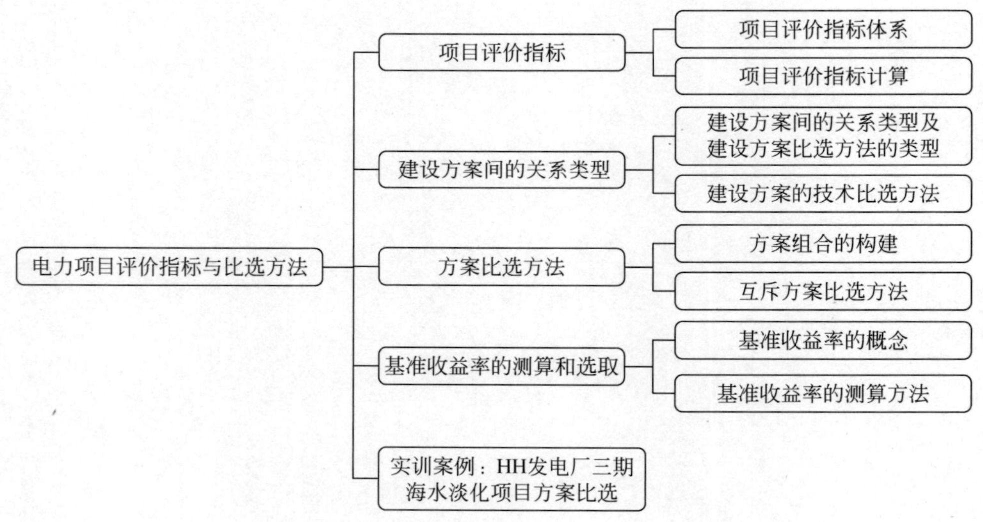

第一节　项目评价指标

一、项目评价指标体系

在运用现金流量分析评价投资项目时，需计算和判断多个指标，因为单一指标难以全面反映项目的复杂性。项目财务评价指标的选择应根据具体情况、评价目标、指标用途和决策者关注因素来确定。经济效益是一个综合概念，需多角度衡量。因此，在实施项目经济效果评价时，应根据评价深度、资料情况和方案条件，选用多个主次不同的指标，从不同侧面反映方案的经济效果。

评价指标可分为静态指标和动态指标两类，如图 7-1 所示。静态指标不考虑资金时间价值，计算简便，适用于项目粗略评价、短期投资方案评价或逐年收益大致相等的项目评价。动态指标则通过复利方法计算资金时间价值，将不同时点的资金流入流出换算到同一时点，为不同项目的经济比较提供可比基础，并能反映项目在未来的发展变化情况。

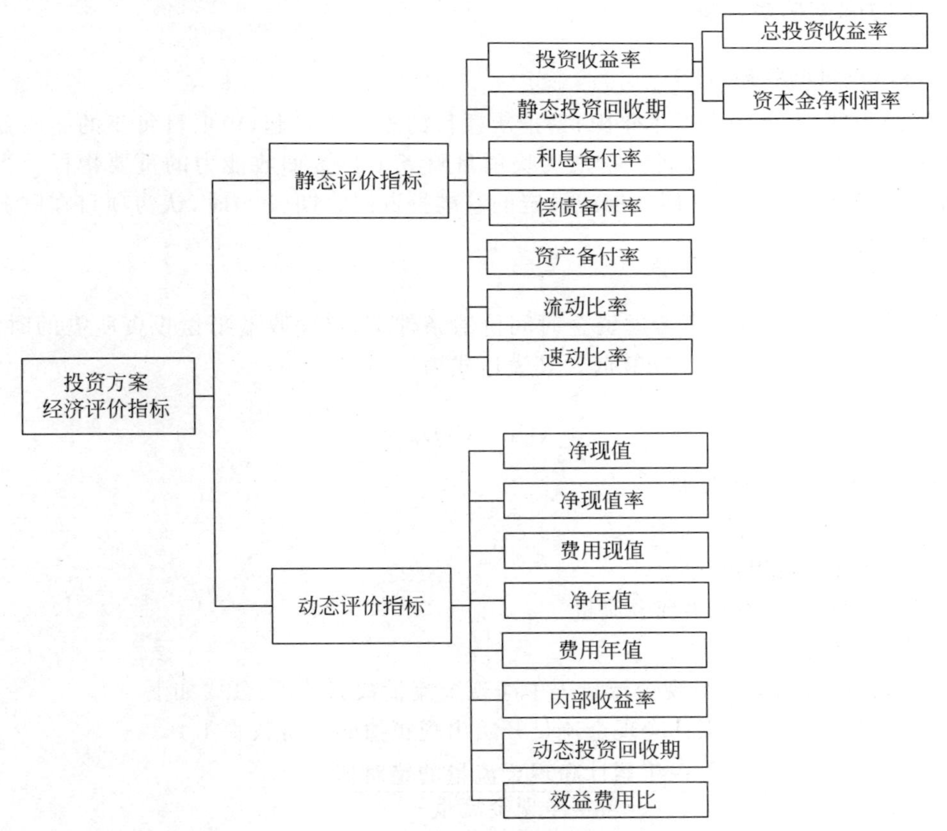

图 7-1　经济评价指标体系

根据国家发展改革委、原建设部发布的《建设项目经济评价方法与参数（第三版）》（以下简称《方法与参数(第三版)》),项目经济评价分为财务分析和经济分析,其对应的指标分别为财务分析指标和经济分析指标。另外,根据评价指标的经济性质,可以将上述评价指标分为三类:①时间型指标;②价值型指标;③比率型指标。详细分类结果见表7-1。

表7-1 项目经济评价常用指标分类表

划分标准	常用指标分类	
是否考虑资金时间价值	静态评价指标	静态投资回收期等
	动态评价指标	净现值、内部收益率、动态投资回收期等
项目评价层次	财务分析指标	财务净现值、财务内部收益率、投资回收期等
	经济分析指标	经济净现值、经济内部收益率等
指标的经济性质	时间型指标	投资回收期
	价值型指标	净现值、净年值
	比率型指标	内部收益率、净现值率、效益费用比等

二、项目评价指标计算

(一)时间型指标计算

1. 静态投资回收期(P_t)

投资回收期(也称投资返本年限)是指从项目的投建之日起,用项目每年的净收益来回收期初全部投资所需要的时间。它是反映项目财务上投资回收能力的重要指标。当投资回收期不大于行业基准投资回收期或设定的基准投资回收期(P_c)时,认为项目在财务上是可以考虑接受的。

(1) 含义

静态投资回收期是在不考虑资金时间价值条件下,以净收益抵偿投资所需的时间,通常以年为单位,从建设开始年初算起。其表达式为

$$\sum_{t=0}^{P_t}(\mathrm{CI}-\mathrm{CO})_t=0 \tag{7-1}$$

式中,P_t——静态投资回收期;

CI——现金流入量;

CO——现金流出量;

$(\mathrm{CI}-\mathrm{CO})_t$——第$t$年现金流量。

(2) 计算公式

投资回收期可借助财务现金流量表中净现金流量数据计算,公式如下

$$P_t=\text{累计净现金流量开始出现正值的年份数}-1+\frac{\text{上一年累计净现金流量的绝对值}}{\text{当年净现金流量}} \tag{7-2}$$

(3) 判据

项目投资回收期短,表明投资回收快,抗风险能力强。投资回收期(P_t)可与行业基准投资回收期(P_c)比较:若$P_t \leqslant P_c$,可以考虑接受该项目;若$P_t > P_c$,可以考虑拒绝接受该

项目。基准投资回收期应有部门或行业标准，企业也可以制定自己的标准。

(4) 优点与不足

静态投资回收期的最大优点是经济意义明确、直观、计算简单，便于投资者衡量建设项目承担风险的能力，同时在一定程度上反映了投资效果的优劣。因此，得到一定范围的应用。

静态投资回收期指标的不足主要有两点：一是投资回收期只考虑投资回收之前的效果，忽略了回收期以后的收入与支出数据，不能全面反映项目在寿命期内的真实效益，难免有片面性；二是没有考虑资金时间价值，无法用以正确地辨识项目的优劣。

静态投资回收期的局限性和不考虑资金时间价值，有可能导致评价判断错误。因此，静态投资回收期不是全面衡量建设项目的理想指标，它只能用于粗略评价或者作为辅助指标和其他指标结合起来使用。

2. 动态投资回收期(P_t')

(1) 含义

为了弥补静态投资回收期未考虑资金时间价值的缺点，可采用其改进指标——动态投资回收期。动态投资回收期是指在考虑资金时间价值的情况下，用项目各年的净收益回收全部投资所需要的时间。动态投资回收期一般从建设开始年算起。其表达式为

$$\sum_{t=0}^{P_t'}(\mathrm{CI}-\mathrm{CO})_t(1+i_c)^{-t}=0 \tag{7-3}$$

式中，P_t'——动态投资回收期；

i_c——折现率；其他符号与静态投资回收期表达式中符号的含义相同。

(2) 计算公式

动态投资回收期可根据财务现金流量表净现金流量折现值和累计净现金流量折现值计算求得。计算公式如下

$$P_t'=\text{累计净现金流量折现值开始出现正值的年份数}-1+\frac{\text{上年累计净现金流量折现值的绝对值}}{\text{当年净现金流量折现值}} \tag{7-4}$$

(3) 判据

动态投资回收期的评价准则是：$P_t'\leqslant P_c'$时(P_c'表示基准动态投资回收期)，考虑接受项目，条件是折现率取 i_c(行业基准收益率)。当多个方案进行比较时，每个方案自身满足$P_t'\leqslant P_c'$时，投资回收期越短的方案越好。

(4) 优点与不足

动态投资回收期考虑了资金时间价值，优于静态投资回收期，但计算相对复杂。

(二) 价值型指标计算

1. 净现值(NPV)

(1) 含义

净现值(net present value，NPV)是将项目整个计算期内各年的净现金流量，按某个给定的折现率，折算到计算期期初(零点，也即第 1 年初)的现值代数和。

（2）计算公式

净现值指标是对投资项目进行动态经济评价的最常用的指标。计算公式为

$$\mathrm{NPV}(i)=\sum_{t=0}^{n}(\mathrm{CI}-\mathrm{CO})_t(1+i)^{-t} \tag{7-5}$$

式中，n——计算期期数；

i——设定折现率。

净现金流量 NCF_t（第 t 年的净现金流量），即 $(\mathrm{CI}-\mathrm{CO})_t$ 的预测（实质上是 CI 与 CO 的预测）是净现值计算的基础。由于净现值指标考虑了项目（方案）在计算期内各年的净现金流量，因而 NCF_t 预测的准确性至关重要，直接影响项目净现值的大小与正负。

净现值可直接采用式（7-5）计算，也可通过构造的现金流量表计算，列表计算清楚明了，便于检查，并可一举算出投资回收期和其他比率性指标。

（3）判据

利用净现值判断项目时，对单一项目而言，若 $\mathrm{NPV}\geqslant 0$，则该项目在经济上可以接受；反之，若 $\mathrm{NPV}<0$，则经济上可以拒绝该项目。

当给定的折现率 $i=i_c$（i_c 为设定的基准收益率），若 $\mathrm{NPV}(i_c)=0$，表示该项目达到了基准收益率标准，而不是表示该项目盈亏平衡；若 $\mathrm{NPV}(i_c)>0$，则意味着该项目可以获得比基准收益率更高的收益；而 $\mathrm{NPV}(i_c)<0$，仅表示项目不能达到基准收益率水平，不能确定项目是否会亏损。

（4）优点与不足

净现值是反映项目投资盈利能力的一个重要的动态评价指标，它广泛应用于项目经济评价中。其优点在于它不仅考虑了资金的时间价值，对项目进行动态分析，而且考察了项目在整个寿命期内的经济状况，并且直接以货币额表示项目投资的收益性大小，克服了投资回收期指标的缺点，在理论上比投资回收期指标更完善，在实践中被广泛采用。但是，利用净现值指标进行投资方案的经济效果分析，也存在两个缺点。

1）折现率和各年的收益都是通过事先确定。由于项目的资金来源渠道很多，各种资金来源渠道资金成本不同，折现率和资金成本难以准确确定。

2）在方案的比较上，当不同方案的投资额不同时，由于比较的基数不同，单纯看净现值的绝对大小，不能直接反映资金的利用效率。

净现值用于财务分析时，将其结果称为财务净现值，记为 FNPV；当净现值用于经济分析时，将其结果称为经济净现值，记为 ENPV。

2．净年值（NAV）

（1）含义

净年值（NAV）也称净年金，是将项目寿命期内的净现金流量按设定的折现率折算成与其等值的各年年末的等额净现金流量值。

（2）计算公式

求一个项目的净年值，可以先求该项目的净现值，然后乘以资金回收系数进行等值变换求解，其表达式为

$$\mathrm{NAV}(i)=\mathrm{NPV}(i)(A/P,i,n) \tag{7-6}$$

式中，$\mathrm{NAV}(i)$——净年值；

$(A/P,i,n)$——等额支付资本回收系数。

(3) 判据

对单一项目而言，当 NAV≥0 时，项目可行；当 NAV<0 时，项目不可行。可见，用净现值 NPV 和净年值 NAV 对一个项目进行评价，结论是一致的，因为 NPV≥0 时，NAV≥0；当 NPV<0 时，NAV<0。

(4) 特点

从统计学观点来看，净现值是总量指标，而净年值是平均指标。总量指标是反映项目在一定的时间、地点、条件下所达到的规模和水平的统计指标。但总量指标只能说明总体的规模，可比较性较差。平均指标是将总体内各单位在某一数量标志值上的具体差异抽象掉，以一个平均水平作为总体的代表值，因而具有较好的可比性。此外，使用净年值指标来评价不同方案时，可以不必考虑统一的计算时间。因此，对寿命不相同的多个互斥方案进行选优时，净年值比净现值有独到的简便之处，可以直接据此进行比较。

(三) 比率型指标计算

1. 投资收益率

投资收益率是指投资方案在达到设计生产能力后的一个正常年份的年净收益或年均净收益与方案总投资的比率。其计算公式为

$$\text{投资收益率}\ R=\frac{\text{年净收益或年均净收益}}{\text{总投资}}\times 100\% \tag{7-7}$$

实际应用中使用的是总投资收益率和资本金净利润率两项指标。

(1) 总投资收益率 ROI

总投资收益率是指投资方案达到设计生产能力后一个正常生产年份的年息税前利润或年均息税前利润(EBIT)与方案总投资的比率，它是从融资前的角度评价方案总投资盈利性的静态指标。

1) 计算公式

$$\text{总投资收益率 ROI}=\frac{\text{年息税前利润或年均息税前利润 EBIT}}{\text{总投资}\ I}\times 100\% \tag{7-8}$$

式中，息税前利润(EBIT)=利润总额+当期应计利息

2) 评价准则。将计算出来的总投资收益率 ROI 与所确定的基准总投资收益率 ROI_c 进行比较，当 $ROI \geq ROI_c$ 时，方案在经济上是可接受的；当 $ROI < ROI_c$ 时，方案在经济上不可接受。

(2) 资本金净利润率(ROE)

资本金净利润率是指投资方案达到设计生产能力后一个正常生产年份的年净利润或年均净利润与方案的资本金投资的比率，它是从融资后的角度评价方案资本金投资盈利性的静态指标。

1) 计算公式

$$\text{资本金净利润率(ROE)}=\frac{\text{年净利润 NP}}{\text{资本金投资 EC}}\times 100\% \tag{7-9}$$

式中，净利润=利润总额−所得税

2）评价准则。将计算出来的资本金净利润率 ROE 与所确定的基准资本金净利润率 ROE_c 进行比较，当 $ROE \geqslant ROE_c$ 时，方案在经济上是可接受的；当 $ROE < ROE_c$ 时，方案在经济上是不可接受的。

3）特点

总投资收益率和资本金净利润率两项指标的经济意义明确、直观，计算简便。在一定程度上反映了投资效果的优劣，可应用于各种投资规模，特别适用于决策早期数据准备不充分的机会研究、项目建议书阶段。但这两项指标都没有考虑资金时间价值，因此多用于初步比选分析或作为辅助指标使用。

2. 内部收益率(IRR)

(1)含义

内部收益率(internal rate of return，IRR)是指使项目净现值(NPV)等于零时的折现率。如图 7-2 所示，内部收益率 IRR 就是 NPV 曲线与横坐标交点处对应的折现率。

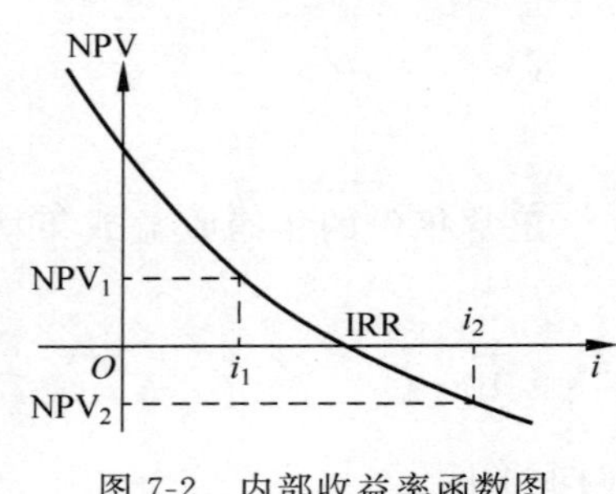

图 7-2　内部收益率函数图

(2) 计算公式

内部收益率(IRR)可以通过 NPV 的表达式来求解。即满足下式的折现率为内部收益率

$$\sum_{t=0}^{n}(CI-CO)_t(1+IRR)^{-t}=0 \tag{7-10}$$

式中，IRR——内部收益率；其他符号与 NPV 公式中相同。

若某项目在 1 年初(零点)投资 I_p，以后每年末获得相等的净收益 R，则内部收益率可由以下两式表示

$$(P/A,IRR,n)=\frac{I_p}{R} \tag{7-11}$$

或

$$(A/P,IRR,n)=\frac{R}{I_p} \tag{7-12}$$

【例 7-1】 某投资项目的现金流量如表 7-2 所示，其内部收益率 IRR＝20％。

表 7-2　某投资项目的现金流量

第 t 期末	0	1	2	3	4	5	6
现金流量 A_t(万元)	－1000	300	300	300	300	300	307

由于已提走的现金是不能再生息的，因此设 F_t 为第 t 期期末尚未回收的投资余额，F_0 即是项目计算期初的投资额 A_0。显然，只要在本周期内取得复利利息 $i \cdot F_{t-1}$，则第 t 期期末的未回收投资余额为：

$$F_t=F_{t-1}(1+i)+A_t \tag{7-13}$$

将 i＝IRR＝20％代入式(7-13)，计算出表 7-3 所示的项目的未收回投资在计算期内的恢复过程。与表 7-2 相应的现金流量图如图 7-3 所示。

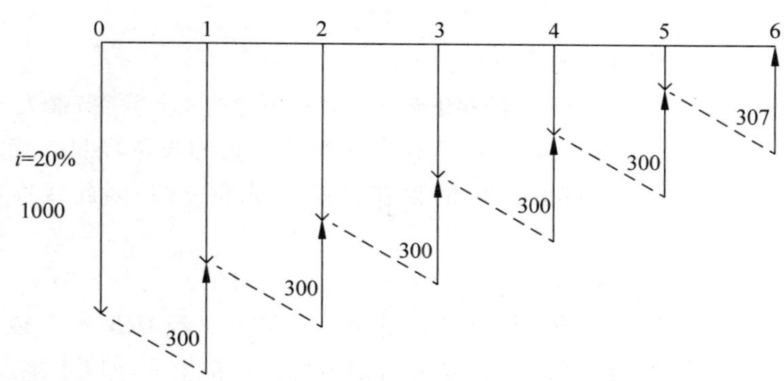

图 7-3　未收回投资现金流量示意图

表 7-3　未收回投资在计算期内的恢复过程表　　万元

第 t 期期末	0	1	2	3	4	5	6
现金流量 A_t	−1000	300	300	300	300	300	307
第 t 期期初未回收投资 F_{t-1}		−1000	−900	−780	−636	−463.2	−255.84
第 t 期期末的利息 $i \cdot F_{t-1}$		−200	−180	−156	−127.2	−92.64	−51.168
第 t 期期末未回收投资 F_t	−1000	−900	−780	−636	−463.2	−255.84	0

由此可见，项目的内部收益率是指项目到计算期末正好将未收回的资金全部收回来的折现率，是项目对贷款利率的最大承担能力。

在项目计算期内，由于项目始终处于“偿付”未被收回的投资的状况，内部收益率指标正是项目占用的尚未回收资金的获利能力。它能反映项目自身的盈利能力，其值越高，项目的经济性越好。因此，在项目评价中，内部收益率是考察项目盈利能力的主要动态评价指标。由于内部收益率不是初始投资在整个计算期内的盈利率，因而它不仅受到初始投资规模的影响，而且受到项目计算期内各年现金流量大小的影响。

求解内部收益率是求解以折现率为未知数的多项高次方程。当各年的净现金流量不等，且计算期较长时，求解内部收益率是相当烦琐的。一般来说，求解 IRR，有人工试算法和利用计算机软件函数求解两种方法。下面介绍内部收益率的人工试算法。

如图 7-2 所示，采用人工试算法求解内部收益率，首先选择折现率 i_1，将其代入净现值公式，如果此时算出的净现值为正，则选择一个高于 i_1 的折现率 i_2，将其代入净现值公式，如果此时净现值仍为正，则增加 i_2 的值后再重新计算净现值，直到净现值为负为止（如果首先选择的折现率计算的净现值为负，则需要降低折现率使净现值为正为止）。根据内部收益率含义可知，此时内部收益率 IRR 必在 i_1 和 i_2 之间。

通常当试算的折现率 i 使 NPV 在零值左右摆动且先后两次试算的 i 值之差足够小时，可用线性插值法近似求出 IRR≈i。插值公式为

$$\mathrm{IRR} = i_1 + (i_2 - i_1)\frac{\mathrm{NPV}_1}{\mathrm{NPV}_1 + |\mathrm{NPV}_2|} \tag{7-14}$$

式中，IRR——内部收益率；

i_1——较低的试算折现率，使净现值为正值，但其接近于零；

i_2——较高的试算折现率，使净现值为负值，但其接近于零；

NPV_1——与 i_1 对应的净现值(正);

NPV_2——与 i_2 对应的净现值(负)。

为了保证 IRR 的精度,i_1 与 i_2 之间的差距一般以不超过 2%为宜,最大不超过 5%。

采用线性内插法计算 IRR 只适用于具有常规现金流量的投资项目。而对于具有非常规现金流量的项目,由于其内部收益率的存在可能不是唯一的,因此线性的内插法就不适用。

(3) 判据

应用 IRR 对单独一个项目进行经济评价的判别准则是:若 $IRR \geq i_c$(或 i_s),则认为项目在经济上是可以接受的;若 $IRR < i_c$(或 i_s),则项目在经济上应予以拒绝。

内部收益率指标的经济含义是项目对占用资金的恢复能力。也可以说内部收益率是指项目对初始投资的偿还能力或项目对贷款利率的最大承受能力。由于内部收益率不是用来计算初始投资收益的,所以不能用内部收益率指标作为排列多个独立项目优劣顺序的依据。

(4) 优点与不足

1) 内部收益率指标的优点

① 与净现值指标一样,内部收益率指标考虑了资金的时间价值,用于对项目进行动态分析,并考察了项目在整个寿命期内的全部情况。

② 内部收益率是内生决定的,即由项目的现金流量特征决定的,不是事先外生给定的。这与净现值、净年值、净现值率等指标需要事先设定基准折现率才能进行计算比较,操作困难小。因此,在进行财务分析时往往把内部收益率作为最主要的指标。

2) 内部收益率指标的不足

① 内部收益率指标计算烦琐,非常规项目有多解现象,分析、检验和判别比较复杂。

② 内部收益率适用于独立方案的经济可行性判断,但不能直接用于互斥方案之间的比选。

③ 内部收益率不适用于只有现金流入或现金流出的项目。对于非投资情况,即先取得收益,然后用收益偿付有关费用(如设备租赁)的情况,虽然可以运用 IRR 指标,但其判别准则与投资情况相反,即只有 $IRR \leq i_c$ 的方案(或项目)才可接受。

(5) IRR 与 NPV 评价指标的比较

对于单一独立项目的评价,应用 IRR 评价与应用 NPV 评价的结论是一致的。NPV 指标计算简便,显示出了项目现金流量的时间分配,但得不出投资过程收益程度大小,且受外部参数(i_c)的影响。IRR 指标计算较为麻烦,但能反映投资过程的收益程度,且其大小不受外部参数影响,完全取决于投资过程现金流量。内部收益率被普遍认为是项目投资的盈利率,反映了投资的使用效率,概念清晰明确。比起净现值,各行各业的实际经济工作者更喜欢采用内部收益率指标。内部收益率用于独立项目财务分析时,将其结果称为财务内部收益率,记为 FIRR;当内部收益率用于独立项目经济分析时,将其结果称为经济内部收益率,记为 EIRR。

3. 净现值率(NPVR)

(1) 含义

净现值率(net present value rate,NPVR)是按设定折现率求得的项目计算期的净现值与其全部投资现值的比率，其经济含义是单位投资现值所能带来的净现值，是一个考察项目单位投资盈利能力的指标。净现值率的最大化，将使有限投资取得最大的净贡献。由于净现值不直接考虑项目投资额的大小，故为了考察投资的利用效率，采用净现值率作为净现值的辅助评价指标。

当对比的两个方案投资额不同时，如果仅以各方案的净现值率大小来选择方案，可能导致不正确的结论，因为净现值率大小只是表明单位投资盈利水平，不能反映总体投资规模的盈利能力。

(2) 计算公式

净现值率的计算式为

$$\mathrm{NPVR}=\frac{\mathrm{NPV}}{I_p}=\frac{\sum_{t=0}^{n}(\mathrm{CI}-\mathrm{CO})_t(1+i)^{-t}}{\sum_{t=0}^{n}I_t(1+i)^{-t}} \tag{7-15}$$

$$I_p=\sum_{t=0}^{n}I_t(P/F,i,n) \tag{7-16}$$

式中，I_p——项目投资现值；

I_t——第 t 年投资额；

n——计算期年数；

$(P/F,i,n)$——现值系数。

(3) 判据

应用净现值率评价项目或方案时，对于独立方案评价，应使 $\mathrm{NPVR}\geqslant 0$，项目才可以接受；若 $\mathrm{NPVR}<0$，方案不可行，应予拒绝。对于多方案评价，凡 $\mathrm{NPVR}<0$ 的方案先行淘汰，在余下的方案中，应将净现值率与投资额、净现值结合起来选择方案，而且在评价时应注意计算投资现值与净现值的折现率须一致。

第二节　建设方案间的关系类型

一、建设方案间的关系类型及建设方案比选方法的类型

（一）建设方案间的关系类型

进行方案比选时，须根据方案间的关系、比选的需求、比选工作所处的阶段选用适宜的比选方法和指标。因此，比选前应首先确定方案间的关系。方案间的关系包括独立型、互斥型、互补型、相关型、从属型和混合型关系。

1. 独立型关系

独立型关系是指参与比选的各方案间互不干扰、互不相关，某个方案入选与否与其他方案是否入选无关。在这种情况下，入选的方案可能是一个、几个或全部，也可能都被淘汰。独立型关系可分为无约束条件和有约束条件两种情况；无约束条件情况下，备选方案

只需满足绝对分析的评判标准即可入选；有约束条件情况下则比较复杂。

2. 互斥型关系

互斥型关系是指备选方案具有排他性，一个方案的入选即意味着其他方案被淘汰。互斥型关系要求备选方案可以相互替代，即备选方案应满足项目的需求（如项目要求的装机规模和容量）、消耗的性质等，以计算范围可比、风险水平可比、采用的计算期（满足项目要求的方案服务寿命）可比。

3. 互补型关系

互补型关系是指在若干备选方案间存在技术经济互补关系，其中某一方案的接受意味着其他方案的接受。互补型关系包括严格（或对称）互补和非严格互补。比如A、B两个方案互为存在前提，缺少其中一个，另一个就没有存在价值，那么A、B之间就是严格的互补关系。

4. 从属型关系

在多个备选方案中，方案Y是否被接受取决于另外一个方案X是否被采纳，但即使方案X被采纳，方案Y依然可能不被接受；反之方案X不采用，方案Y必然被拒绝；而采用方案X，方案Y可能被接受，也可能被拒绝，此时方案X和方案Y之间是从属关系，方案Y从属于方案X。

5. 相关型关系

相关型关系是指各个方案之间在技术经济、现金流量、资金使用等方面相互影响，不完全互斥也不完全依存，但任何一个方案的取舍都会引起其他方案选择的变化。

工程中，方案间相关型关系的形成主要是由资源限制和项目的不可分割性造成的。一方面，有资源约束条件下的独立方案选择并非完全的“独立”，某一方案的入选势必占用有限的资源，从而影响其他方案的入选。比如，要在某电力项目中考虑两个建设方案，一个是光伏发电方案A，另一个是风力发电方案B，两个方案都利用可再生资源，但都需要前期投入一定的资金。此时，一个方案的实施或放弃都会影响到另一个方案的现金流量，发电量是方案的资源限制，两方案间的关系即为相关型关系。另一方面，一个项目可能由多个子项目组合而成，某一子项目所选用的方案可能占用大量资源，但由于项目或方案的不可分割性，因此不可能因为该子项目所选用方案的入选而舍弃其他子项目，而只能是在限定资源条件下确定其他子项目所选用的方案，所以各子项目所选用的方案间也存在相关性。

6. 混合型关系

混合型关系是指备选方案间的关系是上述关系类型中的多种组合。

（二）建设方案比选方法的类型

在建设方案研究和比选过程中，应结合各种相关因素，开展多层次、多方案分析和比选，以全面优化项目建设方案。从不同的角度出发，建设方案比选的方法一般有以下几种基本类型。

1. 整体的和专项的方案比选（按范围）

按比选的范围分，建设方案比选可分为整体的和专项的研究与比选。整体的方案比选是按各备选方案所包含(相同和不同)的因素分别进行定量和定性对比。专项的方案比选仅就备选方案的不同因素或部分重要因素进行局部对比。

专项的方案比选通常相对容易,操作简单,而且容易突出比选结果差异的显著性。但如果备选方案在许多方面都有差异性,为避免决策的复杂性,应采用整体方案比选方法。

2. 定性和定量的方案比选(按模型工具)

按比选所应用的模型工具分,项目(方案)比选可分为定性和定量的研究与比选。定性方法主要依靠经验以及主观判断和分析能力,分析各影响因素对建设方案的影响程度,分析建设方案对项目目标的满足程度。满足程度较高、负面影响较小的方案即是较优的建设方案。定量方法的核心是提出建设方案优化的数学模型,在定量的基础上评价建设方案的经济效益、环境效益和社会效益。

定性比选适合于方案比选的初级阶段,在一些比选因素较为直观且不复杂的情况下,定性比选简单易行。在大型复杂建设方案的比选工作中,一般先经过定性分析,如果直观很难判断各个方案的优劣,再通过定量分析,论证其经济效益的大小,据以判别方案的优劣。有时,由于诸多因素如可靠性、社会环境、人文因素等很难量化,致使项目比选不能完全依据技术经济指标,通常采用专家评议法,组织专家组进行定性和定量分析相结合的评议,采用加权或不加权的计分方法进行综合评价比选。

二、建设方案的技术比选方法

针对不同行业和不同专业的方案内容,建设方案的技术比选方法和侧重点各有不同。本节以下仅介绍两种简单方法。

1. 简单评分法

采用简单评分法时,首先确定技术方案的评价指标体系和标准,比如,可以根据项目的特点,采用技术先进性、适用性、可靠性、安全性和经济性等指标;其次,根据这些指标的合格性标准剔除不符合要求的方案后,由专家对剩余的备选方案按规定的评价指标和标准评价打分,经汇总得到每个备选方案的评价总分;按总分排序即为方案的优劣排序。

2. 加权评分法

在简单评分法的基础上,根据每个选定指标的重要程度不同给予不同的权重,然后计算各备选方案的加权评价分,得出优劣排序。

第三节　方案比选方法

企业在实践中常面临多个项目及备选方案的选择。多方案比选是通过经济评价方法和指标,对备选方案的经济效益进行比较,选出最佳投资效果的方案。但需注意,多方案比选不仅涉及经济因素,还涵盖产品质量、环境保护、外部竞争等内外部相关因素。只有全面调查分析这些因素,结合经济效益分析,才能做出科学的投资决策。

建设方案比选分为两个阶段:第一阶段是“绝对效果分析”,筛选出满足基本技术与经济要求的方案；第二阶段是“相对效果分析”，对符合标准的方案进行优劣排序和组合。

一、方案组合的构建

对于方案间关系属于独立型关系、互补型关系、从属型关系、相关型关系或混合型关系中某一种类型的，通常做法是根据方案间关系，列出所有可能的组合方案，而所有可能的组合方案之间为互斥关系，进而可以利用互斥方案的比选方法选择最优组合。下文将通过例题展示如何构建方案组合。

(1) 独立型关系

【例 7-2】 现有 A、B、C 共 3 个方案参与比选，方案间为独立型关系，确定这些方案可以构成的互斥方案组合。

【解答】 互斥方案组合如表 7-4 所示。

表 7-4 独立型互斥方案组合

序号	A	B	C	互斥方案组合
1	0	0	0	无
2	0	0	1	C
3	0	1	0	B
4	0	1	1	BC
5	1	0	0	A
6	1	0	1	AC
7	1	1	0	AB
8	1	1	1	ABC

表中数值取 0 的，表示对应行的方案组合中不包括对应列的方案，反之，方案组合包括对应列的方案。

由上表可知，共有 8 个互斥方案组合。如果加入限制条件，比如方案组合投资额超过设定的投资限额或特定资源总量限制，则需剔除超出设定投资限额或资源总量限制的方案组合。

(2) 互补型关系

【例 7-3】 现有方案 A 和 B，方案 A 和 B 间为互补关系，确定这些方案可以构成的互斥方案组合。

【解答】 互斥方案组合如表 7-5 所示。

表 7-5 互补型互斥方案组合

序号	A	B	互斥方案组合
1	0	0	无
2	1	1	AB

根据上表可知，共有 2 个互斥方案组合。

(3) 从属型关系

【例 7-4】 现有方案 A 和 B，方案 B 从属于方案 A，确定这些方案可以构成的互斥方案组合。

【解答】 互斥方案组合如表 7-6 所示。

表 7-6　从属型互斥方案组合

序号	A	B	互斥方案组合
1	0	0	无
2	1	0	A
3	1	1	AB

根据上表可知，共有 3 个互斥方案组合。

(4) 混合型关系

【例 7-5】 现有 A、B、C 共 3 个方案参与比选，A、B 方案间为独立型关系，C 方案从属于 B 方案，确定这些方案可以构成的互斥方案组合。

【解答】 互斥方案组合如表 7-7 所示。

表 7-7　混合型互斥方案组合

序号	A	B	C	互斥方案组合
1	0	0	0	无
2	0	1	0	B
3	0	1	1	BC
4	1	0	0	A
5	1	1	0	AB
6	1	1	1	ABC

由上表可知，共有 6 个互斥方案组合。

【例 7-6】 现有 A、B 两个项目，A 项目和 B 项目相互独立。A 项目中有 A_1 和 A_2 两个方案，两者是互斥性关系；B 项目中有 B_1、B_2、B_3 三个方案，其中 B_1、B_2 是互斥性关系，B_3 从属于 B_1。确定这些方案可以构成的互斥方案组合。

【解答】 互斥方案组合如表 7-8 所示。

表 7-8　互斥方案组合

序号	A_1	A_2	B_1	B_2	B_3	互斥方案组合
1	0	0	0	0	0	无
2	0	0	0	1	0	B_2
3	0	0	1	0	0	B_1
4	0	0	1	0	1	B_1B_3
5	0	1	0	0	0	A_2
6	0	1	0	1	0	A_2B_2
7	0	1	1	0	0	A_2B_1
8	0	1	1	0	1	$A_2B_1B_3$
9	1	0	0	0	0	A_1
10	1	0	0	1	0	A_1B_2
11	1	0	1	0	0	A_1B_1
12	1	0	1	0	1	$A_1B_1B_3$

由上表可知，共有12个互斥方案组合。

二、互斥方案比选方法

互斥方案比选可以采用方案评价指标直接对比和增量指标分析两种方法。无论采用哪种方法，所有备选的互斥方案均应满足可比条件包括寿命期（计算期）在内的可比性。本节所述的互斥方案比选方法均假设备选方案的寿命期（或计算期）相同；如果不同，工程经济理论中推荐采用两种处理方法：最小公倍数法（取各备选方案寿命期或计算期的最小公倍数作为统一计算期）；研究期法（各备选方案指定采用相同的寿命期或计算期作为统一计算期）。无论采用哪种方法，均需满足统一计算期内各备选方案的技术经济参数保持基本稳定这一前提条件。实务中，由于技术进步和政治经济形势的千变万化，最小公倍数法很难保证满足假设条件，所以主要采用研究期法，而且统一计算期的取值为各备选方案寿命期或计算期的最小值，但其缺点是难以准确评估寿命期大于统一计算期方案的剩余资产价值。

（一）评价指标直接对比法

评价指标直接对比法就是通过计算备选方案的评价指标，然后直接比较指标的优劣确定最优方案。采用这种方法时所能使用的指标只有净现值、费用现值、净年值、费用年值、年折算费用和年综合费用等价值型指标。

（1）净现值指标法（NPV）

【例7-7】 现有A、B两个互斥方案，两方案的现金流量如表7-9所示，方案寿命期均为8年，若基准收益率为10%，确定应选择哪个方案。

表7-9 A、B两方案的现金流量 万元

方案	A	B
初期投资	150	200
各年净现金流量	60	80

【解答】 采用净现值指标计算

$NPV_A = -150 + 60 \times (P/A, 10\%, 8) = 170.10$（万元）

$NPV_B = -200 + 80 \times (P/A, 10\%, 8) = 226.79$（万元）

因为 $NPV_B > NPV_A > 0$，所以B为最优方案。

采用净年值指标计算可得：$NPV_A = 31.88$（万元）；$NPV_B = 42.51$（万元），因此可以得到与净现值指标同样的结论。

（2）费用现值（PC）和费用年值（AC）指标法

对效益相同或基本相同但难以具体估算的方案进行比选时，可采用费用现值指标和费用年值指标法。

【例7-8】 现有A、B两个互斥方案，两方案的收益相同（满足相同的需求），两方案的现金流出如表7-10所示，方案寿命期均为8年，若基准收益率为10%，确定应选择哪个方案。

表 7-10 A、B 两个互斥方案的现金流量 万元

方案	A	B
初期投资	180	240
各年现金流出	60	50

【解答】 两方案的收益相同,因此只需比较费用项。

采用费用现值指标计算

$PC_A=180+60\times(P/A,10\%,8)=500.10$(万元)

$PC_B=240+50\times(P/A,10\%,8)=506.75$(万元)

因为 $PC_A<PC_B$,所以 A 为最优方案。

【例 7-9】 兴建一处设施有 A、B 两个方案,两方案的收益相同。A 方案一次投入 400 万元,可以永久使用,每年的运营费用 10 万元,每 10 年需投入 20 万元对设施进行修补;B 方案为每 10 年重建一次,每次投资 100 万元,10 年后可回收的资产余值 7 万元,每年的运营费用 24 万元;若基准收益率为 6%,确定应选择哪个方案。

【解答】 本例涉及寿命期无限的情况,只能采用费用现值指标。

$AC_A=400\times6\%+10+20\times(A/F,6\%,10)=35.52$(万元)

$AC_B=100\times(A/P,6\%,10)+24-7\times(A/F,6\%,10)=37.06$(万元)

因为 $AC_A<AC_B$,所以 A 为最优方案。

(3) 年折算费用和综合费用指标法

年折算费用是指将投资方案的投资额用基准投资回收期分摊到各年,再与年经营成本相加的费用之和。年折算费用法是指通过计算互斥方案的年折算费用,判断互斥方案相对经济效果,据此选择最优方案的评价方法。计算公式为

$$Z_j=\frac{I_j}{P_c}+C_j \tag{7-17}$$

式中,Z_j——第 j 个方案的年折算费用;

I_j——第 j 个方案的总投资;

P_c——基准投资回收期;

C_j——第 j 个方案的年经营成本;

年折算费用最小的方案为最优方案。

综合总费用法是指方案的投资与基准投资回收期内年经营成本的总和。计算公式为

$$S_j=I_j+P_c\cdot C_j \tag{7-18}$$

式中,S_j 是第 j 方案的综合总费用,其他符号同式(7-17)。

方案的综合总费用实际是基准投资回收期内年折算费用的总和。综合总费用最小的方案是最优方案。

评价指标直接对比法所选用的指标只能是价值型指标,选用其他类型的指标可能会导致错误的结论。

【例 7-10】 两个互斥方案 A 和 B 的投资分别为 1000 万元和 2000 万元,两个方案的总投资收益率(ROI)分别为 40%和 30%,对应的年息税前利润(EBIT)分别为 400 万元和 600 万元,显然如果以 ROI 作为评价指标,A 方案成为最优方案,若以 EBIT 作为评价指标,B 为最优方案。对本例来说,如果可投入的资金是 2000 万元,选择 A 方案,意味着 2000 万

元中的 1000 万元可以按照 40%的投资收益率产生收益，而剩余的 1000 万元在没有其他投资渠道的情况下只能假设为按基准投资收益率进行投资，在基准投资收益率不高于 20%的情况下直接以 ROI 作为评价指标选择的 A 方案所获得的最大收益不会超过 400＋200＝600 万元，显然不如 B 方案 600 万元的收益。

（二）增量指标分析法

增量指标分析法是互斥方案比选最常用的方法，“增量”指的是投资额较大的方案相对投资额较小的方案而言的，如例 7-10 中 B 方案的 2000 万元投资可以看作是在 A 方案 1000 万元投资的基础上叠加了 1000 万元的增量投资，即 2000＝1000＋1000，这 1000 万元增量投资的增量现金流量所计算的总投资收益率就是增量总投资收益率指标，用符号 ΔROI_{B-A} 表示。

采用增量指标分析法的基本计算步骤如下。

1. 将方案按照投资额从小到大的顺序排列。

2. 确定基础方案，即满足指标评判准则要求的投资额较小的方案，即临时最优方案，作为整个方案序列计算的基础。

3. 计算相邻两个方案的增量现金流量的评价指标，若满足评判准则的要求，则投资较大的方案优于投资较小的方案；若不满足，则投资较小的方案优于投资较大的方案，投资较大的方案被淘汰；以确定的较优方案为基础方案，重复计算步骤，直至所有方案都比选完毕。

4. 最后通过筛选得出的方案即为最优方案。

以上步骤用图形表示，如图 7-4 所示。

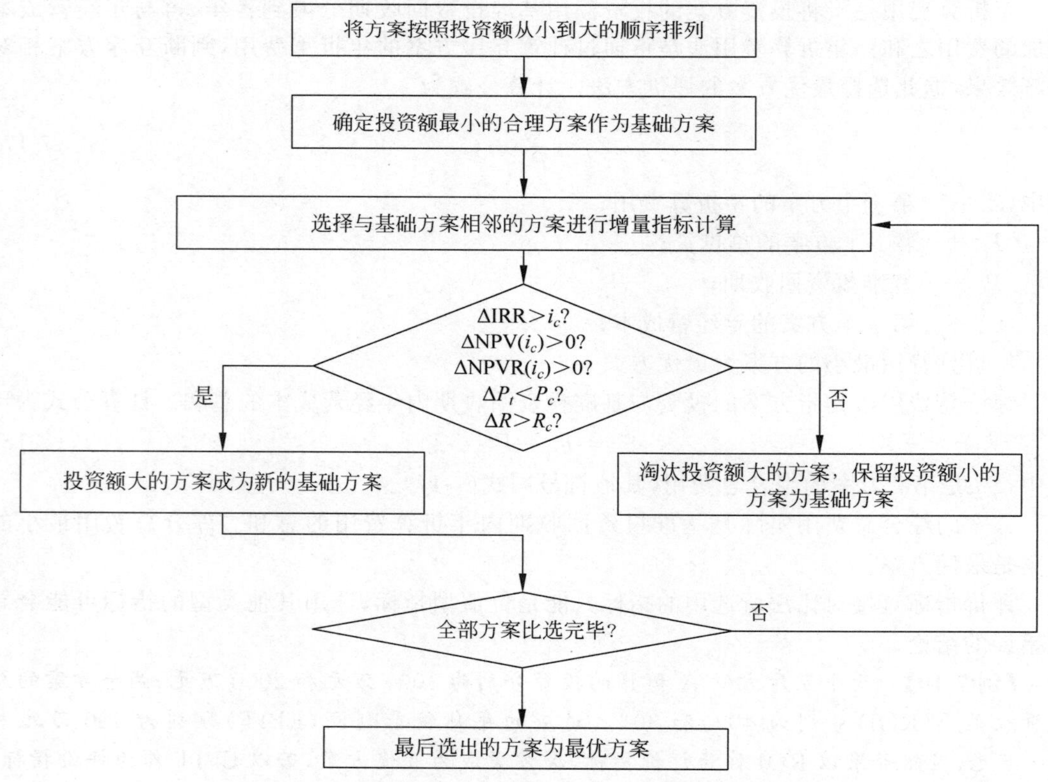

图 7-4　采用增量指标法进行互斥方案比选的基本步骤

【例 7-11】 四个互斥方案 A、B、C、D 的初期投资和年净现金流量如表 7-11 所示，若四个方案的计算期均为 10 年，基准收益率为 15%，基准投资回收期为 5 年，确定应该选择哪个方案。

表 7-11　初期投资与各年净现金流量表　　万元

方案	初期投资	各年净现金流量
A	1000	190
B	2000	430
C	3000	640
D	4000	820

（注：上表中的各年净现金流量在方案计算期内的各年年末发生，本节后面的例题均按此假设）

【解答】 表 7-11 已经按前述步骤完成了按投资排序的第一步。

第二步(1) 将不选择任何方案作为初始方案，A 方案可以看作是不选择任何方案基础上的增量投资方案 A－0 的现金流量，表示为表 7-12 所示。

表 7-12　A－0 增量投资方案　　万元

增量投资方案	增量初期投资	各年增量净现金流量
A－0	1000－0＝1000	190－0＝190

1）使用增量净现值指标

$\Delta NPV_{A-0}=-1000+190(P/A,15\%,10)=-46.43$（万元）$<0$，所以在不选择任何方案基础上投资的 A 方案不可行，A 方案被淘汰。

2）使用增量内部收益率指标

由 $-1000+190(P/A,\Delta IRR_{A-0},10)=0$ 可得 $\Delta IRR_{A-0}=13.77\%<15\%$，所以可以得到与 ΔNPV_{A-0} 指标相同的结论。

3）使用增量静态投资回收期指标

根据表 7-12 可得：$\Delta P_{t,A-0}=\dfrac{I}{A}=\dfrac{1000}{190}=5.26$（年）$>5$，所以从静态投资回收期角度，在不选择任何方案基础上投资的 A 方案不可行，A 方案被淘汰。

第二步(2) 由于 A 被淘汰，所以 B 是当前备选方案中投资额最小的方案，在不选择任何方案基础上的增量投资方案 B－0 的现金流量，表示为表 7-13 所示。

表 7-13　B－0 增量投资方案　　万元

增量投资方案	增量初期投资	各年增量净现金流量
B－0	2000－0＝2000	430－0＝430

1）使用增量净现值指标

$\Delta NPV_{B-0}=-2000+430(P/A,15\%,10)=158.07$（万元）$>0$，所以在不选择任何方案基础上投资的 B 方案可行。

2）使用增量内部收益率指标

由$-2000+430(P/A,\Delta IRR_{B-0},10)=0$可得$\Delta IRR_{B-0}=17.04\%>15\%$，所以可以得到与$\Delta NPV_{B-0}$指标相同的结论。

3）使用增量静态投资回收期指标

根据表7-13，

可得：$\Delta P_{t,B-0}=\dfrac{I}{A}==\dfrac{2000}{430}=4.65$（年）$<5$，从静态投资回收期角度，在不选择任何方案基础上投资的B方案是可接受的，B方案成为计算的基础方案。

第三步（1） 以B方案作为基础方案，构建增量现金流量C－B，如表7-14所示。

表7-14 C－B增量投资方案 万元

增量投资方案	增量初期投资	各年增量净现金流量
C－B	3000－2000＝1000	640－430＝210

1）使用增量净现值指标

$\Delta NPV_{C-B}=-1000+210(P/A,15\%,10)=53.94$（万元）$>0$，所以在B方案基础上投资的C－B方案可行，即投资额较大的C方案优于B方案。

2）使用增量内部收益率指标

由$-1000+210(P/A,\Delta IRR_{C-B},10)=0$可得$\Delta IRR_{C-B}=16.40\%>15\%$，所以可以得到与$\Delta NPV_{C-B}$指标相同的结论。

3）使用增量静态投资回收期指标

根据表7-14可得：$\Delta P_{t,C-B}=\dfrac{I}{A}=\dfrac{1000}{210}=4.76$（年）$<5$，从静态投资回收期角度，增量投资方案C－B是可接受的，即投资额大的C方案优于B方案，C方案成为新的基础方案。

第三步（2） 以C方案为基础，构建增量现金流量D－C，表示为表7-15所示。

表7-15 D－C增量投资方案 万元

增量投资方案	增量初期投资	各年增量净现金流量
D－C	4000－3000＝1000	820－640＝180

1）使用增量净现值指标

$\Delta NPV_{D-C}=-1000+180(P/A,15\%,10)=-96.62$（万元）$<0$，所以在C方案基础上投资的D－C方案不可行，D方案被淘汰。

2）使用增量内部收益率指标

由$-1000+180(P/A,\Delta IRR_{D-C},10)=0$可得$\Delta IRR_{D-C}=12.41\%<15\%$，所以可以得到与$\Delta NPV_{D-C}$指标相同的结论。

3）使用增量静态投资回收期指标

根据表7-15可得：$\Delta P_{t,D-C}=\dfrac{I}{A}=\dfrac{1000}{180}=5.56$（年）$>5$，从静态投资回收期角度，不能接受增量投资方案D－C，D方案被淘汰。

第四步　最终的方案优选序列为C、B，在资金充裕的条件下，最优方案是C，A和D被淘汰。

需要注意的是，C为最优并不意味着B被淘汰，如果后期受融资限制无法募集更多的资金或考虑其他风险因素，则B方案可能成为最终选择的方案。

上述计算中，使用ΔNPV和ΔIRR_{B-0}得到的最终结论是完全一致的。此外，由于

$$\begin{aligned}\Delta NPV_{D-C} &= -1000 + 180(P/A,15\%,10)\\ &= (-1)\times(4000-3000)+(820-640)\times(P/A,15\%,10)\\ &= [-4000+820(P/A,15\%,10)]-[-3000+640(P/A,15\%,10)]\\ &= NPV_D - NPV_C\end{aligned}$$

即：$\Delta NPV_{D-C}<0$与$NPV_D<NPV_C$是等价的。

因此，对于净现值指标来说，增量分析法和评价指标直接对比法的结论是一致的，其他价值型指标也可以得到同样的结论。

对于只有投资和费用支出，而收益相同或基本相同但难以估算的方案，可以采用增量费用现值、增量费用年值、增量年折算费用等价值型指标，也可以使用增量投资收益率、增量投资回收期等指标进行比选。

(1) 增量投资收益率

增量投资收益率是指增量投资所带来的经营成本的节约额与增量投资之比。计算公式为

$$\Delta R_{2-1}=\frac{C_1-C_2}{I_2-I_1}\cdot 100\% \tag{7-19}$$

式中，ΔR_{2-1}——增量投资收益率；

I_1——投资额小的方案(设为方案1)的投资额；

I_2——投资额大的方案(设为方案2)的投资额；

C_1——方案1的经营成本；

C_2——方案2的经营成本。

若基准投资收益率为Rc，$\Delta R_{2-1}\geqslant Rc$，方案2优于方案1；反之，方案1优于方案2。

(2) 增量投资回收期

适用于对于只有投资和费用支出，而收益相同或基本相同但难以估算的方案的增量投资回收期指标的计算公式为

$$\Delta P_{t,2-1}=\frac{I_2-I_1}{C_1-C_2} \tag{7-20}$$

式中，$\Delta P_{t,2-1}$——增量投资回收期。

计算出来的增量投资回收期应与基准投资回收期进行比较，若增量投资回收期小于基准投资回收期，则投资大的方案较优；反之，投资小的方案较优。

【例7-12】　两个方案的计算期相同，方案1投资为10000万元，年经营成本为4000万元，方案2投资为8000万元，年经营成本为5000万元。两个方案同时投入使用，效益相同，若基准投资收益率为20%，基准投资回收期为3年。试分别用增量投资收益率和增量投资回收期法选择较优的方案。

【解答】 1) 增量投资收益率

计算两个方案的增量投资收益率

$$\Delta R_{2-1}=\frac{5000-4000}{10000-8000}\times 100\%=50\%>20\%$$

根据计算结果，增量投资所带来的经营成本节约大于20%的基准收益率要求，因此方案1为优选方案。

2) 增量投资回收期法

计算两个方案的增量投资回收期

$$\Delta P_{t,2-1}=\frac{10000-8000}{5000-4000}=2(\text{年})<3(\text{年})$$

因此方案1为优选方案。

第四节　基准收益率的概念与测算方法

一、基准收益率的概念与测定原则

基准收益率 i_c 是投资项目评价的核心参数，用于计算净现值和判断内部收益率是否达到标准。从行业的角度看，基准收益率代表行业投资的最低财务收益或盈利水平(边际收益率)。从投资者的角度看，它反映投资者从事投资活动可接受的最低收益率。如果低于该收益率，就不值得投资。或者说，它是投资者投资的机会成本。

根据《建设项目经济评价方法与参数》(第三版)，基准收益率的测定原则为：对于政府定价的项目，其基准收益率根据政策导向、社会效益及公平性确定；对于市场定价的项目，可参考国家发布的行业基准收益率，根据资金成本、风险收益及机会成本自行确定。

二、基准收益率的测算方法

(一) 加权平均资金成本法

资金成本是投资项目必须达到的最低收益，否则将无利可图。因此，首先计算项目的资金成本，将它当作项目的最低盈利水平，并在此基础上确定项目的基准收益率。

加权平均资金成本法(WACC)是市场经济条件下企业投资决策时，测算项目在某特定融资方案(结构)下的基准收益率所采用的最普遍方法。

(1) 加权平均资金成本

加权平均资金成本(K_w)即融资方案中各种资金来源的资金成本的加权平均值。其计算公式见第五章式(5-14)。

(2) 最低期望收益率

最低期望收益率(minimum attractive rate of return，MARR)是投资者从事投资活动可接受的最低临界值。确定投资的最低期望收益率需综合考虑各种影响因素。

$$MARR = \max\{K_d, K_w, K_o\} \tag{7-21}$$

式中，K_d 为借贷资金成本；K_w 为全部资金加权平均成本；K_o 为项目投资的机会成本。

(3) 风险因素的影响

投资者之所以愿意投资于高风险的项目，是期望得到较高的风险溢酬(风险报酬)。

在不考虑风险因素的无风险折现率的基础上，再附加一个百分率，成为数值高些的含风险折现率，以使预期的收益中包含风险溢酬。

$$i_c = MARR + h_r \tag{7-22}$$

式中，h_r 为投资风险补偿系数(即风险溢酬)。

(4) 通货膨胀的影响

在确定基准收益时，通货膨胀也是需要考虑的因素之一，具体包括如下方面。

1) 项目的现金流量是用不变价格估算的，应当使用不含通货膨胀的基准收益率。

2) 在现实中，由于银行利率、债券利率或者股东的最低期望收益率中可能包括了部分通货膨胀影响的，理论上讲，应当再加上未包含的其余部分的通货膨胀率 f，即

$$i_c = MARR + h_r + f \tag{7-23}$$

3) 如果项目需要或能够使用即时价格估算现金流量，则其基准收益率就应当包含通货膨胀率 f，即使用式(7-24)来计算。

$$u = i + f + if \tag{7-24}$$

式中，f 为通货膨胀率；u 为现时(包含通货膨胀的)折现率，或称综合折现率；i 为不变折现率，是与不变(价格不变的、无通货膨胀的)货币现金流量相关的折现率。

(二) 其他方法

(1) 项目模拟实测法。构建同类项目典型现金流模型，测算 IRR 及回收期，结合专家意见调整，作为该类项目的部门或行业的内部收益率和投资回收期的参考值。

(2) 统计分析法。依据描述统计学的基本原理和方法，基于行业样本数据统计分析，确定其内部收益率的合理值作为行业的基准收益率。

(3) 专家调查法。也称德尔菲法，是被调查的专家经过多轮的意见征询，集体交流信息，最终归纳汇总为基本一致的意见的预测过程。其主要特点是匿名性、反馈性和收敛性。

(4) 综合协调法。实际工作中，可以先采用多种方法进行测算，然后将不同方法测算的结果互相验证，最后经过调整或协调确定。

第五节　实训案例

HH 发电厂三期海水淡化项目方案比选

HH 发电厂所在的淡水资源匮乏，为有效控制制水成本，该电厂选择“水电联产”模式进行海水淡化。HH 发电厂三期海水淡化项目实施之前拥有成熟的经工程实践检验的 1.25 万吨/日低温多效海水淡化技术，并在此基础上，开发了 2.5 万吨/日低温多效海水淡化装置的中试试验和核心设计工作。

因此，从电厂的海水条件和电厂海水淡化工程工艺方式的历史沿革考虑，HH发电厂三期2.5万吨/日海水淡化项目提出两种方案。方案一：对现有1.2万吨技术进行优化，建设2×1.25万吨/日装置方案，其中单套装置基于HH发电厂二期国产万吨级低温多效蒸馏海水淡化技术方案进行优化。方案二：在创新研发基础上建设1×2.5万吨/日装置方案。

HH电厂从技术和经济等方面对两个方案进行比选研究，以确定采用何种方案开展三期海水淡化项目，具体情况如下。

主要技术方案比较

两种方案的主要技术方案对比如表7-16所示。

表7-16 两种方案主要设计数据比较表

序号	项　目	方　案　一	方　案　二
1	设计淡水产量(吨/日)	25000	25000
2	设计蒸汽耗量(t/h)	102	77
3	造水比	10.2	13.5
4	设计制水电耗(kW·h/m^3)	1.0	1.2
5	蒸发器总换热面积(m^2)	95148	106 359

从表7-16中可以看出，两方案在淡水产量相同的情况下，方案二造水比方案一高3.2，节省蒸汽25t/h，但电耗相应有所增加。另外，单位制水设备的换热面积增加，蒸发器总换热面积增加了11211m^2。

主要投资和制水成本比较

方案一与方案二在外部系统及配套设施的投资上基本相同，主要是主设备购置费用及经济指标有一定的差异，因而工程总投资也有差异；在运行方面，由于造水比不同，制水成本也有一定的差异。具体如表7-17所示。

表7-17 两种方案投资、成本比较表

序号	项　目	方　案　一	方　案　二
1	项目静态投资(万元)	26677	26587
2	项目动态投资(万元)	27665	27199
3	年淡水产量(万吨)	895	895
4	造水比	10.2	13.5
5	售水价格(元/吨)	5.975	5.41
6	投资方内部收益率(%)	7.92	10
7	总投资收益率(%)	5.17	6.55
8	投资回收期(年)	11.78	11.1

从初始投资而言，方案二静态投资略低于方案一静态投资。从经济效益而言，方案二装置造水比方案一高3.2，吨水的蒸汽耗量减少。虽然由于单位制水设备的换热面积增加，设备费用有所提高，但是由于燃料价格的持续走高，而海水淡化制水成本中热价所占比例达到50%以上，提高单位设备价格，提高造水比，降低制水成本中的热价，可综合降低制水

成本。每吨淡水的制水成本较方案一降低 0.565 元。同时,内部收益率为 10%,投资回收期为 11.10 年,均优于方案一。

因此方案二主要经济指标优于方案一。

技术成熟度比较

从技术成熟程度讲,在 HH 发电厂三期海水淡化项目实施之前,方案一采用的 2×1.25 万吨/日的装置,已有成熟工程经验,进口的 2.5 万吨/日方案也已有成熟的工程经验,自主研发的 2.5 万吨/日装置虽在当时属国内创新项目,但已经过中试试验和概念设计论证,技术风险较低。

占地面积比较

从布局上考虑,方案一两套装置占地面积约 50m×100m,方案二占地面积约 20m×100m,方案一较方案二占地面积大得多,对 HH 电厂海水淡化站后续扩建容量影响较大。

2.5 万吨/日海水淡化装置的可靠性及风险分析

虽然在 HH 发电厂三期海水淡化项目实施之前,国产化的 1×2.5 万吨/日装置尚无工程应用业绩,但同容量进口设备在国内已成功投运,通过消化吸收再创新实现国产化的 1×2.5 万吨/日装置在技术上是可行的,具体表现如下面几种形式。

(1) 1×2.5 万吨/日装置主要技术继承了 1.25 万吨/日成熟装置的技术方案 2.5 万吨/日装置的核心部分。

(2) 1×2.5 万吨/日装置换热管材料、规格、管间距等结构参数,以及传热系数等热力性能参数通过了中试研究结果的验证。

(3) 经热力性能校核计算,1×2.5 万吨/日装置的淡水产量、造水比等关键性能指标计算偏差小于 2%,总传热温差校核计算结果较设计计算值低 15%,表明蒸发器传热面积均有足够裕量。

(4) 与同容量进口装置进行对比研究,在主设备、辅助设备的选型和系统参数选择等方面具有可比性,基本一致。

综上所述,2.5 万吨/日海水淡化方案技术上可行,风险小,在技术和经济指标方面较 2×1.25 万吨海水淡化方案更先进,且与沿用已有的 1.25 万吨/日海水淡化装置技术相比,自主创新 2.5 万吨/日低温多效蒸馏海水淡化装置可进一步提升单台设备制水规模,降低制水成本,对我国海水淡化技术水平的提升和产业化发展意义重大。故比选结论推荐 1×2.5 万吨/日装置,即方案二。

思考与练习

1. 什么是建设方案的研究与比选,能起到什么作用?
2. 互斥方案的比选方法有哪些,使用哪些指标?
3. 工程项目财务评价指标有哪些,它们各自有哪些优缺点?
4. 什么是基准折现率,确定基准折现率应考虑哪些因素?
5. 基准收益率的测算方法有哪些?

即测即练

第八章

不确定性分析与风险分析

学习目标

1. 掌握盈亏平衡分析的步骤和方法；
2. 掌握敏感性分析的步骤和方法；
3. 理解和掌握风险分析的类别、特征和方法。

素养目标

1. 使学生充分认识不确定性的本质，培养对风险存在的敏感度和认识，了解风险可能对目标和利益造成的影响，以及如何有效地应对风险；

2. 增强对风险的敏感度和预警能力，提高在风险事件发生时的应变和处理能力；

3. 培养学生正确的人生观、价值观和世界观，使他们具备扎根中国特色社会主义的思想基础和文化自信；

4. 培养在风险分析和决策中秉持正直、廉洁和诚信的品质，避免因私利而偏离风险管理的原则和目标。

本章知识结构图

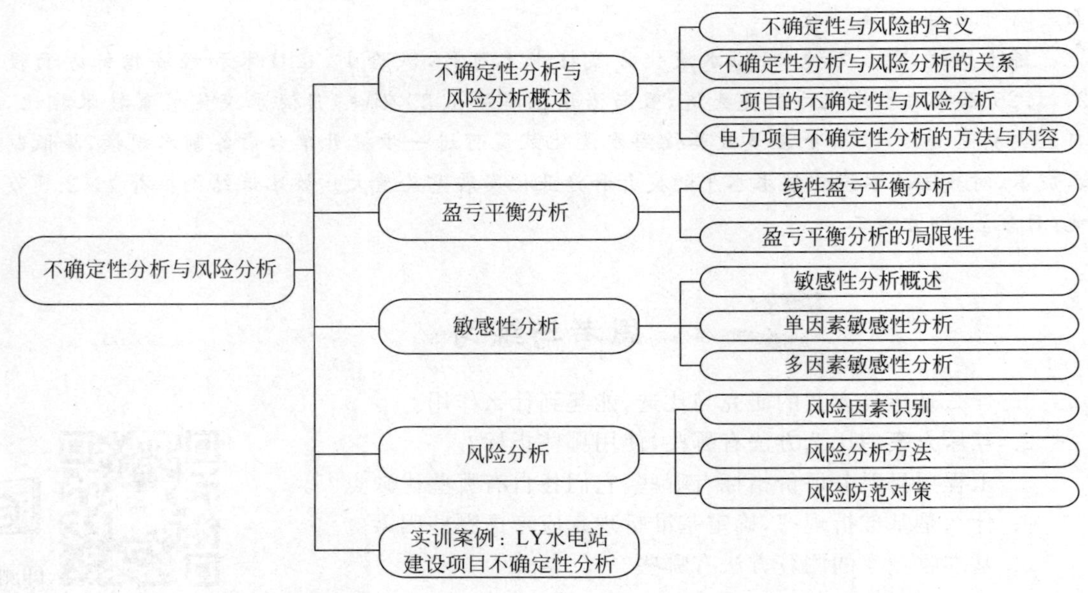

第一节　不确定性分析与风险分析概述

一、不确定性与风险的含义

不确定性是指某一决策可能产生多种可能的结果。在对投资项目进行决策时,分析所使用的数据大多都来自估计和预测。由于社会和经济因素都有可能影响估计和预测的准确性,给项目的经济分析带来很大的不确定性,所以各项经济分析指标都可能按照一定的概率在一定范围内发生变动。这些不确定性在项目实施过程中又构成了整个投资项目的不确定性,通过对拟建项目具有较大影响的不确定因素进行分析,计算基本变量的增减变化引起项目财务或经济效益指标的变化,找出最敏感的因素及其临界点,预测项目可能承担的风险,从而使项目的投资决策建立在较稳妥的基础上。

风险是未来发生不利事件的概率或可能性。投资项目风险是由于不确定性的存在导致项目实施后偏离其财务和经济效益目标的可能性。

二、不确定性分析与风险分析的关系

项目评价所采用的数据,大部分来自预测和估算,有一定的不确定性。不确定性评估就是分析可能存在的不确定因素对经济评价指标的影响,从而估计电力项目可能承担的风险,确定项目在经济上的可靠性;风险分析则是识别风险因素、估计风险概率、评价风险影响并制定风险对策的过程。

(一)不确定性分析与风险分析的作用

投资项目因耗费大量资源且具有一次性和固定性,建成后难以更改,其不确定性和风险需重点关注。通过决策前的风险识别和实施中的风险控制,可降低风险影响。投资决策结合风险分析,可优化设计方案,降低项目风险,避免因忽视风险而蒙受损失。同时,利用风险分析成果建立风险管理系统,能为项目全过程风险管理提供基础,有效防范和规避实施及经营中的风险。

(二)不确定性分析与风险分析的区别与联系

不确定性分析与风险分析的共同目的是识别、分析和评价影响项目的主要因素,防范不利影响,提高项目成功率。两者的主要区别在于分析方法。不确定性分析主要通过敏感性分析和盈亏平衡分析,研究不确定因素对项目的影响及其抗风险能力;而风险分析则通过专家调查法、层次分析法、概率树法等方法,识别和判断风险因素及其程度,并制定防范措施。

两者之间存在联系。敏感性分析可确定影响项目效益的敏感因素及程度,但无法判断其发生概率,需借助概率分析来确定风险因素。由于客观事物的多变性及人类认识的局限性，投资项目存在不确定性。即使在决策分析中对市场、技术、设备、环保、投融资等因素进行了详尽研究，项目实施后的实际结果仍可能偏离预测。这是由于项目评价数据基于对未来的预测，而预测本身具有不确定性。因此，对投资项目进行不确定性和风险分析是十分必要的。

三、项目的不确定性分析与风险分析

（一）不确定性分析的含义

在市场经济条件下，市场因素时刻都有可能发生变化，因此在投资项目的实施过程中，某些因素的变动会对项目的经济效益指标产生影响，导致其偏离原来的预测值。然而，这些因素是否会出现，出现的概率有多大，通常是不能确定的。为了测算不确定性因素对项目效益影响的程度，运用一定的方法对影响项目效益指标的不确定性因素进行计算分析的过程，称为不确定性分析。

（二）不确定性分析的作用

对项目进行不确定性分析，目的是估计出项目效益的变动幅度和范围，提高项目决策水平及决策的可靠性和科学性。一般而言，不确定性分析具有如下几方面的作用。

1. 明确不确定因素对项目效益指标的影响范围，从而确定项目效益指标的变动幅度。不确定因素多种多样，其对项目效益指标的影响程度各不相同，通过不确定性分析，可以确定这些因素对项目效益指标的影响程度及效益指标的变化范围，为现实工作提供管理参考，作为控制投资的依据。

2. 可以确定项目经济评价结论的有效范围，提高项目经济评价结论的可靠性。通过不确定性分析，依据不确定因素变动对项目效益影响程度和指标变动范围，可以确定项目经济评价结论的有效范围，调整项目评价结论，以提高项目经济评估结论的可靠性。

3. 明确项目效益指标所能允许的因素变化的极限值。如果项目的效益指标值发生从可行到不可行的本质变化，此效益指标值就被视作达到了临界点，而与这一临界点相对应的因素变化值就是该因素允许变化的极限值。寻找这一临界点和极限值，有助于投资者在项目实施过程中将这些因素的变化幅度控制在一定范围内，确保项目效益的可行性。

（三）风险分析的定义

风险分析是一个系统化的过程，用于识别、分析和评估可能对目标实现产生不利影响的不确定因素。其目的是通过识别这些潜在的风险，制定相应的管理和缓解策略，以减少或消除风险对项目、组织或活动的负面影响。

（四）风险分析的作用

风险分析在项目管理和业务决策中至关重要，主要体现在以下方面。首先，识别潜在风险，涵盖技术、市场、财务、法律、环境等多方面，帮助组织理解可能影响目标实现的因素；其次，降低意外损失，通过提前应对，减少意外事件对项目进度、成本、质量和安全的不利影响；再次，支持决策制定，为管理层提供全面信息，助力项目投资、战略规划和资源分配等决策；然后，改善项目管理，帮助项目团队了解挑战，制定风险管理计划，确保项目按时、按预算完成；接着，增强透明度和沟通，促进组织内外部对潜在风险的认知，共同制定应对措施；最后，提高绩效和可持续性，通过降低不确定性，增强组织的市场竞争力。

四、电力项目不确定性分析的方法和内容

市场需求的变化、物价的变动、技术的进步、建设实施的进度，项目投产后生产能力的发挥、政策因素甚至自然灾害等，都会对电力项目的投资和经营带来一定程度的风险。因此，在评价过程中，需要进行不确定性分析，以选择可靠的投资项目和投资方案，使项目的实施做到有备无患。

不确定性分析主要包括盈亏平衡分析和敏感性分析。其中，盈亏平衡分析只用于财务评估，敏感性分析可以同时用于财务评估和国民经济评估。

拓展阅读

电力项目经济评价中常见的不确定因素

在实际工作中，还需要根据电力投资项目的具体特点和可行性研究、项目经济评价的要求，确定对投资项目进行不确定性分析的内容、方法和深度。通常遵循由浅入深、由易到难，先进行盈亏平衡分析，再开展敏感性分析。

第二节　盈亏平衡分析

盈亏平衡分析是在一定的市场、生产能力条件下，通过计算盈亏平衡点(break-even-point，BEP)处的产量或运营能力利用率，分析拟建项目成本与收益平衡关系的方法。项目的盈利与亏损之间的转折点，称为盈亏平衡点，反映在一定的生产经营水平时投资项目收益与成本之间的平衡关系。

根据项目收益和成本之间的函数关系，可将盈亏平衡分析分为线性盈亏平衡分析和非线性盈亏平衡分析。

通过盈亏平衡分析可以找出盈亏平衡点，考察企业(或项目)对产出品变化的适应能力和抗风险能力。以销售量和运营能力利用率表示的盈亏平衡点越低，表明企业适应市场需求变化的能力越大，抗风险能力越强；用产品销售价格表示的盈亏平衡点越低，表明企业适应市场价格下降的能力越大，抗风险能力越强。

一、线性盈亏平衡分析

线性盈亏平衡分析是指项目的效益与费用均为产量线性函数情况下的盈亏平衡分析。

(一) 线性盈亏平衡分析的假设条件

进行线性盈亏平衡分析需要有一些假设条件，这些假设条件都是以产品成本的形态分析为基础前提的，具体包括以下多个条件。(1)成本是生产量或销售量的函数；(2)生产量

等于销售量；(3)单位变动成本不变，总可变成本表现为产销量的线性函数；(4)在所分析的产量范围内，固定成本保持不变；(5)某一产品或产品组合的销售价格，在任何销售水平上都是相同的，因此，营业收入是销售价格和销售数量的线性函数；(6)所采用的数据均为正常年份(即达到设计能力生产期)的数据。

(二) 线性盈亏平衡分析图和平衡点

根据上述假设条件和有关产品成本的形态分析资料，我们可以形象地用图示的方法，把项目的营业收入、总成本费用和产量三者之间的变动关系反映出来，从而便于比较和分析。项目的产量、成本、利润之间的制约关系如图 8-1 所示。

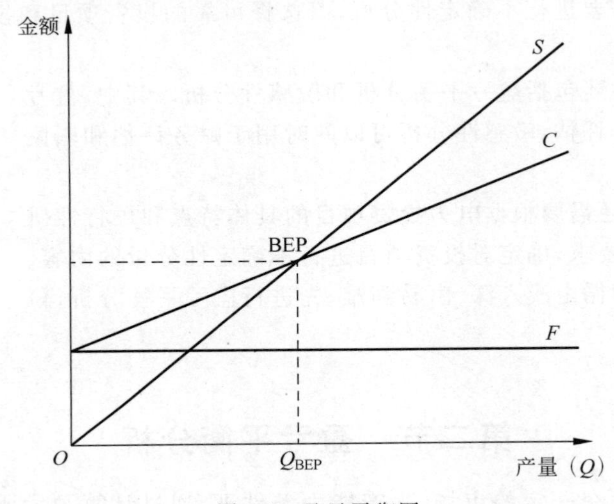

图 8-1 盈亏平衡图

图中：F——固定成本曲线；C——总成本曲线；S——营业收入曲线。

(三) 线性盈亏平衡分析函数及盈亏平衡分析图

1. 线性盈亏平衡分析函数

产品营业收入函数

$$S = P \cdot Q \tag{8-1}$$

产品总成本费用函数

$$C = F + V \cdot Q \tag{8-2}$$

产品总利润函数

$$R = S - C - T \cdot Q = (P - V - T) \cdot Q - F \tag{8-3}$$

式中，S——产品营业收入；

C——产品总成本费用；

P——产品单价；

Q——年产量；

F——年固定总成本；

V——单位产品可变成本；

T——在盈亏平衡点处的单位产品税金及附加。

2．线性盈亏平衡分析图

在以上基本假设条件下，营业收入函数和成本函数均与产量为线性关系，如图8-2所示。

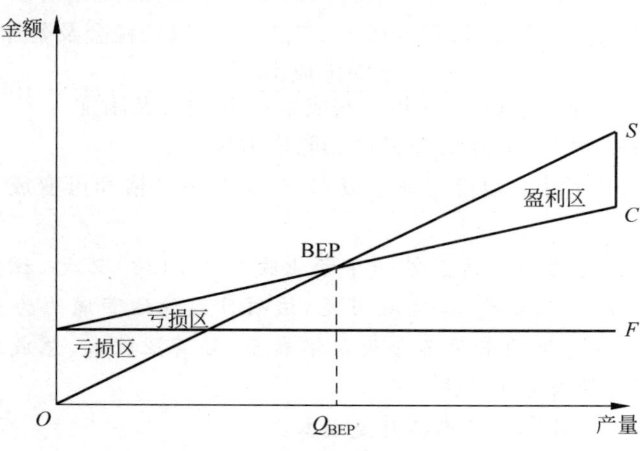

图8-2　线性盈亏平衡图

图中：F——固定成本曲线；C——总成本曲线；S——营业收入曲线。

由图8-2可以看出：S曲线与C曲线有一个交点，这个交点就是盈亏平衡点(BEP)，它把S、C两条直线所夹的范围分成两个区，交点左边总成本线高于营业收入，为亏损区；交点右边营业收入线高于总成本线，为盈利区。交点所对应的产量Q_{BEP}，就称为盈亏平衡点产量。也就是说，当产量高于Q_{BEP}时，项目是盈利的；当产量低于Q_{BEP}时，项目是亏损的。交点越低，亏损区就越小，项目盈利的机会就越大，亏损的风险就越小。

（四）线性盈亏平衡点的计算

在进行线性盈亏平衡分析时，必须把项目建成投产后正常年份的总成本费用划分为可变成本和固定成本。

盈亏平衡点的表示方式通常有以下两种。

1．以年产量表示

设Q_{BEP}表示盈亏平衡点产量，由盈利$=(P-V-T)\cdot Q-F=0$可得

$$Q_{BEP}=\frac{F}{P-V-T} \tag{8-4}$$

上式表明，当产量达到Q_{BEP}时，项目即可达到盈亏平衡点。以产量表示的盈亏平衡点，表明企业不发生亏损时必须达到的最低限度的产量，即Q_{BEP}是企业生产达到保本点时的产量。

2．以运营能力利用率表示

设R_{BEP}为以运营能力利用率表示的盈亏平衡点，则有

$$R_{BEP}=\frac{F}{Q\cdot(P-V-T)}\times 100\%=\frac{Q_{BEP}}{Q}\times 100\% \tag{8-5}$$

上式表明，当运营能力利用率达到 R_{BEP} 时，项目即可达到盈亏平衡点，以运营能力利用率表示的盈亏平衡点，表明企业不发生亏损时必须达到的最低限度的生产能力，即 R_{BEP} 是企业生产达到保本点时的生产负荷。R_{BEP} 值越小，表明运营能力利用率很小就可以盈利，项目的可靠性越大。若实际运营能力利用率大于 R_{BEP}，项目就可盈利。

在进行项目评估时，运营能力利用率表示的盈亏平衡点，通常可以根据正常生产年份的产品产量或者销售量、可变成本、固定成本、产品价格，以及税金及附加等数据计算，即

$$R_{\mathrm{BEP}}=\frac{\text{年固定成本}}{\text{年营业收入}-\text{年可变成本}-\text{年税金及附加}}\times 100\% \tag{8-6}$$

当采用含增值税价格时，式中分母还应扣除增值税。

通过以上分析可以看出：项目的固定成本、产品销售价格和可变成本是确定盈亏平衡点的决定性因素。

【例 8-1】 假设某电力项目达产第一年营业收入为 31389 万元，税金及附加为 392 万元，固定成本 10542 万元，可变成本 9450 万元，该项目设计运营能力为 100MW·h。假定项目的营业收入与成本费用均采用不含税价格表示，且营业收入、总成本费用均与产量呈线性关系，计算该项目的盈亏平衡点。

【解答】 根据题意，计算单位产品可变成本：

$$V=\frac{9450}{100}=94.5(\text{万元}/\mathrm{MW\cdot h})$$

计算单位产品的税金及附加

$$T=\frac{392}{100}=3.92(\text{万元}/\mathrm{MW\cdot h})$$

计算产品单价

$$P=\frac{31389}{100}=313.89(\text{万元}/\mathrm{MW\cdot h})$$

根据公式，计算 Q_{BEP}

$$Q_{\mathrm{BEP}}=\frac{F}{P-V-T}=\frac{10542}{313.89-94.5-3.92}=48.93(\mathrm{MW\cdot h})$$

根据公式，计算 R_{BEP}

$$R_{\mathrm{BEP}}=\frac{F}{Q(P-V-T)}\times 100\%=\frac{10542}{100\times(313.89-94.5-3.92)}\times 100\%=48.93\%$$

也可用 $R_{\mathrm{BEP}}=\frac{Q_{\mathrm{BEP}}}{Q}\times 100\%=\frac{48.93}{100}\times 100\%==48.93\%$

通过计算盈亏平衡点，结合市场预测，可以对方案发生亏损的可能性，即风险程度做出大致判断。

针对本题，在达产第一年，一般项目利息负担较重，固定成本较高。该盈亏平衡点实为项目计算期内各年的较高值。计算结果表明，在运营负荷达到设计能力的 48.93%时即可盈亏平衡，说明项目对市场的适应能力较强。

二、非线性盈亏平衡分析

在实际生产经营过程中，投资项目的产品价格与成本不一定是常数。例如当项目的产

量在市场占有较大的比例时，其产量的高低可能明显地影响市场供求关系，使市场价格随产量的变化而变化，此时销售收入与产量的关系呈非线性关系。同样，可变成本在不同的生产规模下也不一定保持不变，如原材料价格可能与采购量有关，一些辅助性生产费用随产量变化而呈现梯形分布，这些成本通常称为半可变成本，因此总成本函数与产量的关系也可能是非线性关系。当销售收入的函数与成本函数呈现非线性关系时，此时的盈亏平衡分析，称之为非线性盈亏平衡分析。

（一）非线性盈亏平衡分析图

由于销售收入函数与成本函数表现的形式不一样，得到的盈亏平衡图各有差异，比较经典的几种非线性盈亏平衡分析如图 8-3 所示。

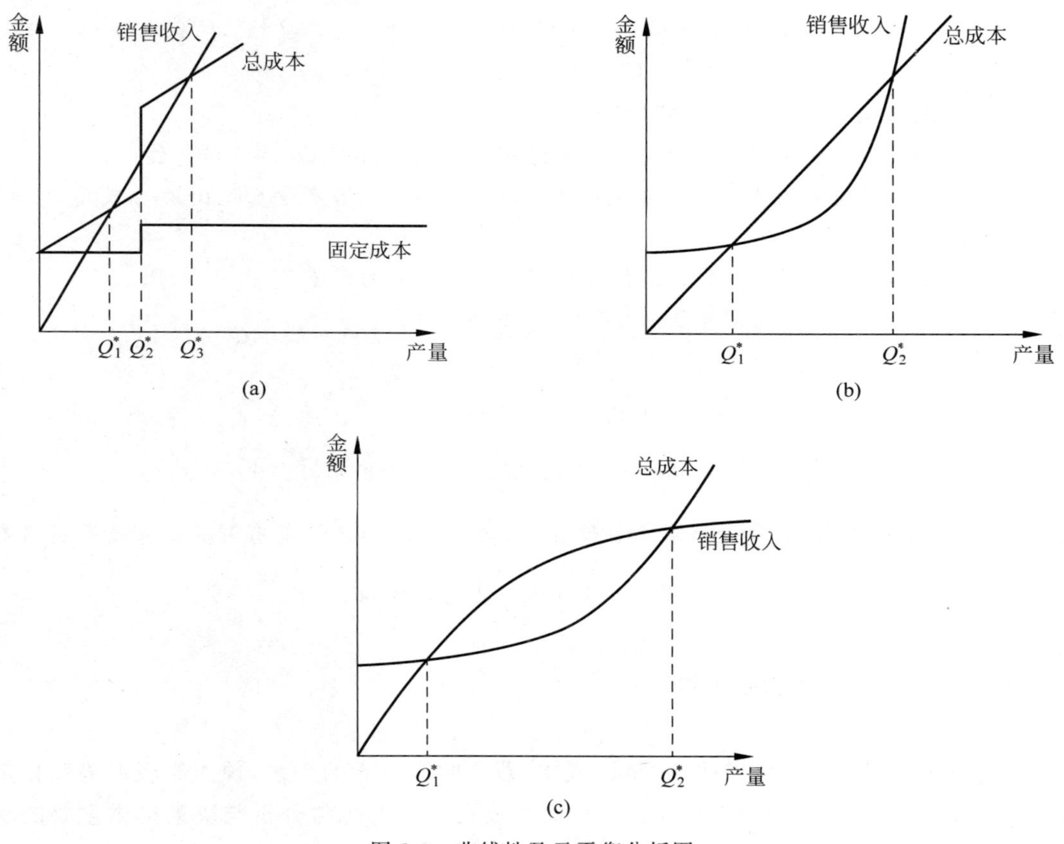

图 8-3　非线性盈亏平衡分析图

（二）非线性盈亏平衡点的计算

仅以图 8-3(c)为例，假设销售收入 TR 为 $f_1(Q)$，总成本为 TC 为 $f_2(Q)$，其中 $f_1(Q)$ 和 $f_2(Q)$ 均为产量的二次非线性函数，则由盈利

$$B = \mathrm{TR} - \mathrm{TC} = f_1(Q) - f_2(Q)$$

当盈亏平衡时，$B=0$，即有

$$f_1(Q^*) = f_2(Q^*)$$

从上式可以求出 Q_1^* 和 Q_2^*，从而得到盈亏平衡点。只有产量在 Q_1^* 和 Q_2^* 之间时，才能盈利，盈利函数对产量求导，可以得到最大盈利时所对应的产量 Q_{max}，即

$$\frac{dB}{dQ}=\frac{d(TR-TC)}{dQ}=\frac{d[f_1(Q)-f_2(Q)]}{dQ}=0$$

从上可以解出当盈利最大时的产量 Q_{max}，再把 Q_{max} 代入利润函数 $B=f_1(Q_{max})-f_2(Q_{max})$就可得到最大盈利。

【例 8-2】 某工厂生产某种型号的专用小型蒸汽透平机，年销售收入 $TR=(300Q-0.03Q^2)$，总固定成本 F 为 180000 元，总可变成本 $TC_v=(100Q-0.01Q^2)$，其中总成本$=(180000+100Q-0.01Q^2)$，试进行盈亏平衡分析。

【解答】 其盈利函数

$$\begin{aligned}B&=TR-TC=(300Q-0.03Q^2)-(180000+100Q-0.01Q^2)\\&=200Q-0.02Q^2-180000\end{aligned}$$

因为达到平衡点时，$B=0$，所以

$$200Q-0.02Q^2-18000=0，解得\ Q_1^*=1000(台)，Q_2^*=9000(台)$$

说明可使该厂盈利的透平机产量范围为 1000～9000 台，若产量 $Q<1000$ 台或 $Q>9000$ 台，都会发生亏损。

对盈利函数求导，并令其等于 0，便可求出最大盈利时的产量

$$\frac{dB}{dQ}=\frac{d(200Q-0.02Q^2-180000)}{dQ}=200-0.04Q$$

令$\frac{dB}{dQ}=0$，即 $200-0.04Q_{max}=0$，则 $Q_{max}=5000$(台)

$$B_{max}=200\times5000-0.02\times5000^2-180000=320000(元)$$

$\frac{dB}{dQ}$可能分别为正数、负数和零三种情况，正数表明增加产量是有利的；负数表明只有减少产量才能增加盈利或减少亏损；为零时盈利达到最大值。

三、盈亏平衡分析的局限性

通过盈亏平衡分析，可以明确产量、成本、营业收入三者的关系，预测经济形势变化带来的影响，分析投资项目抗风险的能力，从而为投资方案的优劣分析与决策提供重要的科学依据。但是盈亏平衡分析也有其以下方面的局限性。

(1) 由于盈亏平衡分析特别是线性盈亏平衡分析，建立在一系列假设条件的基础上，如果假设条件与实际出入很大，分析结果很难准确。

(2) 盈亏平衡分析仅仅是讨论价格、产量、成本等不确定因素的变化对投资项目盈利水平的影响，却不能从分析中判断项目实际盈利能力的大小。

(3) 盈亏平衡分析虽然能对投资项目的风险进行分析，但难以定量测度风险的程度。

(4) 盈亏平衡分析只是一种静态分析，没有考虑资金的时间价值因素和项目计算期的现金流量的变化，因此其计算结果和结论是比较粗略的。

第三节　敏感性分析

一、敏感性分析概述

（一）敏感性分析

敏感性分析是通过考察项目的不确定因素的变化对项目评价指标的影响程度，判断项目承受风险能力的一种不确定性分析方法。它是项目评价的不确定性分析中广泛使用的主要方法之一，是初步识别风险因素的重要手段。

（二）不确定因素

在项目寿命期（或计算期）内可能发生变化的因素主要有产品产量、产品价格、成本（主要是可变成本）、投资（主要是固定资产投资）；此外还有折现率、汇率、建设期、投产时的产出能力，以及达到设计生产能力所需的时间、项目期末的资产残值等。由于这些因素都带有一定程度的不确定性，因此称为不确定因素。它们的数值所发生的变动，都将对项目经济效果产生影响。

（三）敏感因素

事实上，上述各个不确定因素的数值在同一变动幅度下，对项目经济评价指标的影响程度是不同的。换句话说，各个指标（如 NPV，IRR）值对各种不确定因素变化的敏感程度是不同的。而所谓敏感因素，就是指其数值的变动对项目经济评价指标产生显著影响的因素。

敏感因素的变化对项目经济评价指标的影响，就是对项目经济效果的影响。该影响越大，则项目的风险越大。因此，了解哪些不确定因素是项目评价指标的敏感因素及其对项目经济效果的影响，就可以对投资方案承受风险的能力做出判断。必要时，对项目的敏感因素要重新进行设计、预测或估算，以尽量减小项目的风险，或者在项目实施时，要对敏感因素进行严格控制，从而减少对经济效果的影响。

二、单因素敏感性分析

单因素敏感性分析就是假定其他因素保持不变，仅就单个不确定因素的变动对项目经济效果的影响所做的分析。

单因素敏感性分析有以下几个步骤。

1. 选择并计算敏感性分析的评价指标。前面所讨论过的动态、静态的评价指标 NPV（或 NAV）、IRR 等，都可以作为敏感性分析的经济效果评价指标。《建设项目经济评价方法与参数》（第二版）中指出：“通常是分析全部投资的内部收益率指标对产品产量、产品价格、主要原材料或动力价格、固定资产投资、建设工期等影响因素的敏感程度。”对于电力项目而言，则一般分析全部投资的内部收益率指标对发电量、电力产品价格、主要原材料价格、固定资产投资、建设工期等影响因素的敏感程度。在确定评价指标后，计算出指标值作为目标值。

2. 选择不确定因素作为敏感性分析变量。前面所列举的不确定因素当然都可以选择，但一般选择投资、电力价格、成本和发电量。此外应当考虑：(1)未来其数值变动的可能性比较大的因素；(2)在确定性评价中，对其数据准确性把握不大的因素。

3. 选定不确定因素的变动范围。变量的变动范围应当根据历史统计资料以及对市场的调查、预测进行估计。估计值可以比历史资料和市场预测值略微偏大。

4. 逐一计算在其他因素不变时，某一不确定因素的数值在可能的变动范围内变动所引起的经济评价指标的变动值，并建立一一对应的关系，用表格和图形予以表示。

5. 计算敏感度系数，通过比较，确定项目的敏感因素。敏感度系数 S_{AF} 的计算公式为

$$S_{AF}=\frac{\Delta A/A}{\Delta F/F} \tag{8-7}$$

式中，S_{AF}——评价指标 A 相对于不确定因素 F 的敏感度系数；

F——该因素的预期值(估计值)；

A——该指标的目标值；

$\Delta F/F$——不确定因素 F 的变化率；

$\Delta A/A$——不确定因素 F 发生 ΔF 变化时，评价指标的相应变化率。

$S_{AF}>0$，表示评价指标与不确定因素的变化同方向；$S_{AF}<0$，表示评价指标与不确定因素的变化反方向。$|S_{AF}|$较大，说明该因素的变化对项目指标的影响比较大。

6. 分别求出在项目可行的前提下，不确定因素的允许变动范围(使项目由可行变为不可行的临界点)，以及相对应的不确定因素的数值(临界值)，它们是判断项目风险大小的依据。

7. 项目风险分析和建议。分析项目抗风险能力——不确定因素允许变动的范围越大，则项目的风险越小；不确定因素允许变动的范围越小，项目的风险越大。同时提出控制风险的建议。

【例 8-3】 某工厂欲新建一条自动生产线，据估算初始投资为 100 万元，寿命期为 10 年，每年可节约生产费用 20 万元。若该行业的基准收益率为 12%，试分别就初始投资 I、生产费用节约额 C 和使用年限 n 各变动 −10% 到 10%，对该项目的 IRR 作敏感性分析。

解：(1) 按题意确定分析的经济效果评价指标为 IRR，并计算出其数值作为目标值。列方程如下：

$$\text{NPV}=-100+20(P/A,\text{IRR},10)=0$$

$$(P/A,\text{IRR},10)=\frac{100}{20}=5$$

经查表，在 15%～20%之间插入，得

$$\text{IRR}=15\%+\frac{5.019-5.0}{5.019-4.192}\times(20-15)\%=15.1\%$$

(2) 计算各不确定因素分别在±10%的范围内变动时，对 IRR 目标值的影响

1）设初始投资变动的百分比为 x，计算 IRR 的相应变动数值

$$-100(1+x)+20(P/A,\text{IRR},10)=0$$

当 $x=-10\%$ 时，方程为

$$-100\times 0.9+20(P/A,\text{IRR},10)=0 \Rightarrow \text{IRR}=18.1\%$$

当 $x=10\%$ 时，方程为

$$-100\times 1.1+20(P/A,\text{IRR},10)=0 \Rightarrow \text{IRR}=12.7\%$$

2）设生产费用节约额变动的百分比为 y，计算 IRR 的相应变动数值

$$-100+20(1+y)(P/A,\text{IRR},10)=0$$

当 $y=-10\%$ 时，方程为

$$-100+18(P/A,\text{IRR},10)=0 \Rightarrow \text{IRR}=12.5\%$$

当 $y=10\%$ 时，方程为

$$-100+22(P/A,\text{IRR},10)=0 \Rightarrow \text{IRR}=17.9\%$$

3）设使用年限变动的百分比为 z，计算 IRR 的相应变动数值

$$-100+20[P/A,\text{IRR},10(1+z)]=0$$

当 $z=-10\%$ 时，方程为

$$-100+20(P/A,\text{IRR},9)=0 \Rightarrow \text{IRR}=13.8\%$$

当 $z=10\%$ 时，方程为

$$-100+20(P/A,\text{IRR},11)=0 \Rightarrow \text{IRR}=16.3\%$$

（3）计算每个不确定因素的敏感度系数 S_{AF}

1）初始投资的敏感度系数

$$S_{\text{AF}I_1}=\frac{(18.1-15.1)/15.1}{-0.1}=\frac{0.1987}{-0.1}=-1.99$$

$$S_{\text{AF}I_2}=\frac{(12.7-15.1)/15.1}{0.1}=\frac{-0.1589}{0.1}=-1.59$$

2）生产费用节约额的敏感度系数

$$S_{\text{AF}C_1}=1.72 \quad S_{\text{AF}C_2}=1.85$$

3）使用年限的敏感度系数

$$S_{\text{AF}n_1}=0.86 \quad S_{\text{AF}n_2}=0.80$$

（4）填写表 8-1，并作出图 8-4

表 8-1　不确定性因素敏感性分析表

序号	不确定因素	变动率（%）	内部收益率（%）	敏感度系数	临界点（%）	临界值（万元）
1	初始投资（I）	−10	18.1	−1.99	13	113
		10	12.7	−1.59		
2	生产费用节约额（C）	−10	12.5	1.72	−11.5	17.7
		10	17.9	1.85		
3	使用年限（n）	−10	13.8	0.86	—	—
		10	16.3	0.80		

从表 8-1 和图 8-4 中可以明显地看出，三个不确定因素对 IRR 的影响从大到小排列，依

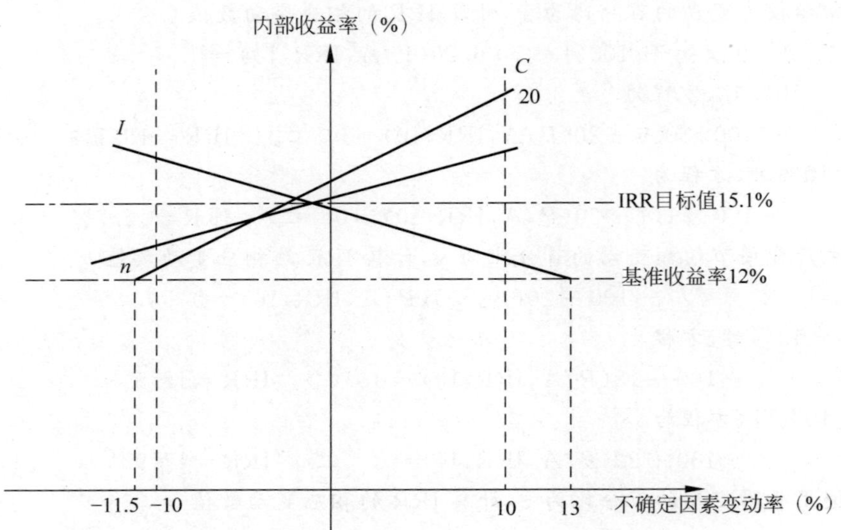

图 8-4 敏感性分析图

次为 $I\approx C>n$。I 和 C 对 IRR 的影响较大。可确定 I 和 C 为该项目的敏感因素。

(5) 分别求出若使项目可行(IRR≥12%)，敏感因素 I 和 C 的允许变动范围(临界点及其对应的 I 和 C 的临界值)。

首先求出 I 和 C 这两条影响曲线与基准收益率(12%)的交点(当然，在方格纸上，也可以近似地在图 8-4 上作出各交点)，也就是在 IRR=12%时 x 和 y 的值。

求曲线 I 与 i_c 的交点：$-100(1+x)+20(P/A,\mathrm{IRR},10)=0$

当 $\mathrm{IRR}=i_c=12\%$时，求出 x 的值

$$-100(1+x)+20(P/A,12\%,10)=0$$

$$x=\frac{20\times 5.650}{100}-1=13\%$$

此时
$$I=100\times(1+0.13)=113(\text{万元})$$

同理，求曲线 C 与 i_c 的交点

$$-100+20(1+y)(P/A,12\%,10)=0$$

$$y=\frac{100}{20\times 5.65}-1=-11.5\%$$

此时
$$C=20\times(1-0.115)=17.7(\text{万元})$$

至此，可以判断出：若使项目可行(IRR≥12%)，在其他不确定因素不变的情况下，I 的变动幅度应小于(或等于)13%；同样，在其他不确定因素不变的情况下，C 的变动幅度应不超过−11.5%。

(6) 分析项目的抗风险能力

分析表 8-1 和图 8-4 可知，若使项目可行，敏感因素 I 和 C 的允许变动范围都比较小。这就是说，该项目抵御风险的能力比较令人担心。或者说，如果 I 超出原预期值 13%或者 C 低于原预期值 11.5%的可能性比较大，则意味着该项目将面临较大的风险。

三、多因素敏感性分析

单因素敏感性分析的方法简单，但其不足在于忽略了不确定因素之间的相关性。实际上，一个因素的变动往往也伴随着其他因素的变动。多因素敏感性分析考虑了这种相关性，因而能反映几个因素同时变动对项目产生的综合影响，弥补了单因素分析的局限性，更加全面地揭示了事物的本质。因此，在对一些有特殊要求的项目进行敏感性分析时，除进行单因素敏感性分析外，还需进行多因素敏感性分析。

多因素敏感性分析法是指在假定其他不确定性因素不变条件下，计算分析两种或两种以上不确定性因素同时发生变动，对项目经济效益值的影响程度，确定敏感性因素及其极限值。多因素敏感性分析一般是在单因素敏感性分析基础上进行，其分析的基本原理与单因素敏感性分析大体相同，但需要注意的是，多因素敏感性分析须进一步假定同时变动的几个因素都是相互独立的，且各因素发生变化的概率相同。

多因素敏感性分析要考虑可能发生的各种因素不同变动幅度的多种组合，计算起来要比单因素敏感性分析复杂得多。如果需要分析的不确定因素不超过三个，而且经济效果指标的计算比较简单，可以用解析法与作图法相结合的方法进行分析。

【例 8-4】 某项目的数据如表 8-2 所示，经预测分析，将来投资、销售收入、经营成本可能在±10%左右范围变化，试对 NPV 进行敏感性分析（$i_c=10\%$）。

表 8-2　基础数据

初始投资	运营期	残值	年销售收入	年经营成本
200 万元	10 年	20 万元	70 万元	30 万元

【解答】

(1) 先求初始情况下的净现值

$$\begin{aligned}\text{NPV} &= -200 + 20(P/F, 10\%, 10) + (70-30)(P/A, 10\%, 10)\\ &= -200 + 40 \times 6.1446 + 20 \times 0.3855 = 53.5(\text{万元})\end{aligned}$$

(2) 最不利情况

投资为 $200\times(1+10\%)=220$ 万元；销售收入为 $70\times(1-10\%)=63$ 万元；经营成本为 $30\times(1+10\%)=33$ 万元

$$\text{NPV}=-220+(63-33)(P/A,10\%,10)+20(P/F,10\%,10)=-27.95(\text{万元})$$

(3) 最有利的情况

投资为 $200\times(1-10\%)=180$ 万元；销售收入为 $70\times(1+10\%)=77$ 万元；经营成本为 $30\times(1-10\%)=27$ 万元

$$\text{NPV}=-180+(77-27)(P/A,10\%,10)+20(P/F,10\%,10)=134.94(\text{万元})$$

(4) 作图求其风险尺度。以最不利情况下净现值和最有利情况下净现值为坐标尺度，在横坐标上标出。最不利情况下净现值和最有利情况下净现值之间区域就是各种因素变化情况下可能取值区域。其中 NPV<0 取值可能性就是项目的风险尺度，如图 8-5 所示。

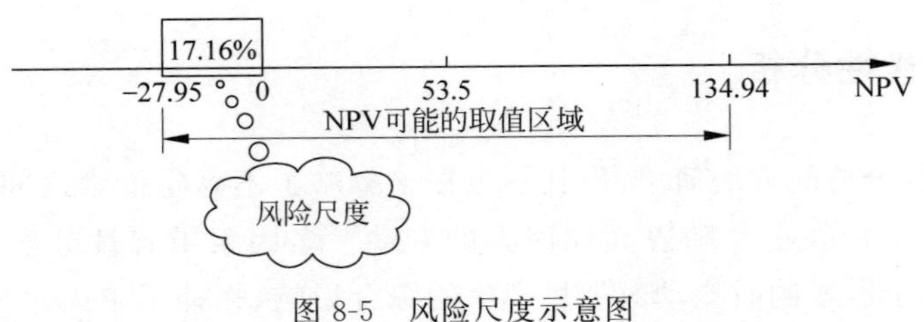

图 8-5 风险尺度示意图

第四节 风 险 分 析

投资项目风险分析是在市场预测、技术方案、工程方案、融资方案和社会评估论证已进行的初步风险分析的基础上，进一步综合分析识别拟建项目在建设和运营中潜在的主要风险因素，揭示风险来源，判别风险程度，提出规避风险的对策，降低风险损失。

一、风险因素识别

风险因素识别首先要认识和确定项目可能存在哪些风险因素，分析这些风险因素会给项目带来的影响及其原因，同时结合风险程度的评估，找出项目的主要风险因素。

（一）投资项目风险基本特征和识别原则

（1）具有不确定性和可能造成损失是风险最基本的特征。因此，在实际中，应从这个基本特征去识别风险因素。

（2）投资项目风险具有阶段性，即在项目周期的各个阶段存在的主要风险有所不同。因此，在进行风险因素识别过程中，应注意这一特征。

（3）投资项目风险因行业和项目的性质不同而具有特殊性。因此，风险因素的识别要具有针对性，对具体项目应进行具体分析。

（4）投资项目风险具有相对性，即对于项目的不同相关方，不同的风险管理主体可能会有不同的风险，或者同样的风险因素对不同方面体现出的影响程度可能有所不同。因此，识别风险因素时，应注意这种相对性。

（二）影响项目的常见风险因素

项目风险分析贯穿于建设和生产运营的全过程。在项目评估和可行性研究阶段应着重识别以下风险。

（1）市场风险。市场风险一般来自三个方面：①市场供需实际情况与预测值发生偏离；②项目产品市场竞争力或者竞争对手情况发生重大变化；③项目产品和主要原材料的实际价格与预测价格发生较大偏离。此外，由于市场需求的变化、竞争对手的竞争策略调整、项目产品销售不畅、产品价格低迷等，以致产量和销售（营业）收入达不到预期的目标，给项目预期收益带来损失。

（2）资源风险。资源风险主要是指资源开发项目，如石油、天然气等矿产资源的储量、品位、可采储量、开采工程量及采选方式等与预测发生较大偏离，导致项目开采成本增加、产量降低或者开采期缩短等造成较大的损失。此外，在水资源短缺地区的投资项目，也可能受水资源勘测不明、气候不正常等因素的影响。

(3) 技术风险。项目采用技术(包括引进技术)的先进性、可靠性、适用性和可获行性与预测方案发生重大变化，导致生产能力利用率降低而达不到设计要求，生产成本增加，产品质量达不到预期要求等。

(4) 工程风险。工程风险包括工程地质条件、水文地质条件与预测发生重大变化，工程设计发生重大变化导致工程量增加、投资增加、工期延长；由于前期准备工作方面的原因，也可能导致项目实施阶段实施方案的变更；工程设计方案不合理，可能给项目的生产运营造成影响等。

(5) 资金风险。资金风险包括项目资金来源的可靠性、充足性和及时性不能保证；由于工程量预计不足或设备材料价格上升导致投资增加；由于计划不周或外部条件等因素导致建设工期拖延；资金供应不足或者来源中断导致项目工期拖期甚至被迫终止；利率、汇率变化导致融资成本升高。

(6) 政策风险。政策风险主要是指国内外政治经济条件发生重大变化或者政府政策做出重大调整，导致项目原定目标难以实现甚至无法实现。如税收、金融、环保、产业政策等的调整变化，利率、税率、汇率、通货膨胀率的变化，都会对项目的经济效益带来影响。

(7) 外部协作条件风险。交通运输、供水、供电等主要外部协作配套条件发生重大变化，给项目建设和运营带来困难。

(8) 环境与社会风险。许多项目会受到外部环境因素包括自然环境和社会环境因素的影响。如项目选址不当，项目对社区的影响、对生态环境的影响估计不足，或是项目环境保护措施不当，在项目建成后，可能对社区和生态带来严重影响，导致社区居民的反对，造成直接经济损失等。

(9) 组织管理风险。这方面的风险主要是指由于项目组织结构不合理、管理机制不完善或是主要管理者能力不足等，导致项目不能按计划建成投产，投资超出预算；或在项目投产后，未能制定有效的企业经营与竞争策略，在市场竞争中处于不利地位等。

(10) 其他风险。对于某些项目，还需考虑其特有的风险因素，如对光伏投资项目，应考虑气候、地域等条件的变化对年发电量不利影响的风险因素等。

二、风险分析方法

(一) 风险分析概述

风险分析是一种系统的方法，用于识别、分析和优先处理可能对项目目标产生负面影响的不确定因素。在工程项目中，风险评估的目的是在项目的各个阶段尽早发现潜在风险，并制定相应的应对策略，以最大限度地减少这些风险带来的损失或影响。

对于一般工程项目，风险分析通常包括以下几个步骤。

首先，识别风险。这是风险分析的第一步，需全面识别所有可能影响工程项目的风险来源。这些风险涵盖各个方面，如技术、财务、法律、环境、社会等。例如，在一个桥梁建设项目中，可能的风险包括设计缺陷、施工过程中的安全事故、材料供应延误、自然灾害等。

其次，分析风险。一旦识别出风险，需要对每一个风险进行详细分析，以评估其发生的可能性和潜在影响。这通常使用定性和定量的方法，例如风险矩阵、故障树分析、事件树分析等。通过风险分析，可以确定哪些风险是最重要的，需要优先处理。

再次，评估和排序风险。根据分析结果，对风险进行排序，以确定优先级。这个过程通常会考虑风险发生的概率和影响的严重程度。高概率且高影响的风险通常被列为最高优先级，需要立即采取措施。

接着，制订风险应对计划。针对优先级较高的风险，制定具体的应对策略。这些策略可能包括规避风险(改变计划以避开风险)、减轻风险(采取措施降低风险的影响或概率)、转移风险(通过保险或合同转移风险)以及接受风险(在无法避免或减轻时，准备好应对措施)。

最后，监控和控制风险。在项目执行过程中，持续监控已识别的风险，并根据新风险动态调整应对计划。定期的风险审查和更新是确保风险管理有效的重要措施。

(二) 风险等级划分

风险等级的划分既要考虑风险因素出现的可能性，又要考虑风险出现后对项目的影响程度，有多种表示方法，如可将其分为一般风险、较大风险、严重风险和灾难性风险四个等级。其中一般风险，风险发生的可能性不大，或者即使发生，造成的损失较小，一般不影响项目的可行性。较大风险，风险发生的可能性较大，或者发生后造成的损失较大，但造成的损失程度是项目可以承受的。严重风险有两种情况：(1)风险发生的可能性大，风险造成的损失大，使项目由可行变为不可行；(2)风险发生后造成的损失严重，但是风险发生的概率很小，采取有效的防范措施，项目仍然可以正常实施。灾难性风险，风险发生的可能性很大，一旦发生将产生灾难性后果，项目无法承受。而在可行性研究和项目评估实际中，一般应选择矩阵列表法划分风险等级，矩阵列表法简单直观，即将风险因素出现的可能性及对项目的影响程度构造成一个矩阵，表中每一个单元对应一种风险的可能性及影响程度，具体如表 8-3 所示。该表是以风险应对的方式来表示风险的综合等级，所示风险也可采用数学推导和专家判断相结合的方式确定。

表 8-3 综合风险等级分类

综合风险等级		风险影响的程度			
		严重	较大	适度	低
风险的可能性	高	K	M	R	R
	较高	M	M	R	R
	适度	T	T	R	I
	低	T	T	R	I

根据表 8-3，综合风险等级可分为 K、M、T、R、I 五个等级：K(kill)表示项目风险很强，出现这类风险就要放弃项目；M(modify plan)表示项目风险强，需要修正拟议中的方案，通过改变设计或采取补偿措施等；T(trigger)表示风险较强，设定某些指标的临界值，指标一旦达到临界值，就要变更设计或对负面影响采取补偿措施；R(review and reconsider)表示风险适度(较小)，适当采取措施后不影响项目；I(ignore)表示风险弱，可忽略。

（三）风险分析方法

拓展阅读

电力项目专家评估法的应用流程

风险分析可采用多种方法。可行性研究阶段应根据项目的具体情况和要求选用以下方法。

（1）专家评估法。这种方法是以发函、开会或其他形式向专家咨询，对项目风险因素及其风险程度进行评定，将多位专家的经验集中起来形成分析结论。

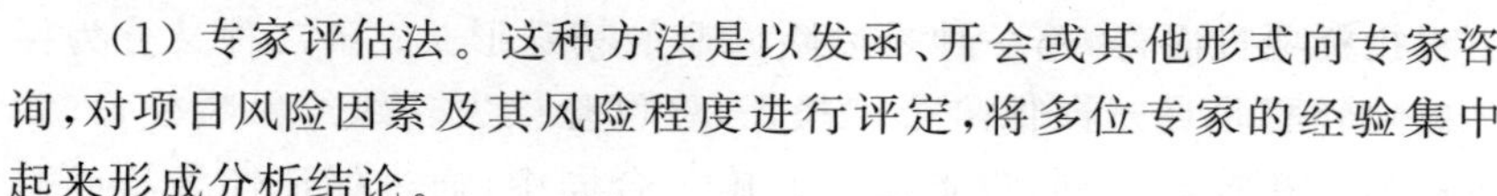

（2）层次分析法。层次分析法(analytic hierarchy process，AHP)是美国著名运筹学家T. L. Saaty于20世纪70年代中期提出的一种定性与定量相结合的决策分析方法。层次分析法是一种多准则决策分析方法，在风险分析中它有两种用途。(1)将风险因素逐层分解识别，直至最基本的风险因素，也称正向分解；(2)比较同一层次风险因素的重要程度，列出该层风险因素的判断矩阵，判断矩阵的特征根就是该层次各个风险因素的权重，利用权重与同层次风险因素概率分布的组合，求得上一层次风险的概率分布，直至求出总目标的概率分布，也称反向合成。

运用层次分析法解决实际问题一般可分为如下五个步骤：①建立所研究问题的递阶层次结构；②构造两两比较判断矩阵；③由判断矩阵计算被比较元素的相对权重；④计算各层元素的组合权重；⑤将各子项的权重与子项的风险概率分布加权叠加，即得出项目的经济风险概率分布。

拓展阅读

概率树应用分析案例

（3）概率树分析。概率树分析是通过计算项目净现值的期望值及其分布状况，得出净现值大于或等于零时的累计概率。计算出的累计概率值越大，说明项目承担的风险越小。

三、风险防范对策

如前所述，投资项目可能面临各种各样的风险，因此在项目评估过程中，不仅要了解项目可能面临的风险，而且要提出有针对性的防范对策，避免风险的发生或将风险损失降低到最低程度，才能有助于提高投资的安全性，促使项目获得成功。项目评估中，应考虑的风险防范对策主要有以下几种。

（一）风险规避

风险规避是彻底规避风险的做法，即切断风险来源。例如，若产品市场风险过高，可采取缓建或放弃项目来规避风险。但这种做法虽避免了损失，也放弃了获利机会，因此需慎重采用，仅在风险损失大且发生频率高，或其他防范对策代价过高时才有意义。风险规避一般适用于两种情况：(1)某种风险可能造成相当大的损失，且发生的频率较高；(2)应用其他的风险防范对策代价昂贵，得不偿失。

（二）风险控制

风险控制是防止风险发生、减少损失的对策，是大多数项目的主要防范手段。应针对关键风险因素，提出技术可行、经济合理的措施，以低成本降低风险并控制损失。措施需结合项目具体情况，包括内部技术、工程、管理措施，或通过外部分散风险。

（三）风险转移

风险转移是将项目风险转给他人以避免损失的方法，分为转移风险源和转移部分或全部风险损失两种方法。对投资项目而言，第一种是风险回避的特殊形式；第二种又分为保险转移和非保险转移。保险转移是通过向保险公司投保，将风险损失转嫁给保险公司，如灾害性风险。非保险转移则是在技术合同、设备采购和施工合同中，通过保证性条款或赔偿条款，将风险损失转嫁给技术转让方或承包方。

（四）风险自担

风险自担是将风险损失留给项目承担，适用于两种情况：1. 明知有风险但因可能获利而选择承担；2. 防范措施成本高于自担损失，故主动承担风险。它通常适用于损失小、频率高的风险。

以上所述的风险防范对策不是互斥的，实践中常常组合使用。在采取措施降低风险的同时，并不排斥其他的风险防范对策，如向保险公司投保等。项目评估中应结合实际情况，研究并选用相应的风险对策。

第五节 实训案例

LY水电站建设项目的不确定性分析

不确定性分析的准备工作

LY水电站国民经济评价的不确定性分析是基于原始评估数据，考虑多个影响因素的变化，从而分析这些影响因素变化时对该项目的影响程度。

本节重点对上游水电站投入后LY水电站依然设置汛期防洪限制水位、LY水电站单独运行以及LY水电站投资变化、替代火电投资变化、LY水电站发电量变化、煤价变化（变化范围为±10%）作了敏感性分析，敏感性分析计算成果如表8-4所示。其中，根据第六章和第七章水电站基本参数和确定性分析结果（即基本方案的结果），以方案1-4为例，当LY水电站投资变动时，其他两个因素不变动，计算净现值和内部收益率情况如下。

$\text{NPV}=-K(1+10\%)+(S-C)(P/A,i,n)=825889.94$（万元）

$-K(1+10\%)+(S-C)(P/A,\text{IRR},n)=0 \Rightarrow \text{IRR}=13.45\%$

$\text{NPV}=-K(1+5\%)+(S-C)(P/A,i,n)=881084.94$（万元）

$-K(1+5\%)+(S-C)(P/A,\text{IRR},n)=0 \Rightarrow \text{IRR}=14.02\%$

$\text{NPV}=-K(1-5\%)+(S-C)(P/A,i,n)=991474.94$（万元）

$-K(1-5\%)+(S-C)(P/A,\text{IRR},n)=0 \Rightarrow \text{IRR}=15.3\%$

$\text{NPV}=-K(1-10\%)+(S-C)(P/A,i,n)=1046669.94$（万元）

$-K(1-10\%)+(S-C)(P/A,\text{IRR},n)=0 \Rightarrow \text{IRR}=16.03\%$

其他方案结果测算过程同上。

由敏感性分析计算结果可见，当J电站投资增加10%、替代方案投资减少10%、J电站电量减少10%或煤价减少10%，上游水库推迟5年投产、LY水电站单独运行或考虑**调水推迟5年投产时，其经济内部收益率均大于社会折现率8%，经济净现值大于零。

表8-4　国民经济评价敏感性分析表

方　　案	LY水电站投资变化率(%)	火电投资变化率(%)	电量变化(%)	内部收益率(%)	经济净现值(万元)
基本方案	0	0	0	14.64	936399.25
1	10	0	0	13.45	825889.94
2	5	0	0	14.02	881084.94
3	−5	0	0	15.30	991474.94
4	−10	0	0	16.03	1046669.94
5	0	10	0	15.40	1020101.46
6	0	5	0	15.01	978375.63
7	0	−5	0	14.27	894923.98
8	0	−10	0	13.91	853198.16
9	0	0	10	15.51	1099342.57
10	0	0	5	15.08	1017870.91
11	0	0	−5	14.18	854927.59
12	0	0	−10	13.70	773455.93
上游水电站推迟5年投产	0	0	0	14.45	897832.04
LY水电站单独运行	0	0	0	14.27	834464.90
**调水推迟5年投产	0	0	0	14.84	968189.03

通过对LY水电站工程项目国民经济评价指标的计算及分析，本项目经济内部收益率为14.64%，高于社会折现率8%，经济净现值为936399.25万元，大于零。说明该项目在经济上是合理的。对相关不确定性因素单独变化的敏感性分析计算结果表明，该项目具有一定的抗风险能力。

根据LY水电站工程的具体情况，LY水电站财务评价不确定性分析分别进行了方案敏感性分析和参数敏感性分析。

方案敏感性分析

方案敏感性分析主要考察各边界条件变化对电站经营期上网电价及其财务评价指标的影响程度。

对LY水电站长期单独运行、**调水推迟5年建成供水、上游水库推迟5年投入、联合运行依然设置防洪限制水位、LY水电站不返还上游水库补偿电量，项目资本金占总投资的25%、项目投资财务内部收益率8%等情况分别进行方案敏感性分析，计算成果如表8-5所示。

表8-5　方案敏感性分析成果表

方案	敏　感　性	全投资IRR(税后)(%)	资本金IRR(税后)(%)	借款偿还期(年)	上网电价(元/千瓦时)
1	基本方案	8.12	10.00	24.73	0.2925
2	LY水电站单独运行	8.15	10.00	24.30	0.3103

续表

方案	敏　感　性	全投资 IRR（税后）(%)	资本金 IRR（税后）(%)	借款偿还期（年）	上网电价（元/千瓦时）
3	* 调水推迟 5 年建成	8.14	10.00	24.47	0.2878
4	上游水电站推迟 5 年投产	8.13	10.00	25.07	0.2994
5	联合运行依然设置防洪库容	8.13	10.00	24.67	0.2953
6	LY 水电站不返还上游水库补偿容量	8.14	10.00	24.64	0.2834
7	资本金占总比 25%	8.40	10.00	22.89	0.3014
8	全投资内部收益率 8%	8.00	9.76	25.11	0.2887

由表 8-5 可见，LY 水电站长期单独运行、** 调水推迟 5 年建成供水、上游水库推迟 5 年投入、联合运行依然设置防洪限制水位、LY 水电站不返还上游水库补偿电量，项目资本金占总投资的 25%，按资本金财务内部收益率 10% 测算的电站经营期上网电价为 0.3103 元/kW·h、0.2878 元/kW·h、0.2994 元/kW·h、0.2953 元/kW·h、0.2834 元/kW·h、0.3014 元/kW·h；按项目投资财务内部收益率 8% 测算的上网电价为 0.2887 元/kW·h，相应资本金的财务内部收益率为 9.76%。除上游水库推迟 5 年投入、项目投资财务内部收益率 8% 两个敏感性方案贷款偿还期略超过 25 年以外，其他方案借款偿还期均满足银行借款偿还期不超过 25 年的要求。

参数敏感性分析

考虑 LY 水电站在建设过程中的影响因素，尤其是固定资产投资方面，存在较大的不确定性，另外筹资过程中，随着经济发展的变化，贷款利率也变动较大，此外水电站盈利中会存在弃水现象，导致有效电量的估计不准。

综上，本节参数敏感性分析主要是考察固定资产投资、有效电量、借款利率等不确定因素单独变化（变化范围 ±10%）对电站上网电价和财务内部收益率等财务评价指标的影响程度。在基本方案测算基础上分别变动三个影响因素，选取全部投资 IRR、资本金 IRR、借款偿还期和上网电价作为评估指标，以全部投资 IRR 为例，具体计算如下：

$-K(1-10\%)+(p_{Q-C})(P/A,i,n)=0 \Rightarrow p=0.2659$(元/kW·h)

$-K(1-5\%)+(p_{Q-C})(P/A,i,n)=0 \Rightarrow p=0.2792$(元/kW·h)

$-K(1+5\%)+(p_{Q-C})(P/A,i,n)=0 \Rightarrow p=0.3059$(元/kW·h)

$-K(1+10\%)+(p_{Q-C})(P/A,i,n)=0 \Rightarrow p=0.3192$(元/kW·h)

其他结果测算同上，所有参数敏感性分析计算成果如表 8-6 所示。

表 8-6　参数敏感性分析成果表

方　　案	固定资产投资变化率(%)	贷款利率变化率(%)	有效电量变化率(%)	全部投资 IRR（税后）(%)	资本金 IRR（税后）(%)	借款偿还期(年)	上网电价（元/kW·h）
基本方案	0	0	0	8.12	10.00	24.73	0.2925
1	−10	0	0	8.12	10.00	24.73	0.2659
2	−5	0	0	8.12	10.00	24.73	0.2792
3	5	0	0	8.12	10.00	24.74	0.3059
4	10	0	0	8.12	10.00	24.74	0.3192

续表

方　案	固定资产投资变化率(%)	贷款利率变化率(%)	有效电量变化率(%)	全部投资IRR(税后)(%)	资本金 IRR(税后)(%)	借款偿还期(年)	上网电价(元/kW·h)
5	0	−10	0	7.75	10.00	24.59	0.2805
6	0	−5	0	7.93	10.00	24.66	0.2865
7	0	5	0	8.31	10.00	24.78	0.2988
8	0	10	0	8.51	10.00	24.81	0.3053
9	0	0	−10	8.12	10.00	24.73	0.3232
10	0	0	−5	8.12	10.00	24.73	0.3071
11	0	0	5	8.12	10.00	24.73	0.2794
12	0	0	10	8.12	10.00	24.73	0.2674

由表 8-6 可见，按满足项目资本金财务内部收益率 10%测算，随着投资、利率、电量各不确定因素的变化，LY 水电站经营期上网电价在 0.2659～0.3232 元/kW·h 范围内变化，项目投资财务内部收益率在 7.75%～8.51%范围内变化；借款偿还期均满足银行借款偿还期不超过 25 年的要求。

思考与练习

一、简答题

1. 不确定性和风险有什么区别？
2. 盈亏平衡分析的局限性表现在哪几个方面？
3. 敏感性分析的局限性表现在哪些方面？
4. 影响项目的常见风险因素有哪些？
5. 风险防范对策包括哪几种？

即测即练

二、计算题

1. 某项目设计生产能力为年产 50 万件产品，根据资料分析，估计单位产品销售价格为 100 元，单位产品可变成本为 80 元，固定成本为 300 万元，试用产销量、生产能力利用率、销售额、销售单价分别表示项目的盈亏平衡点。已知该单位产品营业税金及附加的合并税率为 5%。

2. 某企业生产某种产品，销售单价为 650 元，2020 年销售量为 4.8 万台，固定成本为 800 万元，变动成本为 1200 万元。试计算：

(1) 求盈亏平衡点的产销量；

(2) 如果该厂要盈利 450 万元，应该生产多少台？

3. 某产品投产后，年固定成本为 5 万元，单位变动成本为 20 元，单位销售价为 40 元。由于规模效应，产量每增加一件，单位变动成本可降低 0.001 元；销量每增加一件，售价下降 0.002 元。试求盈亏平衡点的产量 Q_1 和 Q_2 及最大利润。

4. 某投资项目的设计生产能力为 10 万台某种设备，主要经济参数估算值为：初始投资为 1200 万元，预计产品价格 40 元/台，年经营成本 170 万元，运营年限 10 年，运营期末残值为 100 万元，基准收益率 12%。

(1) 以净现值为分析对象，就投资额、产品价格和年经营成本因素进行敏感性分析；

(2) 绘制财务净现值随投资、产品价格和年经营成本的敏感性分析曲线图。

5. 某企业为了扩大某产品的生产，拟建设新厂。据市场预测，产品销路好的概率为 0.7，销路差的概率为 0.3。有以下两种方案可供选择：A，新建工厂，需要投资 300 万元。根据初步估计，销路好时，每年可获利 100 万元，销路差时，每年亏损 20 万元，服务期为 10 年。B，新建小厂，需要投资 400 万元，销路好时，每年可获利 140 万元，销路差时，每年仍可获利 30 万元，服务期为 10 年。请用概率树分析方法进行决策。

第九章

电力项目财务分析

学习目标

1. 掌握财务分析内容和步骤；

2. 掌握财务分析的价格体系及电力价格体系有关内容；

3. 理解和掌握财务分析基本表格类型、财务盈利能力分析、偿债能力分析和财务生存能力分析。

素养目标

1. 使学生了解财务分析不仅是为获取利润或提高效益，还应强调财务分析在提高工程项目社会影响和责任方面的作用，培养学生的社会责任感；

2. 增强学生在项目投资和财务决策中的决策水平，遵循国家法律法规、行业准则以及道德标准，确保行为合法合规，并避免损害利益相关者的权益；

3. 培养学生正确的人生观、价值观和世界观，使他们具备扎根中国特色社会主义的思想基础和文化自信；

4. 鼓励学生在财务分析中采用新技术、新方法，促进科技与经济的结合，推动社会发展和进步。

本章知识结构图

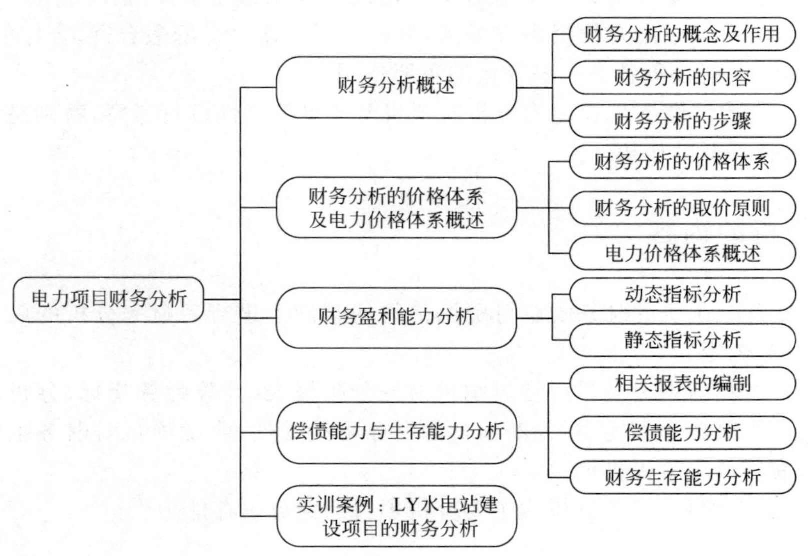

第一节　财务分析概述

一、财务分析的概念及作用

（一）财务分析的概念

财务分析是一种经济评价方法，在现行会计规定、税收法规和价格体系下，从项目的角度出发，预测估计项目的财务效益与费用，编制财务报表，计算评价指标，分析考察项目财务盈利能力、偿债能力和财务生存能力，据以评价和判定项目在财务上的可行性。

（二）财务分析的作用

1. 财务分析是项目决策分析与评价的重要组成部分。项目评价应从多角度、多方面进行，对于项目的前评价、中间评价和后评价，财务分析都是必不可少的重要内容之一。在项目的前评价（决策分析与评价）的各个阶段中，包括投资机会研究、项目建议书、初步可行性研究、可行性研究报告，财务分析都是重要组成部分。

2. 财务分析是重要的决策依据。在项目决策的范畴，财务分析虽然不是唯一的决策依据，但却是重要的决策依据之一。在市场经济条件下，绝大部分项目的有关各方都根据财务分析结果进行决策，尤其是项目评估阶段分析的结果，直接决定了投资于该项目的债权人是否给项目提供贷款，以及各级项目审批部门是否批准该项目。具体来说，财务分析中的盈利能力分析结论是投资决策的基本依据，其中项目资本金盈利能力分析的结论，也是融资决策的依据；偿债能力分析的结论，不仅是债权人决定是否发放贷款的依据，也是投资人确定融资方案的重要依据。

3. 财务分析在项目或方案比选中起着重要作用。项目决策分析与评价的精髓是方案比选，在项目建设规模、产品方案、工艺技术方案、工程方案等方面都必须通过方案比选予以优化，使项目整体更趋于合理。财务分析结论是方案比选的重要内容。

4. 财务分析有助于配合投资各方谈判，促进平等合作。在酝酿合资、合作的过程中，财务分析结果起着促使投资各方平等合作的重要作用。

5. 财务分析中的财务生存能力分析对项目财务可持续性进行考察，特别是对非经营性项目的考察起着重要的作用。

二、财务分析的内容

1. 财务分析应在项目财务效益与费用估算的基础上进行。财务分析的内容应根据项目的性质和目标确定。

对于经营性项目，财务分析应通过编辑财务分析报表，计算财务指标，分析项目的盈利能力、偿债能力和财务生存能力，判断项目的财务可接受性，明确项目对财务主体及投资者的价值贡献，为项目决策提供依据。

对于非经营性项目，财务分析应主要分析项目的财务生存能力。

2．财务分析可分为融资前分析和融资后分析，一般先进行融资前分析。融资前分析是指在考虑融资方案前就可以开始进行的财务分析，即不考虑债务融资条件下进行的财务分析。在融资前分析结论满足要求的情况下，初步设定融资方案，再进行融资后分析。融资后分析是指以设定的融资方案为基础进行的财务分析。在项目的初期研究阶段，也可只进行融资前分析。

融资前分析只进行盈利能力分析，并以动态分析（折现现金流量分析）为主，以营业收入、建设投资、经营成本和流动资金的估算为基础，考察整个计算期内的流入和流出，编制项目投资现金流量表，计算项目投资内部收益率和净现值等指标；以静态分析（非折现现金流量分析）为辅，计算投资回收期指标。融资前分析排除了融资方案变化的影响，从项目投资总获利能力的角度，考察项目方案设计的合理性。融资前分析计算的相关指标，应作为初步投资决策与融资方案研究的依据和基础。

融资后分析应以融资前分析和初步的融资方案为基础，主要是针对项目资本金折现现金流量和投资各方折现现金流量进行分析，考察项目在拟投资融资条件下的盈利能力、偿债能力和财务生存能力，判断项目方案在融资条件下的可行性。融资后分析用于比选融资方案，帮助投资者做出融资决策。

三、财务分析的步骤

财务分析的步骤以及相关部分的关系，包括财务分析、投资估算和融资方案的关系如图9-1所示。由图可知，投资估算和融资方案是财务分析的基础。在实际操作过程中，三者

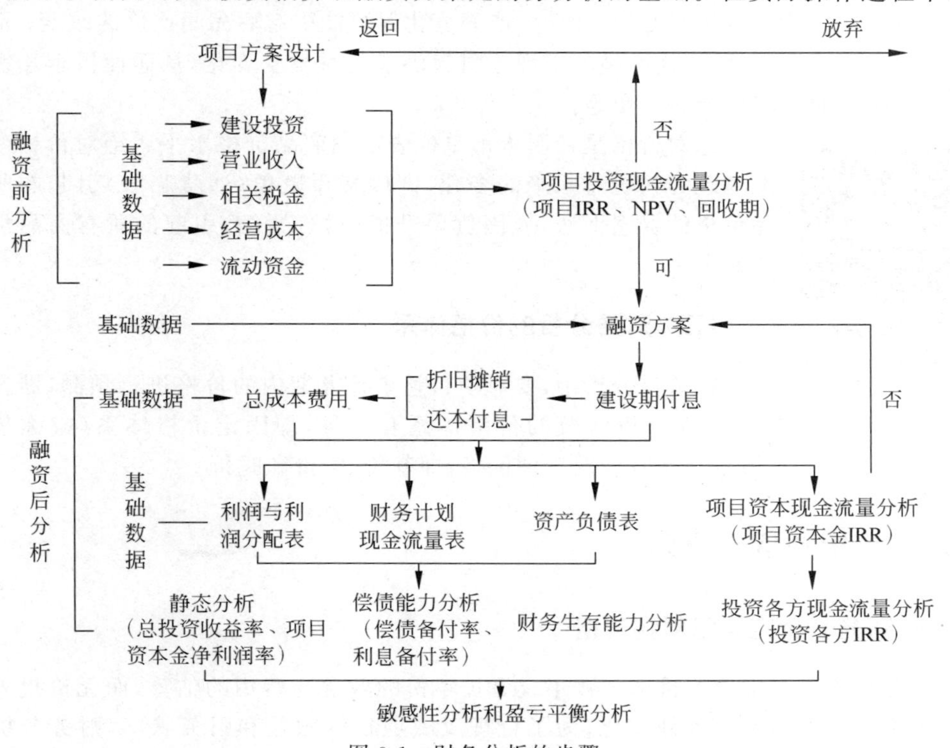

图9-1　财务分析的步骤

互有交叉。投资决策和融资决策的先后顺序与相辅相成的关系促成了这种交叉。在财务分析的分析方法和指标体系设置上体现了这种交叉。

首先,要做的是融资前的项目投资现金流量分析,其结果体现项目方案本身设计的合理性,用于投资决策以及方案或项目的比选。也就是说,用于考察项目是否基本可行,并值得去为之融资,这是项目发起人、投资者、债权人和政府部门共同关注的内容。

其次,如果融资前分析结论是"可行",才能进一步考虑融资方案,进行项目的融资后分析,包括项目资本金现金流量分析、偿债能力分析和财务生存能力分析等。融资后分析是比选融资方案,形成融资决策和投资者最终出资的依据。

最后,如果融资前分析结果不能满足要求,可返回对项目建设方案进行修改;若多次修改后分析结果仍不能满足要求,可以做出放弃或暂时放弃项目的建议。

第二节　财务分析的价格体系及电力价格体系概述

一、财务分析的价格体系

(一) 影响价格变动的因素

影响价格变动的因素很多,可归纳为相对价格变动因素和绝对价格变动因素两类。

相对价格是指商品间的价格比例关系。导致商品相对价格发生变化的因素很复杂,例如供应量的变化、价格政策的变化、劳动生产率变化等可能引起商品间比价的改变;消费水平变化、消费习惯改变、可替代产品的出现等引起供求关系发生变化,从而使供求均衡价格发生变化,引起商品间比价的改变等。

绝对价格是指用货币单位表示的商品价格水平。绝对价格变动一般体现为物价总水平的变化,即因货币贬值(通货膨胀)引起的所有商品价格的普遍上涨,或因货币升值(通货紧缩)引起的所有商品价格的普遍下降。

拓展阅读

三种财务价格概述

(二) 财务分析的价格体系

在项目分析中,要对项目整个计算期内的价格进行预测,涉及如何处理价格变动的问题。财务分析涉及的价格体系有三种,即固定价格体系(或称基价体系)、实价体系和时价体系。同时涉及三种价格,即基价、实价和时价。

二、财务分析的取价原则

(一) 财务分析应采用预测价格

财务分析基于对拟建项目未来数年或更长年份的效益与费用的估算,而无论投入还是产出的未来价格都会发生各种变化,为了合理反映项目的效益和财务状况,财务分析采用预测价格。该预测价格应在选定的基年价格基础上测算。至于采用上述何种价格体系,要视具体情况决定。

（二）现金流量分析原则上应采用实价体系

采用实价计算净现值（NPV）和内部收益率（IRR）进行现金流量分析是比较通行的做法。这样做，便于投资者考察投资的实际盈利能力。因为实价体系排除了通货膨胀因素的影响，消除了因通货膨胀（物价总水平上涨）带来的“浮肿净现金流量”，能够相对真实地反映投资的盈利能力，为投资决策提供较为可靠的依据。

如果采用含通货膨胀因素的时价进行现金流量分析，计算出来的项目内部收益率（IRR）包含通货膨胀率，会使显示出的未来收益增加，形成“浮肿净现金流量”，夸大项目的实际盈利能力。此时采用的财务基准收益率应当包含通货膨胀率才能不影响对项目财务可行性的判断。

（三）偿债能力分析和财务生存能力分析原则上应采用时价体系

采用时价进行财务预测，编制利润和利润分配表、财务计划现金流量表及资产负债表，是比较通行的做法。这样做有利于描述项目计算期内各年当时的财务状况，相对合理地进行偿债能力分析和财务生存能力分析。

为了满足实际投资的需要，在投资估算中应该同时包含两类价格（相对价格变化和通货膨胀）变动因素引起投资增长的部分，通常通过计算涨价预备费来体现。同样，在融资计划中也应考虑这部分费用，在投入运营后的还款计划中自然包括该部分费用的偿还。因此，只有采用既包括了相对价格变化，又包含通货膨胀因素影响在内的实际价值表示的投资费用、融资数额进行计算，才能真实反映项目的偿债能力和财务生存能力。

（四）对财务分析采用价格体系的简化

实践中，并不要求对所有项目或在所有情况下，都必须全部采用上述价格体系进行财务分析，多数情况下可根据具体情况适当简化。

三、电力价格体系概述

（一）按生产经营环节分类

按照电力生产经营的环节，我国电力市场价格体系可分为上网电价、输配电价和销售电价三种类型。

1. 上网电价

上网电价即发电上网电价，是指发电企业与购电方进行上网电能结算的价格。上网电能的计量点通常是在发电、输电资产的产权分界处或发电厂出口。

上网电价主要由政府核定或通过市场交易确定。政府核定价格主要指标杆电价，是由政府价格主管部门在某省或地区根据发电项目经济寿命周期，按照合理补偿成本、合理确定收益和依法计入税金的原则核定的统一电价标准。其中，发电成本为社会平均成本；合理收益以资本金内部收益率为指标，按长期国债利率加一定百分点核定。需指出的是，通过政府招标确定的上网电价，按招标确定的电价执行。

根据不同的电源结构或者不同类型能源发电的技术和特点，上网电价可以分为火电上网电价、水电上网电价、风电上网电价、核电上网电价、太阳能上网电价、生物质能发电上网电价等多种类别。2019年国家发展改革委深化燃煤发电上网电价形成机制改革，将燃煤标杆电价机制改为燃煤基准价，并鼓励燃煤发电通过市场交易在“基准价＋上下浮动”范围内形成上网电价。2021年国家发展改革委进一步深化燃煤上网电价改革，将燃煤上网电价全部放开，推动工商业用户都进入市场，燃煤发电上网电价全部通过市场交易形成，并进一步将上下浮动范围扩大至±20%。

2. 输配电价

输配电价是指电网经营企业提供接入系统、联网、电能输送和销售服务的价格总称。由于输配电网是整个电力系统的中心环节，是连接发电侧和用电侧的桥梁，是电力安全供应的基础，与其相对应的输配电价的合理制定就显得格外重要。输配电价按照服务功能可以分为共用网络输配电服务价格和专项服务价格。其中，共用网络输配电服务价格指电网经营企业为接入共用网络的电力用户提供输配电和销售服务的价格，简称共用网络输配电价格；专项服务价格是指电网经营企业利用专用设施为特定用户提供服务的价格，分为接入价、专用工程输电价和联网价三类。

拓展阅读

输配电价政策变动解读

3. 销售电价

销售电价是指电网企业或售电公司对终端用户销售电能的价格，有时也称为用户电价，它与一般商品的零售价格内涵接近，是该商品生产、流通与消费过程中所有发生的费用在终端用户间分摊的价格。

销售电价直接反映电能的需求结构，它将生产者的信息传递给消费者；在用户具有选择权的市场中，也将消费者的信息反馈给生产者。用户不同的消费方式产生不同的生产成本，最终通过复杂的销售电价体系实现成本在各类用户间的合理分摊。我国销售电价按照用电特性类别可以分为居民生活用电、一般工商业、大工业、农业生产用电和趸售用电价格五类。在部分未实行工商业用电同价地区，还保留了非居民照明、非工业和普通工业、商业用电价格。通常在各类别的基础上，再根据电压等级进行分档。2021年，国家发展改革委深化电价市场化改革工作，全面取消工商业目录销售电价，对暂未直接参与市场的工商业用户按照电网企业代理购电价格结算。

（二）按计价方式分类

计价方式主要针对销售电价，是指电费结算计量模式，可分为三类：第一类是按照用电设备容量计收电费，即定额电价；第二类是按照用电设备的耗用电量计收电费即单一制电价；第三类是以用电设备的容量和耗电量两者相结合计收电费，即两部制电价。

1. 定额电价

定额电价是不考虑用电设备的耗用电量和用电时间，只按用电设备容量大小乘以设备单位容量的电价计收电费。这种电价制度不需任何计量表计量，核算方便简单。我国曾在部分用户中采用这种电价制度，例如相同容量的用户，不论其用电时间的长短和用电量的多少，只收同等的电费，但因电费得不到合理负担，而且易引起浪费电能现象，原则上已不再采用。

2. 单一制电价

单一制电价，也称单一电量电价或一部制电价，它随电压等级不同而不同，是以客户安装的电能计量表读出的实际用电量为计费依据，其电价一般为固定值，客户所缴纳电费与实际用电量成正比。由于单一制电价的便捷性和广泛接受性，适用于小负荷用户和负荷不易调整的用户的用电价格。我国对居民、农业用户的用电价格往往采用单一制电价，部分地区可能结合实际在单一制电价基础上引入了阶梯电价等。

3. 两部制电价

两部制电价较单一制电价有很大进步，是我国广泛采用的最重要的一种电价制度。电力供应的一个基本特点就是一个供应电力的企业要为每个用户提供两种服务，即为了做到用户随时需用都可以即时提供电能所作的准备和用户实际消耗的电能（用 kW・h 来计量），前者应是昼夜持续不断对用户的一种服务，即使在用户实际上并不耗用电能时，供电企业也要为此耗费或占用一定的资金。因此，电网企业向用户供电的全部成本包含固定费用和变动费用两个主要部分。固定费用表示用户随时需用可即时提供电能所做的各项准备所耗费的成本；变动费用表示实际提供的电能的成本。对于某些用户来说，为了随时提供用户所需电能做好准备所耗费的成本，可能比实际提供的电能的成本更大。

两部制电价是将电价分成两个部分：一部分称为基本电价（或称容量电价），它反映电力工业企业成本中的容量成本，即固定费用部分。计算基本电费时，以用户设备容量（kVA）或用户最大需量（kW）为单位，用户每月所付的基本电费仅与其容量或需量有关，与其实际使用电量无关。另一部分称为电度电价（或称电量电价），代表电力工业企业成本中的电能成本，亦即变动费用部分，它反映供电可变成本的大小及其回收情况。

拓展阅读

输配电价按结算方式分类概述

此外，输配电价还可以按照结算方式进行分类，具体可见拓展阅读 9.3 部分。

第三节　财务盈利能力分析

财务盈利能力分析是项目财务分析的重要组成部分，从是否考虑资金时间价值的角度，财务盈利能力分析分为动态指标分析与静态指标分析；从是否在融资方案的基础上进行分析的角度，财务盈利能力分析又可分为融资前分析和融资后分析。

一、动态指标分析

动态指标分析采用现金流量分析方法，在项目计算期内，以相关效益费用数据为现金流量，编制现金流量表，考虑资金时间价值，采用折现方法计算净现值、内部收益率等指标，用以分析考察项目投资盈利能力。现金流量分析又可分为项目投资现金流量分析、项目资本金现金流量分析和投资各方现金流量分析三个层次。项目投资现金流量分析是融资前分析，项目资本金现金流量分析和投资各方现金流量分析是融资后分析。

（一）项目投资现金流量分析

1. 含义

项目投资现金流量分析是在不考虑债务融资条件下进行的融资前分析，从项目投资总获利能力的角度，考察项目方案设计的合理性。项目投资现金流量分析可以排除融资方案的影响，从所得税前和（或）所得税后两个角度进行考察，选择计算所得税前和（或）所得税后分析指标。

2. 项目投资现金流量识别与报表编制

进行现金流量分析，首先要正确识别和确定现金流量，包括现金流入流出两个主要部分，根据该现金流量是否与融资方案有关，可以判断其是否可以作为融资前分析的现金流量。按照以上原则，项目投资现金流量分析的现金流入主要包括营业收入、补贴收入、回收资产余值、回收流动资金。其中回收资产余值不受利息因素的影响，它区别于项目资本金现金流量表中的回收资产余值。现金流出主要包括建设投资（含可抵扣增值税进项税）、流动资金、经营成本、税金及附加、维持运营投资和调整所得税。其中，调整所得税应根据不受利息因素影响的息税前利润（EBIT）乘以所得税税率计算，也可称为融资前所得税。

2009 年执行新的增值税条例以后，为了体现增值税进项税额抵扣，导致企业应纳增值税额的降低进而致使净现金流量增加的作用，应在现金流入中增加销项税额，同时在现金流出中增加进项税额（指运营投入的进项税额）以及应纳增值税，如表 9-1 所示。

根据上述现金流量编制的现金流量表称为项目投资现金流量表，其格式如表 9-1 所示。

3. 项目投资现金流量分析的指标

依据项目投资现金流量表可以计算项目投资财务内部收益率（FIRR）、项目投资财务净现值（FNPV），这两项指标通常被认为是主要指标。另外还可计算项目投资回收期，可以分别计算静态或动态的投资回收期。我国的评价方法规定只计算静态投资回收期。有关指标的概念、计算方法和判别标准等已在前文述及，此处不再赘述。

4. 所得税前分析和所得税后分析的作用

按项目投资所得税前的净现金流量计算的相关指标，即所得税前指标，是投资盈利能力的完整体现，可用于考察项目的基本面，即由项目方案设计本身所决定的财务盈利能力，它不受融资方案和所得税政策变化的影响，仅仅体现项目方案本身的合理性。该指标可以作为初步投资决策的主要指标，用于考察项目是否基本可行，并值得去为之融资。所谓“初步”是相对而言，意指根据该指标可以做出项目方案，一旦实施能实现投资目标的判断，可以决策投资。在此之后再通过融资方案的比选分析，有了较为满意的融资方案后，投资者才会最终出资。所得税前指标受到项目有关各方广泛的关注。该指标还特别适用于建设方案研究中的方案比选。政府投资和政府关注项目必须进行所得税前分析。

项目投资所得税后分析也是一种融资前分析，所采用的表格与所得税前分析相同，只是在现金流出中增加了调整所得税这一项，根据所得税后的净现金流量来计算相关指标。

所得税后分析是所得税前分析的延伸。由于其计算基础——净现金流量中剔除了所得税，有助于判断在不考虑融资方案的条件下项目投资对企业价值的贡献。

【例 9-1】　M 项目建设投资为 253962 万元，其中固定资产费用 205292 万元，无形资产费用 5500 万元（其中场地使用权为 2000 万元），其他资产费用 550 万元，预备费 19286 万元，可抵扣增值税 23334 万元。项目计算期为 8 年，其中建设期 2 年，运营期 6 年。建设期内建设投资分年投入比例为第 1 年 50%、第 2 年 50%。项目投产第 1 年负荷 90%，其他年份均为 100%。满负荷流动资金为 9883 万元，投产第 1 年流动资金估算为 9250 万元。计算期末将全部流动资金回收。生产运营期内满负荷运营时，销售收入 127653 万元，经营成本 61059 万元，其中原材料、辅助材料和燃料动力等可变成本 44390 万元，以上均以不含税价格表示。满负荷运营时的销项税额为 14954 万元，进项税额为 5373 万元，税金及附加按增值税的 10%计算，企业所得税率 25%。折旧年限 6 年，净残值率为 3%，按年限平均法折旧。设定所得税前财务基准收益率 12%，所得税后财务基准收益率 10%。

1. 识别并计算各年的现金流量，编制项目投资现金流量表（现金流量按年末发生计）。

2. 计算项目投资财务内部收益率和财务净现值（所得税前和所得税后），并由此评价项目的财务可行性。

【解答】　具体测算过程见拓展阅读 9.4。

拓展阅读

项目投资现金流分析案例

（二）项目资本金现金流量分析

1. 含义和作用

项目资本金现金流量分析是在拟定的融资方案下，从项目资本金出资者整体的角度，确定其现金流入和现金流出，编制项目资本金现金流量表，计算项目资本金内部收益率指标，考察项目资本金可获得的收益水平。

项目资本金现金流量分析是融资后分析。项目资本金现金流量分析应该能反映从项目权益投资者整体角度考察盈利能力的要求。

项目资本金现金流量分析指标是比较和取舍融资方案的重要依据。在通过融资前分析已对项目基本获利能力有所判断的基础上，通过项目资本金现金流量分析结果可以判断项目方案在融资条件下的合理性。因此确定项目资本金现金流量分析指标是融资决策的依据，有助于投资者在可接受的融资方案下最终决策出资。

2. 项目资本金现金流量识别和报表编制

项目资本金现金流量表的现金流入包括营业收入（必要时可包括补贴收入），在计算期的最后一年，还包括回收资产余值及回收流动资金。考虑执行新的增值税条例，现金流入还应增加销项税额。现金流出主要包括，建设投资和流动资金中的项目资本金（权益资金）、经营成本、税金及附加、还本付息和所得税。该所得税应等同于利润表等财务报表中的所得税，而区别于项目投资现金流量表中的调整所得税。如果计算期内需要投入维持运营投资，也应将其作为现金流出。考虑执行新的增值税条例，现金流出增加进项税额（指运营投入的进项税额）以及应纳增值税。

3. 项目资本金现金流量分析指标

按照我国财务分析方法的要求，通常只计算项目资本金财务内部收益率一个指标，其表达式和计算方法同项目投资财务内部收益率,只是所依据的表格和净现金流量的内涵不同,判断的基准参数(财务基准收益率)也不同。

项目资本金财务基准收益率应体现项目发起人(代表项目所有权益投资者)对投资获利的最低期望值(也称最低可接受收益率)。当项目资本金财务内部收益率大于或等于该最低可接受收益率时,说明在该融资方案下,项目资本金获利水平超过或达到了要求,该融资方案可以接受。

(三)投资各方现金流量分析

对于某些项目,为了考察投资各方的具体收益,还需要进行投资各方现金流量分析。投资各方现金流量分析是从投资各方实际收入和支出的角度,确定现金流入和现金流出,分别编制投资各方现金流量表,计算投资各方的内部收益率指标,考察投资各方可能获得的收益水平。

投资各方现金流量表中的现金流入和现金流出科目,需根据项目具体情况和投资各方因项目发生的收支情况选择填列。依据该表计算的投资各方财务内部收益率指标,其表达式和计算方法同项目投资财务内部收益率,只是所依据的表格和净现金流量内涵不同,判断的基准参数也不同。

在仅按股本比例分配利润、分担亏损和风险的情况下,投资各方的利益是均等的,可不进行投资各方现金流量分析。投资各方有股权之外的不对等的利益分配时,投资各方的收益率将会有差异,比如其中一方有技术转让方面的收益,或一方有租赁设施的收益,或一方有土地使用权收益的情况。另外,不按比例出资和进行分配的合作经营项目,投资各方的收益率也可能会有差异。计算投资各方的财务内部收益率可以看出各方收益的均衡性是否在一个合理的水平上,有助于促成投资各方在合作谈判中达成平等互利的协议。

【例 9-2】 续【例 9-1】,M 项目初步融资方案为:用于建设投资的项目资本金 105949 万元,建设投资借款 158924 万元,年利率 5%;计算的建设期利息 7946 万元(采用项目资本金支付建设期利息,利率按单利计算)。流动资金的 30%来源于项目资本金,70%为流动资金借款。以投资者整体要求的最低可接受收益率 13%作为财务基准收益率。已编制的项目资本金现金流量表如表 9-1 所示,试根据该表计算项目资本金财务内部收益率,并评价项目资本金的盈利能力是否满足要求。

表 9-1 项目资本金现金流量表 万元

序号	项目	建设期		运营期					
		1	2	3	4	5	6	7	8
	生产负荷(%)			90	100	100	100	100	100
1	现金流入			128346	142607	142607	142607	142607	161226
1.1	营业收入			114888	127653	127653	127653	127653	127653
1.2	销项税额			13458	14954	14954	14954	14954	14954
1.3	回收资产余值								8736
1.4	回收流动资金								9883
2	现金流出	49506	53479	98759	103539	108440	114277	114616	121916

续表

序号	项　　目	建设期		运营期					
		1	2	3	4	5	6	7	8
2.1	项目资金本	49506	53479	2775	190				
2.2	长期借款本金偿还			23365	24533	25759	27047	28400	29820
2.3	流动资金借款本金偿还								6918
2.4	借款利息支付			8238	7089	5863	4575	3222	1802
2.5	经营成本			56620	61059	61059	61059	61059	61059
2.6	进项税额			4836	5373	5373	5373	5373	5373
2.7	增值税					4451	9851	9581	9581
2.8	税金及附加					445	958	958	958
2.9	维持运营投资								
2.10	所得税			2926	5295	5490	5684	6022	6405
3	净现金流量	−49506	−53479	29587	39068	34166	28329	27991	39310

注：(1) 本表中所得税与例 9-1 调整所得税不同，应以销售收入减去总成本费用和税金及附加之后得出的利润总额为基数计算。

(2) 本表中回收资产余值与例 9-1 不同，因其中固定资产余值为将建设期利息纳入固定资产原值后计取的回收固定资产余值。

【解答】

1. 计算表中所得税

以第 8 年为例

营业收入：127653 万元　　经营成本：61059 万元

折旧：(205292＋19286＋7946)×[(1－3%)÷6]＝37591(万元)

摊销：623 万元　　利息：1802 万元　税金及附加：958 万元

利润总额＝127653－61059－37591－623－1802－958＝25619(万元)

所得税＝25619×25%＝6405(万元)

2. FIRR 计算

采用人工试算法，经计算 $NPV_{i=17\%}=5091$，$NPV_{i=20\%}=-2258$，FIRR 必在 17% 和 20%之间，插值计算的项目资本金 FIRR 如下：

$$\text{FIRR}=17\%+\frac{5091}{5091+2258}\times(20\%-17\%)=19.08\%$$

项目资本金财务内部收益率大于要求的财务基准收益率(最低可接受收益率)13%，说明项目资本金获利水平超过了要求，从项目权益投资者整体角度看，在该融资方案下财务效益是可以接受的。

二、静态指标分析

静态分析的内容都是融资后分析内容。静态分析的指标包括项目投资回收期、总投资收益率以及项目资本金净利润率。

(一)静态指标

1. 项目投资回收期(P_t)

项目投资回收期一般从项目建设开始年算起。有关项目投资回收期的概念、计算方法和判别标准等已在第七章介绍,此处应用第七章已述内容举例如下。

【例 9-3】 某公司目前有两个项目可供选择,两者计算期相同,其净现金流量如表 9-2 所示。若该公司要求项目投入资金必须在 3 年内回收,应选择哪个项目?

表 9-2 某公司投资项目净现金流量 万元

年 数	1	2	3	4
项目 A 净现金流量	−6000	3200	2800	1200
项目 B 净现金流量	−4000	2000	960	2400

解:项目 A 的累计净现金流量计算如表 9-3 所示。

表 9-3 投资项目 A 累计净现金流量计算 万元

年 数	1	2	3	4
净现金流量	−6000	3200	2800	1200
累计净现金流量	−6000	−2800	0	1200

按投资回收期计算式,项目 A 投资回收期=3−1+2800/2800=3(年)

项目 B 的累计净现金流量计算如表 9-4 所示。

表 9-4 投资项目 B 累计净现金流量计算 万元

年数	1	2	3	4
净现金流量	−4000	2000	960	2400
累计净现金流量	−4000	−2000	−1040	1360

按投资回收期计算,项目 B 投资回收期=4−1+1040/2400=3.43(年)

因此应该选择项目 A。

【例 9-4】 上述采用投资回收期法进行投资决策的【例 9-3】中,如果该公司要求采用净现值法进行投资决策,设定折现率为 14%,应选择哪个项目?

【解答】 项目 A 的净现值

$$NPV = -6000/1.14 + 3200/(1.14)^2 + 2800/(1.14)^3 + 1200/(1.14)^4 = -200.44$$

项目 B 的净现值

$$NPV = -4000/1.14 + 2000/(1.14)^2 + 960/(1.14)^3 + 2400/(1.14)^4 = 99.14$$

$NPV_A < 0$,$NPV_B > 0$,因此应选择项目 B。

上述计算结果表明,投资回收期法(静态)不考虑资金的时间价值,不考虑现金流量在各年的时间排列顺序,同时忽略了投资回收以后的现金流量,因此利用投资回收期进行投资决策有可能导致决策失误。

2. 总投资收益率

总投资收益率表示总投资的盈利水平,是指项目达到设计能力后正常年份的年息税前

利润(EBIT)或运营期内年平均息税前利润与项目总投资的比率。其计算式为

$$总投资收益率 = \frac{年息税前利润}{项目总投资} \times 100\% \tag{9-1}$$

$$其中，息税前利润 = 利润总额 + 支付的全部利息 \tag{9-2}$$

$$或\ 息税前利润 = 营业收入 - 税金及附加 - 经营成本 - 折旧和摊销 \tag{9-3}$$

总投资收益率高于同行业的收益率参考值，表明用总投资收益率表示的盈利能力满足要求。

3. 项目资本金净利润率

项目资本金净利润率表示项目资本金的盈利水平，是指项目达到设计能力后正常年份的年净利润或运营期内年平均净利润与项目资本金的比率。其计算式为

$$项目资本金净利润率 = \frac{年净利润}{项目资本金} \times 100\% \tag{9-4}$$

项目资本金净利润率高于同行业的净利润率参考值，表明用项目资本金净利润率表示的盈利能力满足要求。

（二）静态指标分析依据的报表

除投资回收期外，静态指标计算所依据的报表主要是"项目总投资使用计划与资金筹措表"和"利润表"。

【例 9-5】 续【例 9-1】和【例 9-2】，编制 M 项目的利润表(不包括利润分配部分)，并计算息税前利润、总投资收益率和项目资本金净利润率指标。项目总投资为 271792 万元，项目资本金为 105949 万元。

【解答】

1. 息税前利润计算

息税前利润等于利润总额加上利息，也即营业收入减去税金及附加、经营成本、折旧和摊销后的余额。静态指标分析所依据的息税前利润系按考虑融资方案后的数值计算(受建设期利息的影响)，与项目投资现金流量分析中计算调整所得税所用的息税前利润(融资前，不受建设期利息的影响)不同。

2. 编制利润表

将上边计算的数据汇入编制的利润表，如表 9-5 所示。

表 9-5　某项目利润表的部分数据　　万元

序号	项　目	运营期					
		3	4	5	6	7	8
	生产负荷(%)	90	100	100	100	100	100
1	营业收入	114888	127653	127653	127653	127653	127653
2	税金及附加			445	958	958	958
3	总成本费用	103183	106473	105247	103959	102606	101076
4	补贴收入						
5	利润总额	11705	21180	21961	22736	24089	25619

续表

序号	项　目	运营期					
		3	4	5	6	7	8
6	弥补以前年度亏损						
7	应纳税所得额	11705	21180	21961	22736	24089	25619
8	所得税	2926	5295	5490	5684	6022	6405
9	净利润	8779	15885	16471	17052	18066	19214
	附：息税前利润	19943	28269	27824	27311	27311	27421

3．计算年平均息税前利润和年平均净利润

根据表 9-5 中的利润总额和表 9-1 中的利息支出，可以计算出各年的息税前利润，附于表 9-5 下方。运营期 6 年内，年平均息税前利润计算为 26346 万元。运营期内年平均净利润计算为 15911 万元。

4．计算指标

按年平均息税前利润和净利润计算总投资收益率和项目资本金净利润率指标。

$$总投资收益率=\frac{26346}{271792}\times 100\%=9.69\%$$

$$项目资本金净利润率=\frac{15911}{105949}\times 100\%=15.02\%$$

第四节　偿债能力分析和财务生存能力分析

偿债能力分析主要是通过编制相关报表，计算利息备付率、偿债备付率等比率指标，分析项目(企业)是否能够按计划偿还项目所筹措的债务资金，判断其偿还能力。财务生存能力分析是在财务分析辅助报表、利润和利润分配表的基础上编制财务计划现金流量表，通过考察项目计算期内各年的投资、融资和经营活动所产生的各项现金流入和流出，计算净现金流量和累计盈余资金，分析项目是否能为企业创造足够的净现金流量维持正常运营，进而考察实现财务可持续性的能力。项目(企业)的利润表以及资产负债表在偿债能力分析和财务生存能力分析中也起着相当重要的作用。

一、相关报表的编制

(一) 借款还本付息计划表

应根据与债权人商定的或预计可能的债务资金偿还条件和方式，计算并编制借款还本付息表，其简要格式如表 9-6 所示。

【例 9-6】 续【例 9-1】、【例 9-2】和【例 9-5】，M 项目建设期 2 年，建设投资借款 158924 万元，年利率 5%，假定借款在年中支用，建设期利息估算为 7946 万元(采用项目资本金当年支付建设期利息)，投产后在 6 年内等额还本付息。

表 9-6　借款还本付息表　万元

序号	项　　目	运营期					
		3	4	5	6	7	8
	借款及还本付息						
1	借款余额	158924	135559	111027	85267	58220	29820
2	本年借款						
3	本年应计利息	7946	6778	5551	4263	2911	1491
4	本年还本付息	31311	31311	31311	31311	31311	31311
	其中：还本	23365	24533	25759	27047	28400	29820
	付息	7946	6778	5551	4263	2911	1491
5	年末借款本息累计	135559	111027	85267	58220	29820	0

（二）财务计划现金流量表

财务计划现金流量表用于反映计算期内各年的投资活动、融资活动和经营活动所产生的现金流入、现金流出和净现金流量，考察资金平衡和余缺情况，是表示财务状况的重要财务报表。财务计划现金流量表格式如表 9-7 所示，表中绝大部分数据可来自其他表格。

【例 9-7】 续【例 9-1】、【例 9-2】、【例 9-5】和【例 9-6】，编制财务计划现金流量表。

【解答】 将上述相关各表中数据纳入编制的财务计划现金流量表如表 9-7 所示。

表 9-7　财务计划现金流量表　万元

序号	项　　目	建设期		运营期					
		1	2	3	4	5	6	7	8
	生产负荷			90%	100%	100%	100%	100%	100%
1	经营活动净现金流量			63964	70880	65789	59952	59613	59231
1.1	现金流入			128346	142607	142607	142607	142607	142607
1.1.1	营业收入			114888	127653	127653	127653	127653	127653
1.1.2	增值税销项税额			13458	14954	14954	14954	14954	14954
1.1.3	补贴收入								
1.1.4	其他流入								
1.2	现金流出			64382	71727	76818	82655	82993	83376
1.2.1	经营成本			56620	61059	61059	61059	61059	61059
1.2.2	增值税进项税额			4836	5373	5373	5373	5373	5373
1.2.3	税金及附加					445	958	958	958
1.2.4	增值税					4451	9581	9581	9581
1.2.5	所得税			2926	5295	5490	5684	6022	6405
2	投资活动净现金流量	−126981	−126981	−9250	−633				
2.1	现金流入								
2.2	现金流出	126981	126981	9250	633				
2.2.1	建设投资	126981	126981						

续表

序号	项　　目	建设期		运营期					
		1	2	3	4	5	6	7	8
2.2.2	维持运营投资								
2.2.3	流动资金			9250	633				
3	筹资活动净现金流量	126981	126981	−22352	−30989	−31622	−31622	−31622	−38541
3.1	现金流入	128968	132941	9250	633				
3.1.1	项目资本金投入	49506	53479	2775	190				
3.1.2	维持运营投资								
3.1.3	建设投资借款	79462	79462						
3.1.4	流动资金借款			6475	443				
3.1.5	短期借款								
3.2	现金流出	1987	5960	31602	31622	31622	31622	31622	38541
3.2.1	各种利息支出	1987	5960	8238	7089	5863	4575	3222	1802
3.2.2	偿还长期借款本金			23365	24533	25759	27047	28400	29820
3.2.3	偿还流动资金借款本金								6918
3.2.4	偿还短期借款本金								
3.2.5	股利分配								
4	净现金流量			32362	39258	34166	28329	27991	20690
5	累计盈余资金			32362	71620	105786	134115	162107	182797

（三）资产负债表

资产负债表通常按企业范围编制，表中数据可由其他报表直接引入或经适当计算后列入，以反映企业某一特定日期的财务状况。编制过程中应实现资产与负债和所有者权益两方的自然平衡。与实际企业相比，财务分析中资产负债表的科目可以适当简化，反映的是各年年末的财务状况，必要时也可以按“有项目”范围编制。按增量数据编制的资产负债表无意义。资产负债表的格式如表 9-8 所示。

【例 9-8】 续【例 9-5】和【例 9-7】，按照财务分析中对资产负债表的编制要求，编制 M 项目资产负债表。

【解答】 M 项目资产负债表的编制如表 9-8 所示，并将计算的各年资产负债率列示于表中。

表 9-8　资产负债表　　万元

序号	项　　目	建设期		运营期					
		1	2	3	4	5	6	7	8
1	资产	128968	261908	260114	252492	243203	233208	222875	205350
1.1	流动资产总额			45153	85437	119604	147933	175924	196615
1.1.1	货币资金			33287	72566	106733	135062	163053	183744
	现金			926	947	947	947	947	947

续表

序号	项　　目	建设期		运营期					
		1	2	3	4	5	6	7	8
	累计盈余资金			32362	71620	105786	134115	162107	182797
1.1.2	应收账款			6828	7381	7381	7381	7381	7381
1.1.3	预付账款								
1.1.4	存货			5037	5490	5490	5490	5490	5490
1.1.5	其他								
1.2	在建工程	117300	238574						
1.3	可抵扣增值税	11667	23334	14711	5130				
1.4	固定资产净值			194933	157341	119750	82158	44567	6976
1.5	无形及其他资产净值			5317	4583	3850	3117	2383	1760
2	负债及所有者权益	128968	261908	260114	252492	243203	233208	222875	205350
2.1	流动负债总额			3541	3934	3934	3934	3934	3934
2.1.1	短期借款								
2.1.2	应付账款			3541	3934	3934	3934	3934	3934
2.1.3	预收账款								
2.1.4	其他								
2.2	建设投资借款	79462	158924	135559	111027	85267	58220	29820	
2.3	流动资金借款			6475	6918	6918	6918	6918	
2.4	负债小计	79462	158924	145575	121879	96120	69072	40672	3934
2.5	所有者权益	49506	102984	114538	130613	147084	164136	182202	201416
2.5.1	资本金	49506	102984	105759	105949	105949	105949	105949	105949
2.5.2	资本公积								
2.5.3	累计盈余公积金			878	2466	4113	5819	7625	9547
2.5.4	累计未分配利润			7901	22197	37021	52368	68628	85920
计算指标	资产负债率(%)			55.97	48.27	39.52	29.62	18.25	1.92

二、偿债能力分析

(一) 根据资产负债表计算的指标

1. 资产负债率

资产负债率是指企业(或“有项目”范围)的某个时点负债总额同资产总额的比率。计算公式如下：

$$资产负债率=\frac{负债总额}{资产总额}\times 100\% \tag{9-5}$$

资产负债率表示企业总资产中有多少是通过负债得来的,是评价企业负债水平的综合指标。适度的资产负债率既能表明企业投资人、债权人的风险较小,又能表明企业经营安全、稳健、有效,具有较强的融资能力。过高的资产负债率表明企业财务风险太大；过低的资产负债率则表明企业对财务杠杆利用不够。项目财务分析中通常按年末数据进行计算，在长期债务还清后的年份可不再计算资产负债率。

2. 流动比率

流动比率是企业某个时点流动资产同流动负债的比率。其计算公式为

$$流动比率=\frac{流动资产}{流动负债} \tag{9-6}$$

流动比率是衡量企业资产流动性的大小，考察流动资产规模与流动负债规模之间的关系，判断企业短期债务到期前，可以转化为现金用于偿还流动负债的能力。该指标越高，说明偿还流动负债的能力越强。国际公认的标准比率是2.0。

3. 速动比率

速动比率是企业某个时点的速动资产同流动负债的比率，其计算公式为

$$速动比率=\frac{速动资产}{流动负债} \tag{9-7}$$

$$速动资产=流动资产-存货 \tag{9-8}$$

速动比率也是衡量企业资产流动性的指标，是将流动比率指标计算公式的分子剔除了流动资产中的存货后，计算企业的短期债务偿还能力，较流动比率更为准确地反映偿还流动负债的能力。该指标越高，说明偿还流动负债的能力越强。国际公认的标准比率为1.0。

（二）根据借款还本付息计划表、利润表及总成本费用表计算的指标

1. 利息备付率

利息备付率是指在借款偿还期内的息税前利润与当年应付利息的比值，它从付息资金来源的充裕性角度反映项目偿付债务利息的能力。息税前利润等于利润总额和当年应付利息之和，当年应付利息是指计入总成本费用的全部利息。利息备付率计算公式如下

$$利息备付率=\frac{息税前利润}{应付利息额} \tag{9-9}$$

利息备付率应分年计算，分别计算在债务偿还期内各年的利息备付率。利息备付率表示利息支付的保证倍率，对于正常经营的企业，利息备付率至少应当大于1，一般不宜低于2，并结合债权人的要求确定。利息备付率高，说明利息支付的保证度大，偿债风险小；利息备付率低于1，表示没有足够资金支付利息，偿债风险很大。

2. 偿债备付率

偿债备付率是从偿债资金来源的充裕性角度反映项目偿付债务本息的能力，是指在债务偿还期内，可用于计算还本付息的资金与当年应还本付息额的比值。可用于计算还本付息的资金是指息税折旧摊销前利润（EBITDA，息税前利润加上折旧和摊销）减去所得税后的余额；当年应还本付息金额包括还本金额及计入总成本费用的全部利息。偿债备付率的计算公式如下

$$偿债备付率=\frac{(息税折旧摊销前利润-所得税)}{应还本付息额} \tag{9-10}$$

如果运营期间支出了维持运营的投资费用，应从分子中扣减。偿债备付率应分年计算，分别计算在债务偿还期内各年的偿债备付率。偿债备付率表示偿付债务本息的保证倍率，至少应大于1，一般不宜低于1.3，并结合债权人的要求确定。偿债备付率低，说明偿付债务本息的资金不充足，偿债风险大。当这一指标小于1时，表示可用于计算还本付息的资金不足以偿付当年债务。

三、财务生存能力分析

在项目（企业）运行期间，只有能够从各项经济活动中得到足够的净现金流量，项目才得以持续生存。财务分析中应根据财务计划现金流量表，综合考察项目计算期内各年的投资活动、融资活动和经营活动所产生的各项现金流入和流出，计算净现金流量和累计盈余资金，分析项目是否有足够的净现金流量维持正常运营。为此，财务生存能力亦称为资金平衡分析。

财务生存能力分析应结合偿债能力分析进行，如果拟安排的还款期过短，致使还本付息负担过重，导致为维持资金平衡必须筹措的短期借款过多，可以调整还款期，减轻各年还款负担。通常因运营期前期的还本付息负担较重，应特别注意运营期前期的财务生存能力分析。

第五节　实训案例

LY水电站建设项目的财务分析

基础数据

拓展阅读

LY水电站财务分析案例数据表格

（1）生产规模

LY水电站基本情况同第六章案例。

（2）内部收益率

项目资本金财务内部收益率采用10%。

（3）计算期

LY水电站筹建期1年，施工期8年（含初期运行期），根据“计价格〔2001〕701号”文精神，正常生产期采用30年。因此，计算期共计39年。

投资计划与资金筹措

资金筹措包括资本金筹措和银行贷款两部分。工程建设所需资本金由业主筹措，其余建设资金按国有商业银行贷款考虑。

（1）固定资产投资

根据2009年第三季度价格水平，LY水电站工程静态总投资为1542420.33万元，2009年价格水平年以前不考虑涨价预备费，2010—2015年涨价预备费78172.08万元，固定资产投资为1620592.41万元。

(2) 建设期利息

银行贷款利息按复利计算。建设期利息考虑了初期运行期发生效益及期间部分贷款利息计入发电成本的影响。经计算,电站工程建设期利息为355543.57万元,建设期利息计入固定资产原值。

(3) 流动资金

电站流动资金按10元/kW计算,共需2400万元。按规定,其中30%使用资本金,其余70%从银行借款,流动资金借款额为1680万元,流动资金贷款年利率逐年短期贷款利率,如表9-11所示。流动资金随机组投产投入使用,贷款利息计入发电成本,本金在计算期末一次回收。

(4) 总投资

经计算,LY水电站工程总投资为1978535.98万元(含流动资金2400万元,不含流动资金的工程总投资为1976135.98万元),其中静态总投资为1542420.33万元,占总投资的77.96%;涨价预备费为78172.08万元,占总投资的3.95%;建设期利息为355543.57万元,占总投资的17.97%;流动资金为2400万元。电站建成后,形成固定资产原值1976135.98万元,暂不考虑无形资产及递延资产。

总成本费用计算

电站发电成本包括折旧费、修理费、保险费、职工工资及福利费、劳保统筹、医疗保险、住房公积金、失业保险、材料费、库区基金、水资源费、其他费用和利息支出等。经营成本指不包括折旧费和利息支出的全部费用。

各项费用的计取规则表示如下情况。

折旧费=固定资产原值×综合折旧率;

修理费=固定资产原值×修理费率;

保险费=固定资产原值×保险费率;

其中:固定资产原值=固定资产投资+建设期利息;电站综合折旧率采用4.0%,修理费率取1%,保险费率取0.25%。

工资=职工人数×年人均工资;LY水电站定员145人,职工年人均工资50000元。

根据现行政策,医疗保险及住房公积金等按工资总额的63.5%(其中其他福利费用14%、工会经费2%、职工教育经费2.5%、基本养老保险20%、基本医疗保险费9%、工伤保险费1%、生育保险费1%、失业保险费2%和住房公积金12%)计。

水资源费按0.008元/kW·h计;材料费定额取3元/kW;其他费定额取25元/kW。

根据《国务院关于完善大中型水库移民后期扶持政策的意见》(国发〔2006〕17号)的相关规定,经国务院批准,财政部制定了《大中型水库库区基金征收使用管理暂行办法》(2007年4月17日财综〔2007〕26号)。故LY水电站库区基金按0.008元/kW·h的标准征收。生产期内固定资产投资借款和流动资金借款利息作为财务费用均计入总成本费用。

发电效益计算

(1) 发电销售收入

销售收入=厂供电量×上网电价。

LY水电站按满足资本金财务内部收益率10%测算的电站经营期上网电价为0.2925

元/kW·h,上网电价中不含增值税(以下若不特别说明均为不含税电价),采用此上网电价计算电站发电销售收入。

(2) 税金

按规定,水电建设项目应缴纳增值税、销售税金附加和所得税。

1) 增值税。电力产品增值税税率为17%。由于LY水电站可扣减的进项税额非常有限,故直接按发电销售收入的17%计算增值税。增值税为价外税,为计算销售税金附加的基础。

2) 销售税金附加。销售税金附加包括教育费附加、地方教育附加和城市维护建设税,均以增值税税额为计算基数,税率分别为3%、2%和5%。

3) 所得税。《中华人民共和国企业所得税法》已于第十届全国人民代表大会第五次会议于2007年3月16日通过,并以中华人民共和国主席令第六十三号公布,自2008年1月1日起施行,企业所得税的税率为25%。《中华人民共和国企业所得税法实施条例》已于2007年11月28日国务院第197次常务会议通过,并以中华人民共和国国务院令第512号公布,自2008年1月1日起施行。根据《关于执行公共基础设施项目企业所得税优惠目录有关问题的通知》(财税〔2008〕46号):"企业从事《公共基础设施项目企业所得税优惠目录》内符合相关条件和技术标准及国家投资管理相关规定、于2008年1月1日后经批准的公共基础设施项目,其投资经营所得,自该项目取得第一笔生产经营收入所属纳税年度起,第一年至第三年免征企业所得税,第四年至第六年减半征收企业所得税。"

根据以上政策,LY水电站享受"第一年至第三年免征企业所得税,第四年至第六年减半征收企业所得税"的优惠政策。

所得税=应纳税所得额×所得税税率

应纳税所得额=发电销售收入-发电总成本费用-销售税金附加

(3) 发电利润

发电利润=发电收入-总成本费用-销售税金附加

税后利润=发电利润-应缴所得税。

税后利润提取10%的法定盈余公积金后,剩余部分为可分配利润,再扣除分配给投资者的应付利润(资本金还贷期间及还贷后分别按每年5%和15%的利润率分配红利),即为未分配利润。

生存能力分析

本工程自开工建设后的第8年起机组全部投入运行,各年发电销售收入均能够满足总成本费用支出,工程能够维持基本运行。通过编制项目财务计划现金流量表,考察经营活动的现金流量可知,经营活动净现金流量大于0,说明本项目具有足够的净现金流量维持正常运行,项目具有较好的财务生存能力。

偿债能力分析

通过编制项目借款还本付息计划表可知,按电站经营期上网电价0.2925元/kW·h,LY水电站的借款偿还期为24.73年,满足借款期限不超过25年的要求。

通过编制项目资产负债表可知,由于项目资金筹措方案中债务资金所占比例较大,且项目运营中总成本费用占发电收入比例较高,因此项目运营过程中资产负债率较高,最高为投产期第一年的资产负债率79.62%，随着工程的投入运行，还款计划逐年实施，资产负债率逐步下降，还清银行长期贷款后资产负债率降至0.17%以下，整个还贷期的资产负债率平均为63.34%，说明本项目具有一定的偿还债务能力。

盈利能力分析

利润总额为财务收入扣除成本费用与销售税金，税后利润为利润总额扣除所得税，法定盈余公积金为本年税后利润的10%。编制项目利润与利润分配表。

在财务收入与利润分配计算的基础上，进行不同资金的现金流量分析，编制项目投资财务现金流量表、项目资本金现金流量表。通过计算可知，LY水电站工程项目投资回收期为17.26年(所得税后)，在全部投资投入后第9年即可收回全部资金。项目投资财务内部收益率为8.12%(所得税后)，高于银行长期贷款利率7.05%，表明项目盈利能力较好。

从项目资本金现金流量表可看出，按电站经营期上网电价0.2925元/kW·h计算，资本金财务内部收益率可达10%。

电站工程财务评价结论

拓展阅读

某火电站扩建项目财务评价

按资本金财务内部收益率10%测算的电站工程财务评价指标汇总见拓展阅读9.3。

LY水电站按项目资本金财务内部收益率10%测算的电站经营期上网电价0.2925元/kW·h，按此电价进行财务指标计算，资本金财务内部收益率为10%，项目投资回收期17.26年，项目投资财务内部收益率8.12%，借款偿还期24.73年，满足银行贷款期限不超过25年的要求。

思考与练习

一、简答题

1. 财务分析的内容和作用是什么？

即测即练

2. 如何估算项目营业收入？
3. 如何估算项目成本费用，以及税金？
4. 财务分析中评价指标包括哪些？
5. 进行偿债能力和财务生存能力分析时应用哪些指标？

二、计算题

1. 某项目第1年和第2年各有固定资产投资400万元，第2年投入流动资金200万元，并当年达产，每年销售收入600万元，生产总成本350万元，项目生产期为10年，期末有固定资产残值50万元，年税金及附加为50万元，并回收全部流动资金，所得税税率为25%。若基准折现率为10%，请计算各年净现金流量和项目净现值。

2. 某企业一台精密机床，原值为350000元，预计净残值率为6%，预计完成的工作量为13160h，5月份该机床实际工作220小时。请采用工作量法计算该机床5月份应提折旧额。

3. 一台设备的原值为40000元，预计使用年限为5年，预计净残值率为5%，试计算：

(1) 用年数总和法计算该设备的逐年折旧额和折旧率；

(2) 用双倍余额递减法计算该设备的逐年折旧额和折旧率。

4. 某企业2024年度生产经营情况如下：销售收入5000万，销售成本3600万，营业税金及附加140万；其他业务收入70万，其他业务成本50万；发生的其他费用合计为1000万；产生营业外支出160万，投资收益10万。试计算该企业2024年度的利润总额（税前利润）和所得税。

5. 某电力工程项目第1年有固定资产投资800万元，第2年投入流动资金200万元并于当年达产，每年销售收入600万元，经营成本350万元，销售税金40万元，项目寿命期10年，期末固定资产残值50万元，并回收全部流动资金，所得税税率25%。试计算各年税前和税后净现金流量，并作出现金流量图。

第十章

电力项目国民经济评价

学习目标

1. 理解国民经济评价的基本概念、作用和基本原则；

2. 熟悉费用和效益鉴别与度量的原则与内容；

3. 了解风、光、储项目碳减排效益内容；

4. 理解和掌握经济费用效益和费用效果分析评价方法。

素养目标

1. 使学生充分认识国民经济评价的本质，培养对费用、效益和效果等因素的认识和理解，了解不同因素可能对国民经济造成的影响；

2. 培养学生在国民经济评价过程中公平、公正的思想品格和服务社会的思想意识，培育正直、诚实守信的职业操守；

3. 培养学生的大局观，提高学生对于区域经济和社会经济等问题的分析能力，提升对社会问题的认知高度，培养其在不同社会境遇中的处理与应变能力。

本章知识结构图

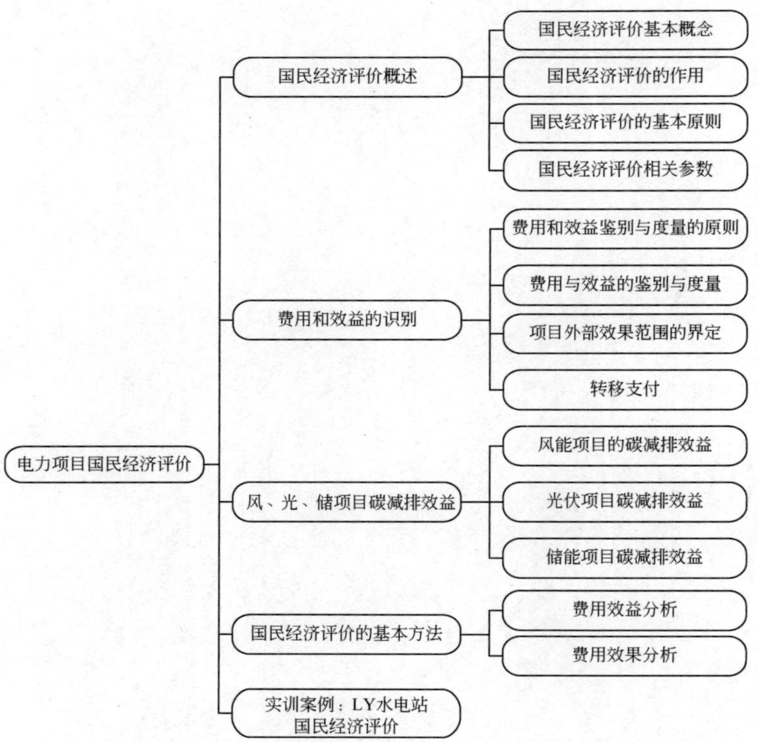

第一节 国民经济评价概述

一、国民经济评价基本概念

国民经济评价是按合理配置资源的原则，采用社会折现率、影子汇率、影子工资和货物影子价格等国民经济评价参数，从项目对社会经济所做贡献以及社会经济为项目付出代价的角度，识别项目的效益和费用，分析计算项目对社会经济（社会福利）的净贡献，评价项目投资的经济效率，即经济合理性。

国民经济评价的目的，是把国家有限的各种资源投入到国家和社会最需要的项目之中，并使这些可用于投资的社会有限资源能够合理配置和有效利用，从而得到最大的投资效益。

（一）经济费用

项目的经济费用是指项目耗用社会经济资源的经济价值，即按经济学原理估算出的被耗用经济资源的经济价值。

项目经济费用包括三个层次的内容，分别为项目实体直接承担的费用、受项目影响的利益群体支付的费用以及整个社会承担的环境费用。第一项称为直接费用，第二项和第三项一般称为间接费用，但更多地称为外部效果。

1. 直接费用。直接费用是指项目使用投入物所形成的、并在项目范围内计算的费用，一般表现为其他部门为本项目提供投入物需要扩大生产规模所耗用的资源费用；减少对其他项目或者最终消费投入物的供应而放弃的效益；增加进口或者减少出口而耗用或者减少的外汇等。

2. 间接费用。间接费用是指国民经济为项目付出了代价，而在项目直接费用中没有得到反映的费用，如项目产生的环境污染及造成的生态平衡破坏所需的治理费用；新建投资项目的服务配套设施、附属工程所需的投资支出和其他费用；为新建项目配套的邮政、水、电、道路、港口码头等公用基础设施的投资支出和费用。如果这些设施是专门和全部为本项目服务的，则应作为项目的组成部分，其所有费用都应包括在项目总投资之内；如果这些设施不是全部为本项目服务，则应根据本项目所享受的服务质量的大小、使用程度来进行分摊，并把这部分费用计入项目的总费用中。

（二）经济效益

项目的经济效益是指项目为社会创造的社会福利的经济价值，即按经济学原理估算出的社会福利的经济价值。

与经济费用相同，项目的经济效益也包括三个层次的内容，分别为直接获得的效益、受项目影响的利益群体获得的效益以及项目可能产生的环境效益。第一项称为直接效益，第二项和第三项称为间接效益。

1. 直接效益。直接效益是指由项目产出物直接生成并在项目范围内计算的经济效益，一般表现为增加项目产出物或者服务的数量以满足国内需求的效益；替代效益较低的相同或相似企业的产出物或者服务，使被替代企业减产(停产)从而减少国家有用资源耗费或者损失的效益；增加出口或者减少进口从而增加或者节支的外汇等。

经济费用效益评价与财务评价的区别

2. 间接效益。间接效益是指项目对国民经济做出的贡献中，在直接效益中未得到反映的那部分效益。它是由于项目的投资兴建和经营，使配套项目和相关部门因增加产量和劳务量而获得的效益。例如，水利工程除了用于发电外，还可以为当地的农田灌溉、防洪、农产品加工等带来好处和收益。

二、国民经济评价的作用

(一) 正确反映项目对社会福利的净贡献，评价项目的经济合理性

前章所表述的财务评价主要是从企业(财务主体)和投资者的角度考察项目的效益。由于企业利益并不总是与国家和社会利益完全一致，项目的财务评价至少在以下几个方面难以全面正确地反映项目的经济合理性。

1. 国家给予项目补贴；
2. 企业向国家缴税；
3. 某些货物市场价格可能的扭曲；
4. 项目的外部效果(间接效益和间接费用)。

因而需要从项目对社会资源增加所做贡献和项目引起社会资源耗费增加的角度进行项目的国民经济评价，以便正确反映项目对社会福利的净贡献。

(二) 为政府合理配置资源提供依据

合理配置有限的资源(包括劳动力、土地、各种自然资源、资金等)是人类经济发展所面临的共同问题。在完全的市场经济状态下，可通过市场机制调节资源的流向，实现资源的优化配置。在非完全的市场经济中，需要政府在资源配置中发挥调节作用，但是由于市场本身的原因及政府不恰当的干预，可能导致市场配置资源的失误。

(三) 政府审批或核准项目的重要依据

在我国新的投资体制下，国家对项目的审批和核准重点放在项目的外部性、公共性方面，而国民经济评价强调对项目的外部效果进行分析，可以作为政府审批或核准项目的重要依据。

(四) 为市场化运作的基础设施等项目提供制定财务方案的依据

对部分或完全市场化运作的基础设施等项目，可通过国民经济评价来论证项目的经济价值，为制定财务方案提供依据。

（五）在比选和优化项目（方案）中发挥重要作用

在项目决策分析与评价的全过程中强调方案比选，为提高资源配置的有效性，方案比选应根据能反映资源真实经济价值的相关数据进行，这需要依赖于国民经济评价，因此国民经济评价在方案比选和优化中可发挥重要作用。

（六）有助于实现企业利益、地区利益与全社会利益有机地结合和平衡

对于电力建设项目，国家大多实行审批制或核准制，应该强调从社会经济的角度评价和考察，支持和发展对社会经济贡献大的项目，并特别注意限制和制止对社会经济贡献小甚至有负面影响的项目。正确运用国民经济评价方法，在项目决策中可以有效地察觉盲目建设、重复建设项目，实现企业利益、地区利益与全社会利益有机地结合与平衡。

三、国民经济评价的基本原则

(1) 国民经济评价遵循项目评价的“有无对比”原则，采用“有无对比”方法识别项目的效益和费用。

(2) 国民经济评价采用影子价格（或称计算价格）估算各项效益和费用。

(3) 国民经济评价采用费用效益分析或费用效果分析方法，寻求以最小的投入（费用）获取最大的产出（效益或效果）。

(4) 经济费用效益分析采用费用效益流量分析方法，计算经济内部收益率、经济净现值等指标，从资源配置角度评价项目的经济效率是否达到要求；经济费用效果分析对费用和效果采用不同的度量方法，计算效果费用比或费用效果比指标。

四、国民经济评价相关参数

国民经济评价参数是指在投资项目的国民经济评价中为计算费用和效益，衡量技术经济指标而使用的一些参数。制定国民经济评价参数，实际上也是政府干预的一种重要方式，所以从理论上讲，国民经济评价参数应反映最佳的资源分配、宏观经济目标、政府价值判断和在一定时期的经济政策等。

在国民经济评价中，国民经济评价参数主要包括社会折现率、影子汇率换算系数、影子工资换算系数和影子价格等。其中，社会折现率和影子汇率换算系数是国民经济评价中必须采用的。根据国家发展和改革委员会、建设部发布的《关于建设项目经济评价工作的若干规定》的要求，国民经济评价中采用的社会折现率、影子汇率换算系数等，由国家发展和改革委员会与建设部组织测定、发布并定期调整。有关部门（行业）可根据需要自行测算，补充国民经济评价所需要的其他行业参数，并报国家发展和改革委员会与建设部备案。

（一）影子价格

价格是国民经济评价中的一个关键因素，是度量项目费用和效益的统一尺度。价格合理与否关系到费用和效益计算的正确性，从而关系到分析结果的客观性。合理的价格应当

是反映市场供求关系和资源稀缺程度，使资源得到合理配置的价格。随着我国经济发展、市场化水平的不断提高和贸易范围的不断扩大，相当一部分产品的现行价格基本反映了市场供求关系和资源的稀缺程度，但仍然有一部分产品的现行价格由于历史原因、政府补贴和关税保护等原因不反映或不完全反映商品的真实价格。如果用这样的"失真"价格来分析、评价项目，往往会得出不正确的结论。因为在一个价格被"扭曲"了的市场上，由于价格体系的失真，采用现行市场价格进行国民经济评价的结果，不足以反映一个投资项目对社会经济的贡献。所以，在国民经济评价中，要用合理的价格对投入物和产出物的现行价格进行调整，这种合理的价格，我们借助经济数学的定义，称其为影子价格。

（二）社会折现率

社会折现率是指项目在国民经济评价中衡量经济内部收益率的基准值，也是计算项目经济净现值的折现率，是项目经济可行性和方案比选的主要根据。从这个意义上说，社会折现率是投资项目决策的重要工具。适当的社会折现率可以促进资源的合理分配，引导资金投向对社会经济净贡献大的投资项目。原则上，选取的社会折现率应能使投资资金的供需基本平衡。如果社会折现率定得过高，投资资金供过于求，将导致资金积压，也会过高估计货币的时间价值，使投资者偏爱短期项目。如果定得过低，在国民经济评价中有过多的项目通过检验，将导致投资资金不足，同时也会过低估计货币的时间价值，使投资者偏爱长期项目。

社会折现率应根据国家的社会经济发展目标、发展战略、发展优先顺序、发展水平、宏观调控意图、社会成员的费用效益时间偏好、社会投资收益水平、资金供给状况和资金机会成本等因素综合测定。根据国家发展改革委和建设部发布的《关于建设项目经济评价工作的若干规定》的要求，目前测定的社会折现率为 8%；对于收益期长的投资项目，如果远期效益较大，效益实现的风险较小，社会折现率可适当降低，但不应低于 6%。

（三）影子汇率

影子汇率在国民经济评价中将外汇折算为人民币。对于非美元的其他国家货币，可先按当前国家外汇管理局公布的汇率折算为美元，再用影子汇率折算为人民币。影子汇率影响投资项目决策中的进出口决策，间接影响项目的经济合理性。一般认为，在国家实行外汇管制和没有形成自由外汇市场的条件下，官方汇率（国家公布的正式汇率）往往低估了外汇的价值。所以，国民经济评价中必须对官方汇率进行调整，选用较能反映外汇真实经济价值的影子汇率，即外汇的机会成本。外汇的机会成本是在一定的经济政策和经济状况下，由于项目投入或产出从而减少或增加外汇收入给社会经济带来的净损失或净效益。对于投入物来讲，是指因为投入 1 美元的外汇，国家实际要支付或消耗多少人民币；对产出物来讲，是指因为增加 1 美元的外汇，国家实际所得到的人民币收入。影子汇率通过影子汇率换算系数计算，影子汇率换算系数是影子汇率与国家外汇牌价的比值。影子汇率应按下式计算

$$\text{影子汇率} = \text{外汇牌价} \times \text{影子汇率换算系数} \tag{10-1}$$

根据我国外汇收支、外汇需求、进出口结构、进出口关税、进出口增值税及出口退税补贴等情况，目前我国的影子汇率换算系数取值为 1.08。

（四）影子工资

在国民经济评价中，用影子工资度量劳动力费用。影子工资是指拟建项目使用劳动力，社会为此而付出的代价。影子工资由两部分组成：一是劳动力的机会成本，即由于所分析项目的建设而使其他部门流失的劳动力的边际产出；二是因劳动力就业或转移所增加的社会资源消耗，如交通运输费用、城市管理费用和安家补偿费等。这些资源是因项目存在而消耗的，但并没有因此提高劳动力的生活水平。

在国民经济评价中，以影子工资作为劳动力费用，并计入经营费用。从理论上讲，影子工资包括劳动力的机会成本和社会为劳动力的就业或转移所消耗的资源价值。实际上，劳动力的机会成本是很难计算的，即难以准确地计算出已有的边际劳动力产品，至于后一部分的估算就更加困难了，因为在项目评估阶段，难以预测项目建成或投产时会增加多少社会资源的消耗。所以，一般以财务评价中的现行工资及福利费为基础，乘一个影子工资换算系数，即变换为影子工资。影子工资换算系数是指影子工资与项目财务评价中劳动力工资的比值。影子工资可按下式计算

$$影子工资 = 财务工资 \times 影子工资换算系数 \tag{10-2}$$

选用影子工资换算系数应坚持的原则为：一般的项目，可选用 1.0；对于某些特殊项目，在有充分依据的前提下，可根据项目所在地的劳动力的充裕程度，以及项目技术的特点，适当提高或降低影子工资换算系数，即或者大于 1.0，或者小于 1.0。若是项目所在地区就业压力大，或所用的劳动力大部分是非熟练劳动力，那么可取小于 1.0 的影子工资换算系数，如可取 0.2～0.8 的影子工资换算系数，因为在这种情况下，劳动力的机会成本是相对比较小的。若是占用大量短缺的专业技术人员的投资项目，可取大于 1.0 的影子工资换算系数。因为在这种情况下，劳动力的机会成本相对比较大，为培训、转移所消耗的社会资源也较多。上述只是给出一个范围，在确定一个具体数值时，还要由项目评估人员根据项目的特点和项目环境，按照上述原则进行分析和选择。

第二节　费用和效益的识别

一、费用和效益鉴别与度量的原则

（一）费用和效益鉴别的原则

费用与效益的鉴别应遵循以下几方面原则。

1. 增量分析的原则

项目国民经济评价应建立在增量费用和增量效益鉴别与计算的基础之上，不应考虑沉没成本和已实现的效益。应按照“有无对比”增量分析的原则，通过项目的实施效果与无项目情况下可能发生的情况进行对比分析，作为计算机会成本或增量效益的依据。

2. 考虑关联效果的原则

项目国民经济评价应考虑项目投资可能产生的其他关联效应。

3. 以本国居民作为分析对象的原则

对于跨越国界对本国之外的其他社会成员产生影响的项目,应重点分析对本国公民新增的费用和效益,项目对本国以外的社会群体所产生的效果,可进行单独分析。

4. 剔除转移支付的原则

转移支付代表购买力的转移行为,接受转移支付的一方所获得的效益与付出方所产生的费用相等,转移支付行为没有导致新增资源的发生。在进行国民经济评价时不再计算转移支付的影响。

(二)费用和效益度量的原则

费用与效益的度量应遵循以下几方面原则。

1. 支付意愿原则

项目产出物的正面效果的计算遵循支付意愿原则,用于分析社会成员为项目所产生的效益愿意支付的价值。

2. 受偿意愿原则

项目产出物的负面效果的计算遵循接受补偿意愿原则,用于分析社会成员为接受这种不利影响所得到补偿的价值。

3. 机会成本原则

项目投入的经济费用的计算应遵循机会成本原则,用于分析项目所占用的所有资源的机会成本。机会成本应按资源的其他最有效利用所产生的效益进行计算。

4. 实际价值计算原则

项目国民经济评价应对所有费用和效益采用反映资源真实价值的实际价格进行计算,不考虑通货膨胀因素,但应考虑相对价格变动。

二、费用的鉴别与度量

鉴别和度量费用有以下四种情况。

(一)增加项目所需投入物的社会供应量

因项目大量使用投入物,可能促使社会通过增加生产量来满足这种需求。也就是说,社会为满足增加的需求量消耗了有限的资源。项目所需投入物所带来的费用是为增加社会供给量所消耗的资源的真实成本,也就是作为项目投入物的资源的机会成本。

(二)减少对其他相同或类似企业的供给量

项目所需的投入物可能是由减少对其他企业的供应量而转移过来的。在这种情况下项目的费用就是其他企业因减少该种投入物的供应量而相应减少的产量用影子价格计算的边际效益。

（三）增加进口或减少出口

增加进口是指投资项目建设使国家必须增加进口，以满足项目对投入物的需要。在这种情况下，项目的费用可看作是国家为增加进口而多支付的外汇。减少出口是指因项目使用了国家准备用来出口的商品作为投入物，从而减少了国家的出口量。在这种情况下，项目的费用可看作是国家因减少出口而损失的外汇收入。

（四）间接费用

如上所述，国民经济评价中的间接费用是指负的外部性（也即外部不经济性），如项目对自然环境和生态环境造成的损害、项目产品大量出口从而引起该种产品出口价格下降等。对自然环境造成的损害主要是指环境污染所造成的价值损失。环境污染有空气污染、水污染、固体废物的堆积和噪声造成的污染等，环境污染造成的损害包括健康状况的变化、空气或水污染对基础设施的破坏、美学效益下降或娱乐机会的丧失以及产量的变化等。对生态环境造成的损害主要是指对区域生态环境破坏所造成的价值损失，例如，为一个水产项目所进行的土地清理可能需要对湿地进行改造，导致鸟类栖息地减少和水质退化等。

对于项目所造成的环境破坏的价值损失，首先要进行鉴别，确认项目与环境影响之间的函数关系，然后对环境影响赋予货币价值。当然，对所造成的损失，能用货币量化的尽可能量化，并计入与项目效益对应的费用项中；量化确实有困难的，可做定性分析，如果破坏确实严重，可以通过定性分析结果否定该项目。传统的量化方法有三个：(1)计算为了清除污染或减少污染社会所消耗的资源的价值，作为项目的间接费用；(2)计算环境污染导致的其他企业或有关单位和人群的效益下降值作为项目的间接费用；(3)计算项目为其产生的污染所支付的赔偿金和罚款等，作为项目的间接费用。

随着环境经济学的发展，环境影响评价的方法也趋于完善。目前，主要有客观估价法和主观估价法两种方法。客观估价法的依据是能够量化的技术和（或）实物量关系。它依赖于客观的环境变化以及货物或服务的市场价格或支出。主观估价法的依据是行为关系或揭示的关系，通常使用替代指标来估价。

估价方法的选择取决于需要估价的环境影响的类型、可获得的数据、时间约束、可使用的资金量和估价工作的社会文化背景等。在实际的国民经济评价中，往往选择客观估价法。

三、效益的鉴别和度量

鉴别和度量效益有以下四种情况。

（一）项目投产后增加社会总的供给量

项目投产后所生产的产品，可能会增加国内的最终消费品或中间产品。从理论上讲，其效益要用消费者或用户的愿支付价格度量。目前情况下，这种愿支付价格不易确定，可以用依据调价方法调整后的价格度量。在国民经济评价中，只要稍作努力就可以确定愿支付价格时，最好用愿支付价格度量。

（二）项目投产后减少了其他相同或类似企业的产量

项目投产后所生产的产品，可能并没有增加整个社会经济的该种产品的数量，而是替代了其他企业的相同或类似产品，使其减少了同等数量。从理论上讲，这种情况下的项目效益是被替代企业因为停产或减少产量而节省的资源价值。这些资源的价值也应当用愿支付价格度量。实际的度量方法可参照在第一种情况中所论述的方法。

（三）增加出口或减少进口

增加出口是指因项目投产后生产的产品而增加了国家出口产品的数量，在这种情况下，项目效益是国家因此而增加的外汇收入。减少进口是指项目投产后生产的产品可以替代进口产品，减少国家等量产品的进口。在这种情况下，项目效益是国家因此而节省的外汇。

（四）间接效益

如上所述，在国民经济评价中的间接效益是指正的外部性（即外部经济性）。一个投资项目间接效益的表现形式是多种多样的，在国民经济评价中所考虑的间接效益主要包括以下几个方面。

1. 技术培训和技术推广

在某个地区建设一个使用新工艺或新技术的投资项目，会培养和造就数量众多的工程技术人员和管理人员，这些人才所带来的效益，大部分为项目所吸收，但因为人才的流动、技术的交流，这些人才可能会给该地区乃至整个社会经济的发展带来好处。这部分间接效益比较容易鉴别，但很难量化，在国民经济评价中一般可只作定性分析。

2. 给“上、下游”企业带来的效益

“上游”企业是指为项目提供原料或半成品的企业；“下游”企业是项目为其提供原料或半成品的企业。之所以会给“上、下游”企业带来效益，这是由于项目的“联系效应”所致。所谓“联系”，是指一个部门（或项目）在投入或产出上与其他部门（或项目）之间的关系。一个部门（或项目）和向他提供投入的部门（或项目）之间的联系称作“后向联系”，也就是项目与“上游”企业的联系。一个部门（或项目）和吸收他的产出的部门（或项目）之间的联系称作“前向联系”，也就是项目与“下游”企业的联系。我们把项目与“下游”企业的联系产生的效果称为“前联”效果，把项目与“上游”企业的联系产生的效果称为“后联”效果。产生“前联”效果的项目，一般是指基础工业项目，如原材料工业、能源工业、交通运输业等项目。在整个社会经济中，可能由于原料产品或中间产品缺乏会使一大批有效益的加工和制造项目失去了投资的机会，而所评价的基础工业项目投产后，会给这些项目创造投资和取得效益的机会。产生“后联”效果的项目，一般是指加工和制造工业项目，此类项目的建立会刺激和鼓励那些为他提供原料或半成品的工业发展。项目的“前联”和“后联”效果，即为项目对“上、下游”企业产生的效益，主要表现在以下两个方面。

（1）项目投产后，使“上、下游”企业闲置的生产能力得以充分利用而增加了净效益。如某投资项目，在建设之前，为其提供原材料的企业产品的市场需求不足，因而不能充分利用

现有的生产能力。该项目投产后，增加了市场需求量，使得“上游”企业提高了生产能力利用率，增加了净效益。

(2) 项目投产后，使“上、下游”企业的生产规模达到了规模经济。特别是“上游”企业，为了满足对投入物所增加的需求量，增加了该种产品的供给，从而使其增加生产规模，达到规模经济。

项目对“上、下游”企业产生的效益是非常复杂的，在鉴定时要进行充分的分析和论证。对于第一个方面的表现要有两个条件：①未被利用的生产能力是国内需求不足或供给不足所致，除采取拟建投资项目投资措施外，没有更好的办法可以提高需求量或增加供给；②只考虑整个项目生产期内这种闲置生产能力被利用所增加的净效益。对于第二个方面的表现也要有两个条件，分别为“上游”和(或)“下游”企业的生产规模处于规模不经济状态和“上、下游”企业达到规模经济除采取拟建投资项目投资措施外，别无其他途径可以使其达到规模经济状态。

从实践来看，在计算“上、下游”企业的效益时，需要重视第一个方面的表现，因为它可能产生较大的可量化的间接效益；对第二个方面的表现可忽略不计，因为对其鉴别和度量比较困难，产生的影响用数量表示又不是很明显。除非特殊情况，一般不值得花很大的精力考察这部分间接效益。

四、项目外部效果范围的界定

由于项目外部效果影响的复杂性和多重性，很多外部效果给社会带来的影响，不论是正的影响还是负的影响，可能会在很久以后才显现出来，有时甚至会在项目运营期已经结束的情况下才开始显现。类似地，项目外部效果影响的空间范围往往也会超过项目自身的地理边界，甚至会跨越国界。因此，在国民经济评价时要解决项目外部效果影响空间和时间范围界定的问题。

(一) 项目外部效果的空间范围

在进行国民经济评价时，要充分考虑项目外部效果的空间范围，这是基于如下两个方面的考虑：(1)更加准确地确定项目的外部效果；(2)是否值得界定更大范围的外部效果。如在计算项目给“上、下游”企业带来的效益时，应重视第一个方面的表现，因为它可能产生较大的可量化的效益，而对第二个方面的表现可忽略不计，因为其鉴别和度量比较困难，产生的影响用数量表示也不是很明显。除非情况特殊，一般不值得花很大的精力考察这部分效益。另外，如仅考虑一部分可以量化的间接(外部)效益时，项目的效益已经足够证明其经济合理性，则没有必要投入更多的资源来量化其余的间接(外部)效益。

(二) 项目外部效果的时间范围

在实践中，项目所产生的外部影响与项目的寿命期可能相同，也可能不同。如果是相同的，或者小于项目的寿命期，外部影响应该包括在标准的或正常的国民经济评价中。如果大于项目的寿命期，就必须延长时间范围。可以采取如下两种方法：(1)增加现金流量分析的年限；(2)将超过项目寿命期的外部影响的资本化价值补充到项目寿命期的最后一年。

五、转移支付

如前所述，在鉴别和度量效益与费用时，要剔除“转移支付”。转移支付是指货币资金在不发生相应货物和服务交换的情况下，在国内居民间的转移。或者说，它们将一部分资源的支配权从一些人手中转移到另一些人手中，同时不增加也不减少经济整体（系统）可用的资源总量。在投资项目的国民经济评价中，“转移支付”是指那些既不需要消耗经济资源，又不增加经济收入，只是一种归属权转让的款项。也可以说，涉及投资项目时的转移支付，是指项目费用或效益在项目实施机构向本国其他群体或个人的再分配，主要包括税金、补贴、国内借款及利息等。

（一）税金

税金是企业或个人向政府的转移支付，包括营业税金及附加、房产税、城镇土地使用税和车船使用税等。在财务评价中，这些税金被视为项目的支付，其中房产税、城镇土地使用税和车船使用税计入管理费用，营业税金及附加则按营业收入比例上缴财政。因此，在国民经济评价中，这些税金通常不计入项目费用，因为它们不直接耗费资源，仅是资金从项目部门向财政部门的转移。若计入，会高估项目经济代价，降低项目效益。但部分税金用于校正项目外部效果，这类转移支付可保留用于计算外部效果。

（二）补贴

补贴是政府向个人的转移支付，通常用于鼓励消费或购买特定产品。在我国价格体系不十分合理的情况下，补贴可降低项目成本、增加效益，因此在财务评价中被视为项目效益。但从社会经济角度看，生产补贴产品的资源消耗和经济收入并未因补贴而改变，补贴只是与税金方向相反的转移支付。因此，在国民经济评价中，一般不应将补贴计入项目效益，否则会低估项目经济代价，虚增项目效益。不过，与税金类似，用于校正项目外部效果的补贴可以保留用于计算外部效果。

（三）国内借款及利息

国内借款及其偿还属于转移支付，仅涉及资源在金融机构与项目实施机构之间的支配权转移，不存在资源消耗。在财务评价中，国内贷款利息被视为项目费用，但从社会经济角度看，它是一种转移性支付，项目将部分资金转付给金融机构，既未增加社会经济收入，也未增加资源消耗。因此，在国民经济评价中，国内贷款利息不应计入项目费用。

第三节　风、光、储项目碳减排效益

由碳排放引起的气候变暖问题成为当代最严峻的全球挑战之一，解决气候变暖问题的必要性和紧迫性已成为世界各国的共识。我国深刻认识到环境质量不断恶化的严峻性，党的十九大报告进一步地将气候变化列为全球重要的非传统安全威胁和人类面临的共同挑战。通过发展风能和太阳能等可再生能源成为各国实现碳减排的重要途径。本节主要结合现有研究成果和实际案例,从社会效益和经济效益等方面对风、光、储项目的减排效益进行简要介绍。

一、风能项目的碳减排效益

在社会效益方面,作为清洁能源,风电有助于减轻环境污染。虽然风能在设备制造、运输及安装过程中会产生一定的碳排放,但其在发电操作过程中几乎不产生任何碳排放,与火力发电相比,风力发电全寿命周期碳排放不到火电的1%①。如河北省某风电场装机规模为50MW,有2600小时的年均等效利用小时数,经计算该风电场可实现110708吨的年碳减排量。若考虑20年的运营周期,风电场全生命周期碳减排量高达2214160t②,这将对环境产生深远且显著的影响。

同时,风电项目也具有相当的经济效益。一方面,其减排行为能够降低经济损失。根据风电产业典型项目来看,CO_2 排放所导致的经济损失远高于当前 CO_2 交易价格所计算的金额,例如中广核风电有限公司在2021年度第一期绿色超短期融资券(碳中和债)募投项目数据显示,根据全国碳市场的交易情况,碳排放配额(CEA)的平均交易价格在50元/吨附近波动,以此价格进行计算,中广核项目的 CO_2 减排量对应的直接经济价值约为3347万元/年(=66.94万吨/年×50元/吨)。而其募集说明书的本期碳中和债募投项目总投资为60.74亿元,每单位资金投入对应于 CO_2 减排带来的直接经济效益约占总投资的5.5%。与此同时,相关研究显示,每吨 CO_2 造成的温室效应会造成592元人民币的损失,综合来看,年度 CO_2 减排的综合经济效益约为投入资金规模的6.5%。因此,从长远经济进行考量,减少碳排放不仅有利于环境,也能带来可观的经济回报①。另一方面,基于碳交易、绿电交易、绿证交易等机制的进一步完善,风电项目具有可观的碳减排投资前景。例如河北省某装机规模为5MW的风电项目,在引入碳交易机制的情况下,若设碳排放配额交易价格为42.8元/吨,其总投资内部收益率可实现增幅16.97%,而绿电交易和绿证交易分别可为该风电项目带来超过13%的投资收益增幅。

二、光伏项目碳减排效益

随着我国碳达峰、碳中和目标的提出,光伏发电逐渐成为推动低碳转型的重要途径。我国太阳能资源丰富,大多数地区的年平均日辐射量在4kW·h/m^2 以上,年日照时数大于2000小时的地区占2/3以上。2012—2020年,中国光伏装机总量从624.8万kW增长到25317.0万kW,集中式和分布式光伏电站分别从394.9万kW和230.0万kW增长到

① 武钢.风电发展助力实现“双碳”目标[J].中国电力企业管理,2022(31):10-12.

② 杨捷,李静.碳减排收益对风力发电项目经济效益影响初探[J].低碳世界,2023,13(5):169-171.

17484.0 万 kW 和 7833.0 万 kW，年均增长率分别为 60.61%和 55.43%。截至 2020 年，全国累计装机量达 25317.0 万 kW，以集中式电站为主导。

作为可再生能源的重要组成部分，光伏发电技术显示出巨大的低碳发展潜力和优势。在 25 年运营周期内，光伏电站既不消耗任何化石能源，同时也不向环境排放任何固体、液体或气体废物。这种生产模式在减少对环境的影响方面表现出色，尤其在当前寻求可持续和低碳发展策略的大环境下，光伏电站具有不可忽视的环保优势。现有研究表明，2021—2025 年，中国现有光伏装机量的年均减排效益约为 2.0 亿吨，以集中式电站贡献占主导。2025—2030 年，中国现有光伏装机量的累计减排效益可以增加 9.4 亿吨。按照 25 年运营期计算，中国光伏装机的累计减排效益到 2025 年将达到 9.8 亿吨，到 2030 年将达到 19.2 亿吨，减排效益明显。其中，上海、海南、青海等地区提出率先实现碳达峰并打造碳中和先行示范区等目标，大规模光伏电站的并网发电对其碳达峰、碳中和目标的落实具有重要推动作用。对于河北、山东等碳排放大省，光伏发电的碳减排替代效益同样可以缓解单位产出碳排放量降低等约束性目标的压力。

三、储能项目碳减排效益

近年来，通过提高可再生能源比重来调整能源结构，有效推动了我国“双碳”目标的实现。然而，调整后的能源结构仍面临可再生能源调峰能力不足与燃煤机组碳排放问题，而投资储能电站则是解决这一问题的有效手段之一。2022 年 1 月，国家发展改革委与国家能源局联合发布的《“十四五”新型储能发展实施方案》明确指出，新型储能是构建新型电力系统的重要技术和基础装备，是实现碳达峰碳中和目标的重要支撑。

拓展阅读

案例：碳减排效益

目前，应用最多的储能主要为抽水蓄能和电化学储能。当前，我国抽水蓄能装机规模为 3179 万 kW，在总装机容量中仅占 1.4%。抽水蓄能建设有助于调节可再生能源的间歇性，形成成熟可靠的运营模式，从而更好地实现碳减排目标。另一方面，电化学储能的多元化发展，以及大容量、长周期、高安全、低成本电化学储能的研发及应用，有效支撑了电力的发、输、配、用环节，提高了电网的稳定性与灵活性，有助于更大程度地利用可再生能源，进一步减少碳排放，推动生态系统的和谐发展。与此同时，面对受新能源随机性和波动性制约及其占比的增加而可能导致的电力价格上涨，储能电站的发展有助于控制能耗强度，增强电力系统的韧性，从而能够有效缓解成本与价格的上升。

以 PJM 为例，PJM 是美国储能电站功率装机规模最大的地区，占到已投运项目近 40%的功率规模和 31%的能量规模，大部分为独立的储能运营商，储能电站极大降低了 PJM 的运营成本。2016 年上半年约有 265MW 储能参与 PJM 调频市场，使得总调频费用较 2015 年同期减少 62.4%。

第四节　国民经济评价基本方法

一、费用效益分析

（一）费用效益评价指标

费用效益评价以经济内部收益率为主要评价指标。根据项目特点和实际需要，也可计算经济净现值和经济效益费用比等指标。此外，还可对难以量化的外部性进行定性分析。

1. 经济内部收益率

经济内部收益率是反映项目对社会经济净贡献的相对指标。它是指项目在计算期内各年经济净效益流量的现值累计等于 0 时的折现率。其公式为

$$\sum_{t=1}^{n}(B-C)_t(1+\text{EIRR})^{-t}=0 \tag{10-3}$$

式中，EIRR——经济内部收益率；

B——第 t 期的经济效益；

C——第 t 期的经济费用；

$(B-C)_t$——第 t 期的经济净效益；

n——项目计算期。

如果 EIRR$\geqslant i_s$，说明项目资源配置的经济效率达到或超过了社会折现率要求的水平，即项目对社会经济的净贡献达到或超过了要求的水平，这时应认为项目是可以考虑接受的，或者说是项目资源配置的经济效率达到了可以被接受的水平。

2. 经济净现值

经济净现值是反映项目对社会经济净贡献的绝对指标。它是指用社会折现率将项目计算期内各年的经济净效益流量折算到建设期初的现值之和。其计算公式为

$$\text{ENPV}=\sum_{t=1}^{n}(B-C)_t(1+i_s)^{-t} \tag{10-4}$$

式中，ENPV——经济净现值；

i_s——社会折现率。

在经济费用效益评价中，ENPV$\geqslant$0 说明国家为拟建项目付出代价后，可以得到符合社会折现率的社会盈余，或除得到符合社会折现率的社会盈余外，还可以得到以现值计算的超额社会盈余，即项目达到或超过了社会折现率要求的效率水平，认为该项目从经济资源配置的角度可以接受。

3. 效益费用比

效益费用比是指项目在计算期内经济效益流量的现值与经济费用流量的现值之比。其计算公式为

$$R_{BC}=\frac{\sum_{t=1}^{n}B_t(1+i_s)^{-t}}{\sum_{t=1}^{n}C_t(1+i_s)^{-t}} \tag{10-5}$$

式中，R_{BC}——经济效益费用比；

B_t——第 t 期的经济效益；

C_t——第 t 期的经济费用。

如果经济效益费用比大于1，表明项目资源配置的经济效率达到了可以被接受的水平。在完成了经济费用效益分析之后，应进一步分析对比经济费用效益与财务现金流量之间的差异，并根据需要对财务评价与国民经济评价结论之间的差异进行分析，找出受益或受损群体，分析项目对不同利益相关者在经济上的影响程度，并提出改进资源配置效率及财务生存能力的政策建议。

（二）费用效益分析报表

费用效益分析报表主要是“项目投资经济费用效益流量表”，如表10-1所示。辅助报表一般包括经济费用效益分析投资费用调整估算表、经营费用调整估算表、项目直接效益调整估算表、项目间接费用估算表和项目间接效益估算表等。按照《方法与参数》（第三版），本章只介绍项目投资经济费用效益流量表。

表10-1　项目投资经济费用效益流量表

序号	项　　目	计算期					
		1	2	3	4	…	n
1	效益流量						
1.1	项目直接效益						
1.2	回收资产余值						
1.3	回收流动资金						
1.4	项目间接效益						
2	费用流量						
2.1	建设投资						
2.2	流动资金						
2.3	经营费用						
2.4	项目间接费用						
3	净效益流量(1-2)						
计算指标： 项目投资经济内部收益率 项目投资经济净现值($i_s=8\%$)							

项目投资经济费用效益流量表用以综合反映项目计算期内各年按项目投资口径计算的各项经济效益、费用流量及净效益流量，用来计算项目投资经济净现值和经济内部收益率指标，该表的编制与项目的融资方案无关。

（三）编制项目投资经济费用效益流量表的两种方式

经济费用效益流量表可以按照前述效益和费用流量识别和计算的原则和方法直接进行编制，也可以在财务现金流量的基础上进行调整编制。

1. 直接计算法

直接进行效益和费用流量的识别和计算，并编制经济费用效益流量表。

(1) 识别(包括量化) 经济效益和经济费用，包括直接效益、直接费用、间接效益和间接费用。

(2) 分析确定各项投入和产出的影子价格，对各项产出效益和投入费用进行估算，同时可以编制必要的辅助表格。

(3) 根据估算的效益流量和费用流量，编制项目投资经济费用效益流量表。

(4) 对能够货币量化的外部效果，尽可能货币量化，并纳入经济效益费用流量表的间接费用和间接效益；对难以进行货币量化的产出效果，应尽可能地采用其他量纲进行量化；难以量化的，进行定性描述。

(5) 采用直接编制经济费用效益流量表方式的项目，其直接效益一般比较复杂，而且与财务效益完全不同，可结合项目目标，视具体情况采用不同方式分别估算。如水利枢纽项目的直接效益体现为防洪效益、减淤效益和发电效益等，可按照行业和项目具体情况分别估算。

2. 调整计算法

在财务评价项目投资现金流量表基础上进行经济费用效益评价，有关的辅助报表参见拓展阅读 10.3。调整计算法的编制方式如下。

(1) 用影子价格对原财务价格予以调整

对项目投入物和产出物的原财务价格，需要逐一甄别，按相关原则采用影子价格。涉及外汇的部分，用影子汇率换算系数予以调整。

拓展阅读

费用效益分析辅助报表

(2) 剔除转移支付因素

1) 在总投资中剔除：建设期利息、进口设备、材料的关税和增值税、流动资金投资中不反映实际资源耗费的现金、应收账款、应付账款、预收账款、预付账款。

2) 在原财务经营成本中剔除：其他费用中的车船税、城镇土地使用税等取项；进口材料、备品备件的关税和增值税。

注意：*在项目产出物(非外贸货物)的影子价格中，一般应当包括应缴纳的流转税。*

3) 剔除总投资中的涨价预备费

由于影子价格与涨价因素无关，故应将财务评价项目总投资中的涨价预备费剔除。

4) 调整外汇价值

涉及外汇收支时均需要用影子汇率计算外汇价值，即将外汇价格乘以影子汇率，转换成人民币。

5) 间接费用和效益的估算

在原来的财务评价中，仅包括项目的直接费用和效益，所以我们应当按前面介绍的各有关原则，对有形(可货币化的)间接费用和效益进行测算。对无形(无法货币化的)间接效果则尽可能予以量化或定性说明。

6）编制经济费用效益流量表

表中必须包含货币化的间接费用和效益。计算出经济内部收益率和经济净现值，对以其他量纲计量的或无法计量的间接费用和效益，分别进行定量或定性的描述。

二、费用效果分析

（一）费用效果分析基本原理

费用效益分析方法，它适用于费用和效益均可以用货币单位度量的投资项目。在现实生活中，有些项目所创造的效益不容易用货币单位度量，也就不可能用经济内部收益率和经济净现值等指标评价项目和选择方案。在这种情况下，可以采用费用效果分析方法。

对于效益难以用货币单位度量的投资项目，可以采用费用效果分析和加权费用效果分析两种方法进行分析和评价。具体采用什么方法取决于项目的目标和可获得的信息等，如果项目是为了实现难以用货币单位度量的目标，可以采用费用效果分析方法。如果项目是为了实现多个难以用货币单位度量的目标，应该采用加权费用效果分析方法。不论采用什么分析方法，其基本程序是一致的。首先，确定项目的预期目标，并找出相关的问题。其次，考虑各种可供选择的实施方案，并选择适当的方法进行分析评价。最后，确定最终实施方案。

对难以用货币单位度量的项目效益，往往用实物指标代替，如教育项目提高分数或提高升学率，卫生保健项目减少患病率和死亡率或增加寿命年限等。

（二）费用效果分析基本指标

费用效果分析的基本指标是效果费用比和费用效果比。

1. 效果费用比

效果费用比指标用以衡量单位费用所达到的效果，计算公式如下

$$R_{C/E}=\frac{E}{C} \tag{10-6}$$

式中，$R_{C/E}$——效果费用比；

E——项目效果；

C——项目费用。

2. 费用效果比

习惯上也可以采用费用效果比指标，用以衡量单位效果所花费的费用，计算公式如下

$$R_{E/C}=\frac{C}{E} \tag{10-7}$$

式中，$R_{E/C}$——费用效果比。其他符号含义同前。

在采用加权费用进行效果分析时，分析人员首先要对每个目标（结果）的重要性进行评价，确定权重，并对每个目标（结果）进行加权，然后得出一个单一的综合度量指标，最后用综合指标除以被考察方案的费用，得到加权效果费用比。

（三）费用效果分析基本方法

1. 最小费用法

当项目目标是明确固定的，即效果相同的条件下，选择能够达到效果的各种可能方案中费用最小的方案。这种满足固定效果寻求费用最小方案的方法称为最小费用法，也称固定效果法。例如优化一个满足特定标准的教育设施项目，比如建设一所学校，其设施要达到的标准和可以容纳的学生人数事先能确定下来，可以采用最小费用法。

2. 最大效果法

将费用固定，追求效果最大化的方法称为最大效果法，也称固定费用法。例如用于某一贫困地区扶贫的资金通常是事先固定的，扶贫效用最大化是通常要追求的目标，也就是采用最大效果法。

3. 增量分析法

当备选方案效果和费用均不固定，且分别具有较大幅度的差别时，应比较两个备选方案之间的费用差额和效果差额，分析获得增量效果所花费的增量费用是否值得，不可盲目选择效果费用比大的方案或者费用效果比小的方案。

采用增量分析法时，需事先确定基准指标，例如$[E/C]_0$或$[C/E]_0$（也称截止指标）。如果增量效果超过增量费用，即$\Delta E/\Delta C \geqslant [E/C]_0$或$\Delta C/\Delta E \leqslant [C/E]_0$时可以选择费用高的方案，否则选择费用低的方案。

如果项目有两个以上的备选方案进行增量分析，应按下列步骤选优：

（1）将方案费用由小到大排队；

（2）从费用最小的两个方案开始比较，通过增量分析选择优胜方案；

（3）将优胜方案与紧邻的下一个方案进行增量分析，并选出新的优胜方案；

（4）重复第三步，直至最后一个方案，最终被选定的优势方案为最优方案。

第五节　实 训 案 例

LY 水电站国民经济评价

国民经济评价是按照资源合理配置的原则，从国家整体角度考察 LY 水电站工程所耗费的社会资源和对社会的贡献，分析计算 LY 水电站工程给国民经济带来的净效益，据以判别项目的经济合理性。LY 水电站开发任务以发电为主、兼顾防洪，本项目国民经济评价计入工程发电效益和防洪效益。国民经济评价社会折现率取 8%。LY 水电站工程费用根据电站工程及其送出工程的施工进度计划，采用影子价格计算工程的分年投资流程。

LY 水电站工程费用

剔除相关的税费后，LY 水电站国民经济评价投资包括电站工程投资和其送出工程投资两部分，电站工程投资为 1507168.62 万元，送出工程投资以 LY 外送某电网某省电网为代表，输电线路投资按送电容量进行分摊，送出工程投资为 542400 万元。根据施工进度计划，采用影子价格计算的工程分年度投资流程如表10-2所示。

表10-2 国民经济评价LY电站及送出工程投资流程表 万元

年序	建设期	电站工程	送出工程	合计
1	筹建期	62232.52	0.00	62232.52
2	施工期	119524.86	0.00	119524.86
3		139331.23	0.00	139331.23
4		204089.95	0.00	204089.95
5		220177.42	0.00	220177.42
6		257114.02	0.00	257114.02
7		270834.14	141120.00	411954.14
8		160451.89	250800.00	411251.89
9		73412.56	150480.00	223892.56
合计		1507168.62	542400.00	2049568.62

运行费用（经营成本）包括电站和其送出工程两部分，电站部分的经营成本包括修理费、职工工资、福利费、材料费、库区基金和其他费用等，送出工程的经营成本按其固定资产原值的3%计列。

LY水电站工程效益

发电效益

LY水电站送电“电网”省电力系统的发电效益采用火电替代分析法，按同等程度满足某电网某省电网需要的原则计算发电效益。LY水电站以发电为主，电站装机容量2400MW，电站单独运行时多年平均发电量94.74亿kW·h，上游有某水库调节时多年平均发电量为106.84亿kW·h，考虑返还上游调节水库某电站增加电量的50%，其多年平均计算发电量为98.17亿kW·h。经计算分析，LY水电站单独运行时系统吸收LY水电站的有效电量按其多年平均发电量的95%计为90.01亿kW·h，某电站投入后LY水电站与之联合运行时系统吸收LY水电站的有效电量按其多年平均发电量的98%计为96.20亿kW·h（考虑返还上游调节水库某电站增加电量的50%）。

(1) 替代容量和电量。LY水电站替代某电网某省电力系统容量、电量（水火电容量当量1.05、电量当量1.05）如表10-3所示。

表10-3 LY水电站替代容量、电量表 MW，亿kW·h

年序	2015—2019年	2020—2024年	第2025年及以后
替代容量	2520	2520	2520
替代电量	86.95	79.84	92.93

说明：除考虑水火电容量、电量当量系数外，还考虑线路损耗（8%）。

(2) 替代方案的投资和费用。替代方案为在某电网某省建脱硫燃煤火电，其投资和费用包括固定资产投资、固定经营成本和燃料费。

1) 固定资产投资

根据相关资料，在某电网某省新建燃煤火电站的单位千瓦投资为4000元/kW，火电建设总工期为 4 年。

2）经营成本

经营成本＝固定经营成本＋燃料费用

固定经营成本计算详见财务评价部分，并在替代方案投产当年开始计算。燃料费为替代方案逐年发电量乘以发电标煤耗及标煤价。标煤耗采用 300g/kW·h，标煤价为 900 元/t。流动资金按替代方案固定资产投资的 0.5%计。

防洪效益

LY 水电站在 7 月初至 8 月初设置防洪库容 1.73 亿 m^3，配合 SX 水库承担对长江中下游地区的防洪任务。LY 水电站对长江中下游防洪作用暂按相当于 SX 水库同等防洪库容 1/3 防洪作用计算。根据 SX 工程初步设计成果，SX 水库每 1 亿 m^3 防洪库容可减淹耕地 1842 亩，减淹城镇人口 149 人。综合 1998 年洪水的洪灾损失调查资料以及 XLD、XLYB 等工程防洪效益计算的采用指标，本阶段 LY 工程防洪效益计算时，单位综合损失指标采用 2007 年价格水平：农村 17000 元/亩，城镇 34000 元/人，同时考虑每年 2%的经济增长率。

LY 水电站国民经济评价结论

根据 LY 水电站投资经济效益费用流量表以及前述有关经济费用效益评价指标的计算方法，可以测算得到该水电站的经济内部收益率为 14.64%，经济净现值为 936399.25 万元（如表 10-4 所示）。结合经济费用效益分析的判别标准，项目送往某电网某省经济内部收益率为 14.64%，高于社会折现率 8%，经济净现值为 936399.25 万元，大于零。因此，可以认为该水电站国民经济评价合理。

拓展阅读

LY 水电站投资经济效益费用流量表

表 10-4　国民经济评价指标表

项　目	单　位	数　值
经济内部收益率	%	14.64
经济净现值(i_c＝8%)	万元	936399.25

思考与练习

即测即练

1. 什么是国民经济评价？国民经济评价有什么作用？
2. 国民经济评价与财务评价的主要区别有哪些？
3. 什么是影子价格？社会折现率的确定应考虑哪些因素？
4. 项目的经济费用和效益各包括哪些方面？如何鉴别和度量？
5. 怎样进行国民经济评价？有哪些评价指标？

第十一章

项目社会评价

学习目标

1. 理解社会评价的概念和特点，了解社会评价的目的、作用和适用范围；
2. 掌握社会评价的主要内容；
3. 理解社会评价的组织实施与方法；
4. 了解重大固定资产投资项目社会稳定风险分析。

素养目标

1. 帮助学生充分认识社会评价的主要工作内容，了解项目社会评价的面向，培养社会主义核心价值观；

2. 培养学生在调查研究中坚持实事求是的做事风格和方法，坚持从实际出发，正确认识世界；

3. 培养学生"人民至上"的工作理念，在项目决策和实施过程中，要始终把人民的利益放在首位，充分尊重群众意愿，保障群众合法权益。

本章知识结构图

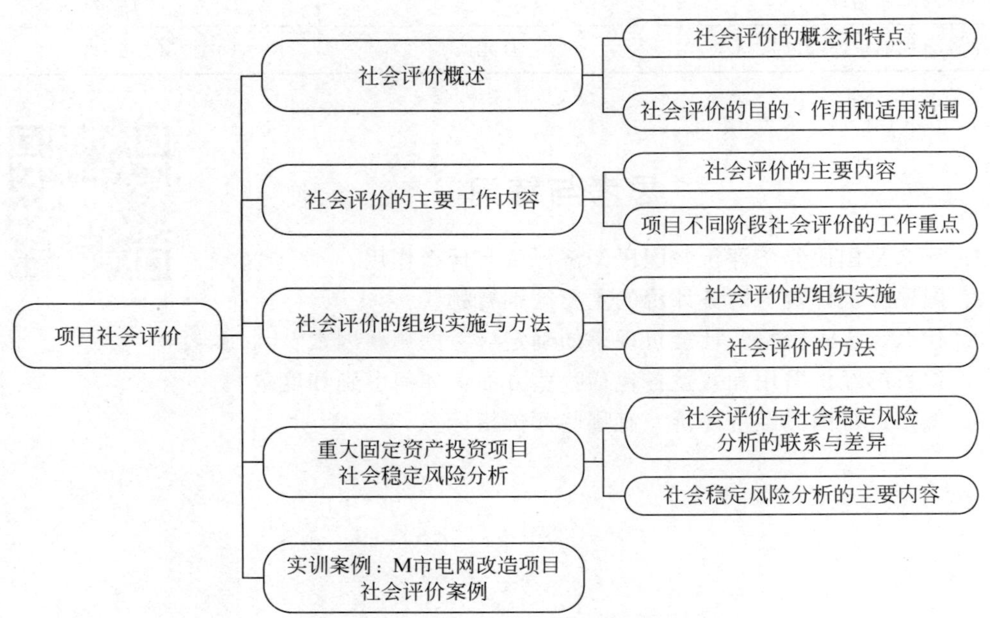

第一节　社会评价概述

一、社会评价的概念和特点

（一）社会评价的概念

社会评价是对建设项目中的社会因素、社会事项及其产生的影响进行评价的一种方法。

社会评价要求应用社会学、人类学、项目评估学的理论和方法，通过系统的调查、收集与项目相关的社会资料和数据，识别项目实施过程中的各种社会因素、利益相关者和可能出现的各种社会事项，分析项目可能产生的社会影响、社会问题和社会风险，提出尽可能扩大正面社会效果、减少或避免项目负面社会影响的措施，编制社会管理措施方案，并在项目实施过程中监测和评估项目社会效果的实现程度，保证项目顺利实施并使项目效果持续发挥。

（二）社会评价的特点

1. 评价的宏观性和长期性

投资项目社会评价所依据的社会发展目标，包括经济增长目标、国家安全目标、人口控制目标、减少失业和贫困目标、环境保护目标等。社会评价通常要考虑国家或地区的中远期发展要求。

2. 评价目标的多重性和复杂性

首先是层次的多重性，需要从国家、地方、社区等不同层面进行分析，分别以各自的社会政策为基础，做到宏观与微观分析相结合。

通常需要采用多目标综合评价的方法，分析多种社会发展目标、多种社会政策、多种社会影响和多样的人文环境因素，综合考察项目的社会可行性。

3. 评价标准的差异性

社会评价由于涉及的社会环境多种多样，影响因素比较复杂，社会目标多元化和社会效益的多样性难以使用统一的量纲、指标、标准来计算和比较社会影响效果，导致不同行业和不同地区项目的社会评价差异较为明显；社会评价的各个影响因素，有的可以定量；更多的社会因素难以定量，通常使用定性分析方法。

二、社会评价的目的、作用和适用范围

（一）社会评价的目的

社会评价的目的是判断投资项目社会发展目标实现的可行性，评价项目建设和运营活

动对社会发展目标所做出的贡献和影响。

由于社会发展目标包括提高人们的教育水平、知识和技能，增进人们的健康，促进社会福利增长以及公平分配等问题，这就决定了项目社会评价的目的具有多重性。

1. 在宏观层面上，项目社会评价的目的主要包括以下几个方面。

(1) 满足人们的基本社会需求；

(2) 充分利用地方资源、人力、技术和知识，增强地方的参与程度；

(3) 实现经济和社会的稳定、持续和协调发展；

(4) 减少或避免项目建设和运行可能引发的社会问题等；

(5) 促进不同地区之间的公平协调发展等。

2. 在项目层面上，项目社会评价的目的主要包括以下几个方面。

(1) 制定一个能够切实完成项目目标的机制和组织模式；

(2) 保证项目收益在项目所在地区不同利益相关者之间的公平分配；

(3) 预测潜在风险并分析减少不良社会后果和影响的对策措施，防止或尽量减少项目对地区社会环境造成负面影响；

(4) 提出为实现各种社会目标而需要对项目设计方案进行改进的建议；

(5) 通过参与式方法的运用，增强项目所在地区民众有效参与项目建设和管理，以维持项目效果可持续性的途径等。

(二) 社会评价的作用

1. 有利于经济发展目标与社会发展目标的协调一致，防止单纯追求项目经济效益。

2. 有利于项目所在地区利益协调一致，减少社会矛盾和纠纷，促进社会稳定。

3. 有利于避免或减少项目建设和运营的社会风险，提高投资效益。

(三) 社会评价的适用范围

并不要求所有项目都进行社会评价。一般而言，主要是针对那些社会因素复杂、社会影响久远(具有重大的负面社会影响或显著的社会效益)、社会矛盾突出、社会风险较大、社会问题较多的项目进行社会评价。

大型电力建设项目通常具有明显的社会发展目标，影响范围广，具有区域性、基础行业支撑等特点，有些电力建设项目同时承担扶贫功能，因此大多需要进行社会评价。

第二节 社会评价的主要工作内容

社会评价是一项系统性分析评价工作，可以归纳为社会调查、社会分析、社会管理方案制定三项主要内容。

一、社会评价的主要内容

(一) 社会调查

项目社会评价过程，实质上是以所收集到的社会信息为基础，对相关信息资料的调查、整理和分析的过程。社会评价的框架内容如图 11-1 所示。

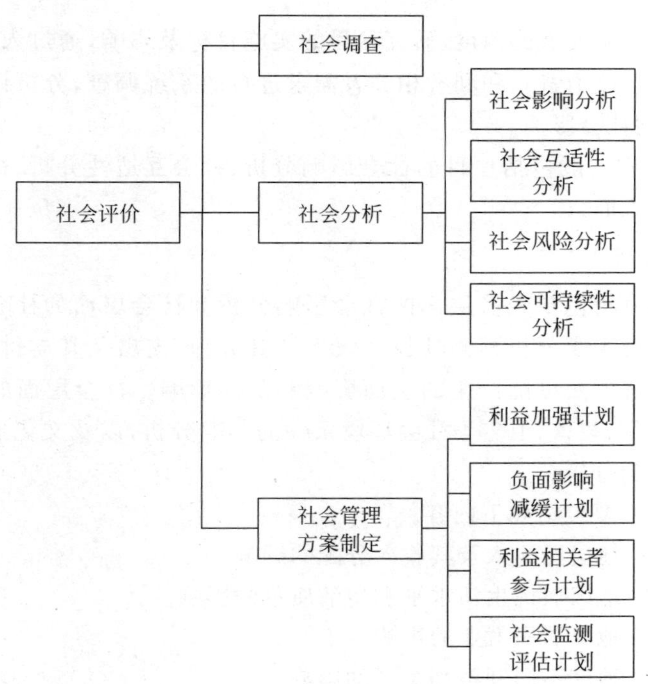

图 11-1　社会评价框架内容

社会评价所需要的社会信息,包括人口统计资料、收入分配、社会服务、宗教信仰、利益相关者对项目的意见和态度等信息。

由于项目不同阶段社会评价重点的不同,所需的社会信息资料也有所不同。不同阶段社会评价所需社会信息,可分为如下四类。

A 类:项目方案设计所需的一般统计信息;

B 类:为制定项目目标及实施方案所需要的有关因果关系及动态趋势的信息;

C 类:项目监督与评价所需的受项目影响人群信息;

D 类:项目社会影响评价所需的基线信息。

按照世界银行项目管理要求,项目周期中不同阶段的社会评价投入及所需信息,如表 11-1 所示。

表 11-1　项目不同阶段的社会评价投入及所需信息

项目周期不同阶段	社会评价工作内容	所需主要信息
项目立项	识别项目目标群体、确定项目影响范围	A 类、B 类
项目方案制定与评估阶段	设计参与机制、进行社会可行性分析	A 类、B 类
项目实施及监测评价阶段	受益者分析、社区参与	C 类
项目后评价	社会影响分析	D 类

（二）社会分析

社会分析是从社会发展的角度，研究项目的实施目标及影响，通过人口因素、社会经济因素、社会组织、社会政治背景和利益相关者需求进行的系统调查，分析评价社会影响和风险，消除或缓解不利社会影响。

社会分析的内容一般包括项目的社会影响分析、社会互适性分析、社会风险分析和社会可持续性分析等方面。

1．社会影响分析

项目社会影响分析包括经济层面的社会影响分析和社会层面的社会影响分析。经济层面的社会影响分析主要分析预测项目在收入及其分配、支出及其支付意愿、就业、消费、服务替代效应等经济方面可能产生的正面影响和负面影响。社会层面的社会影响分析重点关注项目对于文化、教育、卫生等社会环境条件的影响分析，以及文化遗产、宗教设施、城市风貌等方面的影响分析。

社会影响分析主要包括如下内容。

(1) 项目对所在地居民收入及其收入分配的影响。

(2) 项目对所在地区居民生活水平和生活质量的影响。

(3) 项目对所在地区居民就业的影响。

(4) 项目对所在地区不同利益相关者的影响。

(5) 项目对所在地区弱势群体利益的影响。

(6) 项目对当地基础设施、社会服务容量和城市化进程等的影响。

(7) 项目对所在地区文化、教育、卫生的影响。

(8) 项目对所在地区少数民族风俗习惯和宗教的影响。

(9) 项目对所在地区文化遗产产生的影响。

2．社会互适性分析

社会互适性分析主要是分析预测项目能否为当地的社会环境、人文条件所接纳，以及当地政府、居民支持项目存在和发展的程度，考察项目与当地社会环境的相互适应关系。

主要分析内容包括如下几个方面。

(1) 分析预测与项目直接相关的不同利益相关者对项目建设和运营的态度及参与程度，选择可以促使项目成功的各利益相关者的参与方式，对可能阻碍项目存在与发展的因素提出防范措施。

(2) 分析预测项目所在地区的社会组织对项目建设和运营的态度，可能在哪些方面、在多大程度上对项目予以支持和配合。

(3) 分析预测项目所在地区社会环境、文化状况能否适应项目建设和发展需要。

3．社会风险分析

项目社会风险分析是对可能影响项目的各种社会因素进行识别和排序，选择影响面大、持续时间长，并容易导致较大矛盾的社会因素进行预测，分析可能出现这种风险的社会环境和条件，如表 11-2 所示。

表 11-2　社会风险分析表

序号	社会风险因素	序号	社会风险因素
1	移民安置	3	弱势群体支持问题
2	民族矛盾、宗教问题	4	受损补偿问题

4. 社会可持续性分析

项目社会可持续性分析是对项目生命周期的总体发展分析。包括：

（1）项目社会效果可持续性分析；

（2）项目受益者对项目社会可持续性的影响分析；

（3）项目受损者对项目社会可持续性的影响分析。

（三）社会管理方案制定

社会管理方案是社会评价的重要成果，是对项目实施阶段的社会行动、措施及其保障条件的总体性安排。其目的是强化项目的正面社会影响，化解项目的负面社会影响，使项目社会效果可持续，社会风险可控。社会管理方案包括利益加强计划、负面影响减缓计划、利益相关者参与计划和社会监测评估计划。

1. 利益加强计划

对项目产生的正面效果，应该采取积极、鼓励、强化的具体措施予以促进，并尽可能地扩大和促进效果的持续发挥。

2. 负面影响减缓计划

对于项目产生的负面影响，首先应尽可能通过工程方案优化减少项目负面影响，之后从政策、制度、机制、机构、资金、程序、人员等方面予以妥善安排，以减少、缓解负面影响，控制社会风险。

3. 利益相关者参与计划

（1）在项目规划、设计、建设、运营阶段，不同利益相关者参与项目活动的计划，具体包括：活动主题、预期目的、主要内容、形式、负责和参与的机构及人员、时间、地点、预算等。

（2）项目信息公开计划与沟通、反馈机制。

（3）抱怨与申诉机制。包括抱怨与申诉的程序，处理抱怨与申诉的原则等。

4. 社会监测评估计划

社会监测评估计划的内容包括如下几个方面。

（1）监测与评估程序。尤其要确保在各类负面影响减缓方案中建立监测与评价程序，从而及时提出消除项目社会目标实现障碍的措施，必要时可提出调整方案。

（2）跟踪监测与评估指标体系。监测与评估指标可以是居民对项目建设影响的投诉数量和内容，业务能力培训人次，年度主要环境指标等。

（3）监测方案。

（4）突发事件应急预案。

（5）社会监测评估的报告制度。

二、项目不同阶段社会评价的工作重点

（一）项目前期阶段的社会评价重点

1. 项目建议书阶段的社会评价

大致了解项目所在地区社会环境的基本情况，识别主要影响因素，并主要着眼于分析判断负面的社会因素，粗略地预测可能出现的情况及其对项目的影响程度，判断项目社会可行性和可能面临的社会风险。该阶段的社会评价一般以定性描述和分析为主。根据社会评价的结果，判断是否需要进行详细社会评价。需要进行详细社会分析的项目通常具有以下特征。

(1) 项目地区的居民无法从以往的发展项目中受益或历来处于不利地位；

(2) 项目地区存在比较严重的社会、经济不公平等现象；

(3) 项目地区存在比较严重的社会问题；

(4) 项目地区面临大规模企业结构调整，并可能引发大规模的失业人口；

(5) 可以预见项目会产生重大的负面影响，如非自愿移民、文物古迹的严重破坏；

(6) 项目活动会改变当地人口的行为方式和价值观念；

(7) 公众参与对项目效果可持续性和成功实施十分重要；

(8) 项目评价人员对项目影响群体和目标群体的需求及项目地区发展的制约因素缺乏足够的了解。

2. 项目可行性研究（项目申请报告）阶段的社会评价

该阶段任务主要是全面深入地分析项目的社会效益与影响，以及项目与社会的相互适应性，以增强项目的有利影响，减轻不利影响，规避社会风险。采用定量和定性分析相结合的方法，结合项目的工程技术方案，进一步研究与项目相关的社会因素和社会影响程度，详细论证风险程度，从社会层面论证项目的可行性，编制社会管理方案。

（二）项目准备阶段的社会评价重点

对前期阶段完成的评价结论做进一步的分析和修正。

（三）项目实施阶段的社会评价重点

对已经发生的影响和相关反应做出分析，并对未来的变化进行预测。

（四）项目运营阶段的社会评价重点

对实际发生的影响进行分析，了解掌握项目对当地社区、人口、主要利益相关者造成的实际影响及发展趋势，判断受影响群体对项目的真实反映。

运营阶段的社会评价，是项目后评价的重要组成部分，评价的结果应成为后续类似项目决策的参考依据。

第三节　社会评价的组织实施与方法

一、社会评价的组织实施

（一）社会评价的实施主体

社会评价工作通常由项目单位委托工程咨询机构或有经验的其他机构，组织专家和相关人员编制。社会评价人员应由具备社会学、经济学和相关专业等多种学科专业知识的人员组成。

（二）社会评价的工作程序

社会评价的工作程序一般包括：工作委托、实施评价、提交评价报告、报告审查等。

1. 工作委托。项目单位应委托有资信的工程咨询机构开展项目社会评价，委托方与受托方应签订合同，应明确评价任务、报告要求以及提交形式等。

2. 实施评价。应根据项目周期各个阶段的特点开展社会评价。在项目前期工作阶段，一般作为项目可行性研究报告或项目申请报告的一个独立篇章进行社会评价。对社会影响重大的项目，应单独提交社会评价报告。

3. 提交评价报告。对于重大投资项目以单独报告的形式提交的评价报告，除了提交报告正文，还应提交有价值的案例、访谈记录、会议记录等附件。

4. 报告审查。前期阶段的社会评价报告可以作为可行性研究报告、项目申请报告的一部分，一并按规定要求进行审查，也可以单独审查。

（三）社会评价的实施步骤

社会评价的实施步骤一般为：调查社会资料、识别社会因素、进行社会分析、制定社会管理方案、编写社会评价报告等。

1. 调查社会资料

收集与项目有关的资料、文献，调查了解项目所在地区的社会环境等方面的信息，包括项目所在地区和受影响的社区基本社会经济情况，以及项目影响时限内可调的变化。社会调查可采用多种调查方法，如查阅历史文献、统计资料、问卷调查、现场访问与观察、开座谈会等。

2. 识别社会因素

分析社会调查获得的资料，对项目涉及的各种社会因素分类，一般可分成三类。

（1）影响人类生活和行为的因素。如对就业、收入分配、社区发展和城市建设，居民身心健康、文化教育事业、社区福利和社会保障等的影响因素。

（2）影响社会环境变迁的因素。如对自然和生态环境、资源综合开发利用、能源节约、耕地和水资源等的影响因素，以及由此对社会环境的影响。

(3) 影响社会稳定与发展的因素。如对人们风俗习惯、宗教信仰、民族团结的影响，对社区组织结构和地方管理机构的影响，对国家安全和地区发展的影响等等。

从这些因素中，识别与选择影响项目实施和项目成功的主要社会因素，作为后续分析与评价的重点。

3. 社会分析

对拟定的项目建设地点、技术方案和工程方案中涉及的主要社会影响、互适性、社会风险、社会可持续性进行定性和定量分析。对能够定量计算的指标，依据调查和预测资料进行测算，并根据评价标准判断其优劣。对不能定量计算的社会因素进行定性分析，判断各种社会因素对项目的影响程度，揭示项目可能存在的社会风险。

4. 制定社会管理方案

在社会分析的基础上，结合项目的社会环境与条件制定社会管理方案，强化项目的正面社会影响，化解或减轻项目的负面社会影响，使项目社会效果可持续、社会风险可控。

5. 编写社会评价报告

在对社会评价工作成果汇总分析的基础上，形成社会评价报告。应包括评价目标、评价方法、评价内容、评价结论、主要建议以及社会管理方案。项目实施阶段的社会评价报告还应当包括监测评估建议。

二、社会评价的方法

社会评价方法多种多样，按是否量化分为定性分析方法和定量分析方法，按应用领域分为通用方法和专用方法。

（一）定性分析与定量分析

1. 定性分析方法

定性分析方法主要采用文字描述，强调对事物发展变化过程的描述、分析和预测，重点关注事物发展变化的因果关系和逻辑关系；通过前因后果关系和逻辑关系的分析，对项目产生的影响及其后果进行过程分析评价。

定性分析应尽量引用直接或间接的数据，以便更准确地说明问题的性质和影响程度。如分析项目对所在地区的文化教育的影响，就可以采用一些统计数据，如项目建设前后所在地区的小学生入学率、人均拥有的大学毕业生人数、大专院校科研的基准，在可比的基础上按照有无对比的原则进行指标对比分析。

2. 定量分析方法

定量分析方法是通过一定的数学公式或模型，在调查分析得到的原始数据基础上，计算出结果并结合一定的标准所进行的分析评价。定量分析一般要有统一的量纲，一定的计算公式和判别标准。定量分析通过量化指标衡量事物的发展变化，强调数量的变化。

在社会评价中，评价人员通常面对大量不能精确量化计算的因素，如理念、意识、心理等，只能采用定性分析方法；而定量的指标往往不能准确描述事物变化过程中内在因素发生的细微变化，单纯依靠定量分析方法并不能完成社会评价，因此，定性分析方法和定量分析方法通常相辅相成、共同使用。

（二）通用方法和专用方法

1. 通用方法

通用方法指除了运用于社会评价，同时也广泛用于项目决策分析与评价中的其他评价。如社会评价中采用的对比分析法，是项目决策分析与评价中的重要方法，在技术分析、财务分析和经济分析中都得到广泛运用。社会调查中用到的文献调查，问卷调查等方法也同时可以用于市场调查。逻辑框架法既是重要的社会评价方法，同时也可以用于项目规划研究、项目后评价。

2. 专用方法

社会评价的专用方法是相对的，是相比于项目决策分析与评价的其他方面，主要在社会评价中应用，如利益相关者分析方法、参与式方法等。

（三）利益相关者分析方法

利益相关者是指与项目有直接或间接利害关系，并对项目成功与否有直接或间接影响的有关个人、群体或组织机构。

利益相关者分析方法贯穿社会评价全过程。利益相关者分析一般采取以下四个步骤进行。

1. 识别利益相关者

项目利益相关者一般划分为：(1)项目受益人；(2)项目受害人；(3)项目受影响人；(4)其他利益相关者，包括项目的建设单位、设计单位、咨询单位、与项目有关的政府部门与非政府组织。这些主体可能会对项目产生重大的影响，或者对项目能否达到预定目标起着十分重要的作用。

2. 分析利益相关者的利益构成

识别项目的利益相关者之后，还需要对他们从项目实施中可能获得的利益以及可能对项目产生的影响进行分析，应重点分析以下问题：(1)利益相关者对项目有什么期望？(2)项目将为其带来什么样的益处？(3)项目是否会对他们产生不利影响？(4)利益相关者拥有什么资源以及他们是否愿意并能够动员这些资源来支持项目的建设？(5)利益相关者是否存在与项目预期目标相冲突的利害关系？

在许多情况下，项目对相关机构的影响程度可以通过分析二手数据来获得答案，而对于有些群体和当地的群众则可能需要进行实地访谈调查才能获得答案。

3. 分析利益相关者的重要性和影响力

利益相关者按其重要程度分为以下几类。主要利益相关者，是指项目的直接受益者或直接受到损害的人；次要利益相关者，是指与项目的方案规划设计、具体实施等相关的人员或机构，如银行机构、政府部门、非政府组织等等。对利益相关者从以下几个方面分析其影响力及其重要程度：(1)权利和地位的拥有程度；(2)组织机构的级别；(3)对战略资源的控制力；(4)其他非正式的影响力；(5)与其他利益相关者的权利关系；(6)对项目取得成功的重要程度。

4. 制订主要利益相关者参与方案

在已获得利益相关者的相关信息、明晰了不同利益群体之间的关系之后，重点关注主要利益相关者，制订主要利益相关者参与项目方案制定、实施及管理等的方案。

(四) 参与式方法

1. 参与式方法的概念

参与式方法是通过一系列的方法或措施，促使项目的相关群体积极、全面地介入项目决策、实施、管理和利益分享等过程的一种方法。通过这些措施，使当地人(农村和城市的)和外来者(专家、政府工作人员等)一起对当地的社会、经济、文化、自然资源进行分析评价，对所面临的问题和机遇进行分析，从而做出计划、制定行动方案并使方案付诸实施，对计划和行动做出监测评价，最终使当地人从项目的实施中得到收益。

参与式方法包括参与式评价和参与式行动两个方面。

(1) 参与式评价

参与式评价是指受影响利益相关者参与项目评价。参与式评价主要强调乡土知识对专家知识的补充和完善，侧重于应用参与式的工具来进行数据的收集、分析和评价，以弥补专家知识的不足。参与式评价包括通过参与式方法来收集主要利益相关者的信息，特别是那些受项目消极影响的人的信息，从而根据这些信息资料制定出能够为他们所接受的项目方案，以便最大限度地优化项目实施方案，扩大项目的实施效果。参与式评价应贯穿于项目全过程。

(2) 参与式行动

参与式行动指受影响利益相关者参与项目设计与建设工作，促进各个利益相关者与项目之间的沟通和理解，减缓相互之间的矛盾和冲突，协调各方利益关系，进一步促进受益群体的行动和改善项目建设，使受损群体的利益损失得到更加合理的补偿。

参与式行动与参与式评价最主要的区别在于，参与式行动更偏重让项目的利益相关者在决策和项目实施上发挥作用。

2. 制定利益相关者的参与机制

制定利益相关者的参与机制要把握以下三个环节。

(1) 信息交流

信息交流属于单向信息流动，包括向各利益相关方披露有关项目的信息，或者收集项目受益者或受项目影响群体的数据。如果利益相关者不能充分了解一个项目的目的和预期效果，他们就不可能真正地参与该项目。因此，信息交流对利益相关者真正参与项目有十分重要的作用。

(2) 磋商

磋商是利益相关者之间的双向信息交流，包括政府和受益者或者受项目影响群体之间的信息交流。虽然决策者通常就是政府，但利益相关者可以对决策或者规划的项目提出意见。通过磋商收集到的信息和反馈意见，必须在项目的规划和实施过程中有所体现，从而使磋商真诚有效。社会评价中的参与机制强调信息分享的重要性。如果磋商包含减轻负面影响的建议，则磋商机制就会显得非常重要。

(3) 参与过程

参与是一个过程。在这个过程中，利益相关者可共同设定目标、寻找出问题，并商讨问题解决方案、提出优化建议等，参与实际上是分享决策控制权的一个途径。共同参与社会评价、共同做出改善决策和建设方案，参与项目实施过程中通力合作，都是参与过程的应有之义。

3. 公众参与的主要形式

公众参与的广度和深度，往往直接影响工程项目的实施效果。正当的或适度的公众参与能推动项目的建设实施。不当的或过度的公众参与会阻碍项目的顺利实施，甚至破坏社会秩序，影响社会正常生活。公众参与项目的主要形式可分类如下。

(1) 自主性参与和动员性参与

自主性参与是指在项目计划和实施过程中参与者主动地、自发地进行的参与；而动员性参与则是指在项目计划和实施过程中参与者在其他参与者动员或胁迫下进行的参与。自主性参与一般更能反映参与者的参与意识和民主程度，但在实际中，自主性参与和动员性参与之间的界限并不明显，很多参与都是自主性参与和动员性参与的混合。如部分利益相关者不愿意参与，但经有关领导和群众的劝说动员后就有可能主动地参与，配合有关组织做好有关项目的实施工作。最初的自主性参与在某些情况下可能被操纵为动员性参与，原来的动员性参与也可能逐渐变为主动地参与，二者也会相互转化。

(2) 组织化参与和个体化参与

组织化参与是指利益相关者以一定的组织形式进行的参与，个体化参与是指以个人方式进行的参与。在项目的实施过程中，组织化参与比个体化参与往往更加富有成效。首先，工程项目的建设实施，尤其是重大项目，人力、财力上的消耗很大，仅靠个人无力承担，每一阶段的顺利推进都离不开强有力的政府组织。其次，个人参与往往缺乏足够分量，难以引起重视，个体化参与往往只重视眼前利益，看不到影响社区全体利益相关者的整体利益。有组织的参与由于精英人物的领导，往往能看到那些影响公众长远利益、整体利益的深层次因素。因此，有组织的参与才能更好地维护和促进社会公众的共同长远利益，效果更加明显。

(3) 目标性参与和手段性参与

目标性参与是指参与具有明确的目标。这类参与是为了在参与中实现相应的目标。在项目计划和实施过程中，目标性参与更多地表现为广大群众服从整体利益的需要，主动地投入到项目计划和实施工作中来，通过勤奋工作，把项目计划和实施工作作为自身的追求和目标。而手段性参与则不然，参与者主要把它作为实现其政治、经济及其他目标的手段，参与本身不是目的。一般来说，目标性参与反映了参与者具有更多更强的参与意识，而对于手段性参与，如果假定的参与者能通过其他途径实现自己的目标，他就有可能不进入参与。但在项目计划和实施过程中，往往很难清楚地区分参与的目标性和手段性，很多参与既是目标性参与又是手段性参与。

(4) 支持性参与和非理性参与

支持性参与是指利益相关者为了表达对项目的支持和拥护而进行的参与，至少不是持反对态度的参与；非理性参与主要是指利益相关者为了表达自己的不满而进行的参与，是一种反对态度的参与。

(5) 制度化参与和非制度化参与

制度化参与是指利益相关者按照制度规定的要求所进行的参与活动，制度化参与寓于合法参与之中；非制度化参与则是指参与者不按制度规定的程序或要求而进行的参与活动。大量非制度化参与都是非法参与，但并非全部如此。制度化参与除了强调参与行为必须符合法律规定之外，同时也强调必须符合法律、制度规定的有关程序和步骤。合法参与未必完全是制度化参与。如民众越级反映情况的现象，并不违反法律，但是不符合正当程序，因此是合法参与，但同时是非制度化参与。

(五) 逻辑框架法

逻辑框架法是项目分析中极其重要的分析方法，是社会评价中对项目进行全过程和全方位分析的重要工具。借助逻辑框架图中关于项目不同层次、不同阶段的描述和分析，社会评价人员可以判断项目全过程中各种因果关系和逻辑关系，并进一步判断项目面临的社会风险。

在逻辑框架图中，重要外部条件是项目实现每一个阶段的必要条件。如果外部条件不能实现或者满足，则项目将面临风险。在社会评价中，外部条件除了物质性的条件外，受影响利益群体对项目的看法、反应、要求等，构成项目能否顺利实施、能否降低社会风险、能否与当地社会相适应的必要条件，是社会评价的重点。

第四节 重大固定资产投资项目社会稳定风险分析

一、社会评价与社会稳定风险分析的联系与差异

自 2012 年以来，我国先后颁发了中共中央《关于建立健全重大决策社会稳定风险评估机制的指导意见(试行)》(中办发〔2012〕2 号)、国家发展改革委《重大固定资产投资项目社会稳定风险评估暂行办法》(发改投资〔2012〕2492 号)《固定资产投资项目社会稳定风险分析篇章编制大纲》(发改投资〔2013〕428 号)以及相应的政策规定和说明。

按照我国基本建立的社会稳定风险分析(评估)制度，凡与人民群众切身利益密切相关、牵涉面广、影响深远、易引发矛盾纠纷或有可能影响社会稳定的重大事项(包括重大项目决策、重大改革、重大活动和重点工作领域等)，在投资项目实施前，都要开展社会稳定风险分析(评估)。重大固定资产投资项目的可行性研究报告或项目申请报告中要求对社会稳定风险分析设独立篇章，对特别重大和敏感的项目可单独编制社会稳定风险分析报告。

社会评价与社会稳定风险分析两者密切相关，但也存在一定的差异。

(一) 社会评价与社会稳定风险分析密切相关

主要体现在以下三个方面。

1. 理论体系相同。两者均以社会学、人类学和项目学的理论和方法，通过调查、收集与项目相关的社会信息，系统分析各种社会因素，对项目建设的合理性、合法性、可行性和风险可控性进行分析论证。评价和分析的理论基础和原则基本一致。

2. 分析方法一致。两者都需要采用参与式方式调查、收集信息，都要运用利益相关者分析法、参与式方法，识别利益相关者及其社会风险因素。

3. 工作过程和内容相似。两者的工作过程，均需经历社会调查、社会分析和社会管理方案制定的过程。其工作内容均涉及识别项目的社会风险因素，分析社会风险产生的原因、发生的可能性，提出可能的解决措施和方案等，过程和内容基本相似。

（二）社会评价与社会稳定风险分析的差异

社会评价是对建设项目中的社会因素、社会事项及其产生的影响等进行的系统分析评价，其中社会影响分析用于预测和评价由于建设项目所引起的或将会引起的社会变动及影响，包括可能产生的正面影响和负面影响；而社会稳定风险分析，仅作为社会评价的一个方面，在社会影响分析和社会风险分析的基础上，主要针对利益相关者对项目态度为非支持时，分析项目可能存在的负面社会风险，从而存在较大的差异，主要是以下三个方面。

1. 社会分析角度的差异。两者均以社会调查、社会影响分析和社会风险分析为基础。项目社会评价中的社会影响分析比较全面，既要分析评价项目建设和运营对社会变动的正面影响，又要分析可能引起的负面影响；而项目社会稳定风险分析是在围绕项目建设的合法性、合理性、可行性和可控性，结合建设方案，在充分调查、识别利益相关者诉求的基础上，从项目实施可能对当地自然、经济、人文、社会发展的负面影响角度，列出社会稳定风险因素负面清单后进行社会影响分析评价。

2. 功能管理的差异。社会评价主要作为项目可行性研究、项目申请报告中评价体系的一个组成部分，与其他评价体系并列进行综合考察评价。政府和投资主管部门对项目管理功能无强制性要求；而社会稳定风险分析既需要利用社会学的理论和方法进行社会因素的分析，又要重点针对识别出的社会因素，运用风险分析的理论和方法，对风险因素发生概率、风险事件结果影响程度、风险等级等进行分析评判，并明确规定对存在高风险或者中风险的项目，国家投资主管部门不予审批、核准；存在低风险但有可靠防控措施的，才可审批、核准。同时，明确规定对投资主管审批部门、实施（评估）主体不按规定程序和要求进行分析（评估）导致决策失误，或者造成较大或者重大损失等后果的，依法追究有关责任人的责任。因此，社会稳定风险分析（评估）制度的建立，更加强调社会管理功能，不仅满足了项目管理的要求，而且也满足了社会管理功能的需求。通过强调社会风险的化解和防范，目的是避免社会矛盾和社会冲突，促进社会稳定和谐发展。

3. 报告编写的差异。在投资项目可行性研究、项目申请报告中，都要求分别编制社会评价和社会稳定风险分析（评估）报告，以独立的研究报告或作为独立的篇章的形式分别进行分析、评价，在其咨询评估报告中也要求作为独立的内容分别进行评估。但相比较而言，目前项目社会评价由于缺乏明确的制度性要求、政策性规定和规范性标准，其评审程序尚未制定，评价内容较为宽泛，指标体系也不规范，而项目社会稳定风险分析（评估）制度基本完善，政策依据较为明确，风险调查、风险因素识别、判据和社会风险防范化解措施、应急预案等过程清晰，相应指标体系基本完善。

二、社会稳定风险分析的主要内容

社会稳定风险分析的主要内容包括风险调查、风险识别、风险估计、风险防范与化解措施制定、落实风险防范措施后的风险等级判断等五项。

（一）风险调查

社会稳定风险调查应围绕拟建项目建设实施的合法性、合理性、可行性、可控性等方面展开，调查范围应覆盖所涉及地区的利益相关者，充分听取、全面收集群众和各利益相关者的意见，包括合理和不合理的、现实和潜在的诉求等。

1. 合法性。主要分析拟建项目建设实施是否符合现行相关法律、法规、规范以及国家有关政策；是否符合国家与地区国民经济和社会发展规划、产业政策等；拟建项目相关审批部门是否有相应的项目审批权限并在权限范围内进行审批；决策程序是否符合国家法律、法规、规章等有关规定。

2. 合理性。主要分析拟建项目的实施是否符合科学发展的要求，是否符合经济社会发展规律，是否符合社会公共利益、人民群众的现实利益和长远利益，是否兼顾了不同利益群体的诉求，是否可能引发地区、行业、群体之间的盲目攀比；依法应给予相关群众的补偿和其他救济是否充分、合理、公平、公正；拟采取的措施和手段是否必要、适当，是否维护了相关群众的合法权益等。

3. 可行性。主要分析拟建项目的建设时机和条件是否成熟，是否有具体、翔实的方案和完善的配套措施；拟建项目实施是否与本地区经济社会发展水平相适应，是否超越本地区财力，是否超越大多数群众的承受能力，是否能得到大多数群众的支持和认可等。

4. 可控性。主要分析拟建项目的建设实施是否存在公共安全隐患，是否会引发群众性事件，是否会引发社会负面舆论、恶意炒作以及其他影响社会稳定的问题；拟建项目可能引发的社会稳定风险是否可控；对可能出现的社会隐含风险是否有相应的防范、化解措施，措施是否可行、有效；宣传解释和舆论引导措施是否充分等。

（二）风险识别

风险识别是在风险调查的基础上，针对利益相关者不理解、不认同、不满意、不支持的方面，或在日后可能引发不稳定事件的情形，全面、全程查找并分析可能引发社会稳定风险的各种风险因素。

风险因素包括工程风险因素和项目与社会互适性风险因素。其中工程风险因素可按政策、规划和审批程序，土地房屋征收及补偿，技术经济，环境影响，项目管理，安全和治安等方面分类。项目与社会互适性风险因素指项目能否为当地的社会环境、人文条件所接纳，以及当地政府、组织、社会团体、群众支持项目的程度，项目与当地社会环境的相互适应关系方面所面临的风险因素。

在全面分析确定项目风险因素后，根据项目风险因素的类型、发生阶段等，对风险因素进行分类归纳整理，建立投资项目社会稳定风险识别体系，识别项目社会稳定风险的主要风险类型、发生阶段及其风险因素，如表 11-3 所示。

表 11-3 主要风险因素识别表

序号	风险类型	发生阶段	风险因素	备注

注：风险发生阶段可包括项目前期决策、准备、实施、运营四个阶段。备注可标注风险的特征（例如长期影响还是短期影响、持久性影响还是间断影响等）和其他需要说明的情况。

（三）风险估计

根据各项风险因素的成因、影响表现、风险分布、影响程度、发生可能性，找出主要风险因素，剖析引发风险的直接和间接原因，采用定性与定量相结合的方法评定出主要风险因素的程度，预测和估计可能引发的风险事件及其发生概率。

对项目风险的可能性、后果和程度按大小高低分为不同的等级。具体赋值需要通过检测项目性质、评估要求和风险偏好等事先研究确定，根据项目实际涉及的主要风险因素，编制拟建项目的主要风险因素程度表，如表 11-4 所示。其中影响程度是指风险可能引发群体性事件的参加人数、行为表现、影响范围和持续时间等特性。

表 11-4 主要风险因素及其风险程度表

序号	风险类型	发生阶段	风险因素	风险概率	影响程度	风险程度
1						
2						
3						
…						

（四）风险防范与化解措施制定

为了从源头上防范、化解拟建项目实施可能引发的风险，应根据拟建项目的特点，针对主要风险因素，阐述采用的风险防范、化解措施策略；阐述提出的综合性和专项性的风险防范、化解措施，明确风险防范、化解的目标，提出落实措施的责任主体、协助单位、防范责任和具体工作内容，明确风险控制的节点和时间，真正把项目社会稳定风险化解在萌芽状态，最大限度减少不和谐因素。编制并形成风险防范、化解措施汇总表如表 11-5 所示。

表 11-5 风险防范和化解措施汇总表

序号	风险发生阶段	风险因素	主要防范和化解措施	实施时间和要求	责任主体	协助单位
1						
2						
3						
…						

（五）落实风险防范措施后的风险等级判断

对研究提出的风险防范、化解措施的合法性、可行性、有效性和可控性进行分析，根据分析结果预测各主要风险因素可能变化的趋势和结果，结合预期可能引发的风险事件和造成负面影响的程度等，综合判断项目落实风险防范、化解措施后的风险等级。拟建项目的社会稳定风险等级可分为高、中、低三个等级。

拓展阅读

社会稳定风险分析报告的编写要求

根据国家规定，依据风险等级分析结果，项目存在高风险或者中风险的，国家投资主管部门不予审批、核准和核报；存在低风险但有可靠防控措施的，可以审批、核准或者向上级主管部门报送审批、核准；如果项目风险程度根本无望降至可接受水平，则必须明确提出终止或放弃项目建设的建议。

第五节 实训案例

M 市电网改造项目社会评价案例

项目概况

近年来，M 市经济快速发展，特别是以钢铁、焦化、电解铝等为代表的工业经济快速崛起，拉动了全市电力需求迅猛增长。全市境内仅有两座大型公用电厂，其余电力靠山西中部输送解决，而北电南送线路断面承载能力有限，影响了电力输送。与用电需求相比，电力供应严重不足，电网改造建设工程被提上议事日程。在各级政府的支持和电力部门的努力下，M 市电网改造工程于年底经国家发展和改革委员会批复。

M 市城网改造电网性能评价

M 市电网改造工程，通过一年来的运行表明改造效果明显，主要体现在“四个提高，一个降低”方面。四个提高是指供电能力、电能质量、可靠性、安全性的提高，一个降低是指电网损耗的降低。

主要城网改造前后各项运营指标对比参如表 11-6 所示。

表 11-6 主要运营指标对比

序号	项 目	改 造 前	改 造 后
1	供电量（kW・h）	20.99	27.39
2	电压合格率（%）	96.8	98.7
3	供电可靠性（%）	99.39	99.92
4	主设备故障次数（次/年）	6	2
5	综合线损率（%）	7.2	5.1

M市城网改造工程社会评价及持续性分析

工程社会效益与影响评价

(1) 对地方经济的拉动

通过市城网改造工程的实施，对M市的区域经济有了很大的促进作用。经济增长指标中可用的定量指标有如下几个。

① 项目地区生产总值(GDP)。一个地区的经济增长是多种因素综合作用的结果，如政策调整、科技进步、增加投入等，但电网建设与运行是促进经济增长的基础条件之一。要突出电网项目的作用，就必须排除其他因素的影响，这里采用"有无比较法"，分别考察建设电网项目与不建电网项目两者情况下的经济组织情况，其差值即为电网项目带来的国民经济增长。

M市城网改造工程投运对GDP的直接贡献，可以从两个方面来考虑，一是项目自身投运后带来的产值增加，即增售电收入＝增售电量×购销电价差＝5.32亿kW·h×102.8元/MW·h＝547万元；二是主要供电企业因保证供电增加产值。M市工业企业50强中因城网改造工程投运，直接受益并增加产值的企业，可以计算出工程的直接拉动效益。

表11-7列示了四个企业用电量和产值的对比情况。

表11-7　直接相关工业企业用电量和产值对比情况

	A企业		B企业		C企业		D企业	
	用电量（亿千瓦时）	产值（亿元）	用电量（亿kW·h）	产值（亿元）	用电量（亿kW·h）	产值（亿元）	用电量（亿kW·h）	产值（亿元）
改造前	1.25	3.50	0.73	2.02	1.56	4.52	2.78	7.09
改造后	1.72	5.66	1.14	4.00	2.12	6.77	3.59	9.66
前后对比增加值	0.47	2.16	0.41	1.98	0.56	2.26	0.81	2.57

从表11-7中可以看出，与M市城网改造工程直接相关的工业企业增加产值为8.97亿元，考虑工程自身售电收入增加值547万元，可认为该工程对GDP的拉动值约为9.025亿元。

② 项目投资效果系数。项目投资效果不仅要考察直接投资效果，还可以考察项目的间接投资效果，即考察项目总投资的效果，其公式如下

$$
\begin{aligned}
\text{投资效果系数} &= \frac{\text{项目引起的国民收入}}{\text{总投资}} \\
&= \frac{(\text{项目本身产生的国民收入} + \text{由于项目间接效益产生的国民收入})}{(\text{项目本身投资} + \text{相关投资})} \\
&= \frac{9.025}{3.87} = 2.33\text{。}
\end{aligned}
$$

(2) 对促进经济结构调整的贡献

经济结构是否合理，直接关系到宏观经济能否持续健康、稳定、协调地发展。电网项目的建设不仅会带动国民经济的增长，而且会带来社会经济结构的调整。经济结构指标重点考察项目实施对产业结构和地区结构的影响，以及项目引起上述结构的变化是否合理，是

否符合国家的社会经济发展政策。

1）产业结构。产业结构指标考察电网项目对地区经济结构合理性的影响。主要分析一、二、三产业产值占国内生产总值的比重，各产业发展的比例关系及协调性。该指标直接反映了各产业发展水平。从产业结构上讲，2018 年 M 市一、二、三产业的用电量分别为 2.58 亿 kW·h、14.93 亿 kW·h、3.48 亿 kW·h。农业产值 12.1 亿元，工业产值 62.23 亿元，第三产业产值 45.12 亿元。由于本工程的实施，全市的供电能力增强，带动了三个产业的发展，到 2020 年，M 市一、二、三产业的用电量分别达到 3.28 亿 kW·h、18.69 亿 kW·h、5.42 亿 kW·h。农业产值 13.56 亿元，工业产值 67.42 亿元，第三产业产值 47.50 亿元。

2）地区结构。此项指标考察电网项目的建设对国家及地区经济布局的影响，分析这种影响与国家经济发展战略的关系，以及是否能够促进区域经济发展平衡。"十五"期间，M 市市委、市政府根据国家调整产业结构的方针政策，提出了建设市新型加工制造业基地的号召，机械加工、化工制药、钢铁和铝材深加工、汽车业等一批新项目将陆续投产，城网改造工程项目的实施，极大地缓解了供电紧张，有利于促进这一目标的实现。

(3) 改善投资环境

完善的基础设施条件是吸引投资的重要因素，而供电水平是衡量基础设施水平的重要组成部分，因此，完善的电网结构对改善投资环境、扩大对外开放、发展外向型经济有着重要的作用。根据凯恩斯的产出决定理论，投资对于经济增长具有乘数效应，即增加一笔投资会带来数倍于投资额的经济增长。可以用新增固定资产投资作为衡量投资环境改善的一个定量指标。

电网是改善投资环境、扩大对外开放、发展外向型经济的必要基础设施。城网改造工程建设完善了城市基础设施，改善了投资环境，为区域经济招商引资创造了良好的条件。M 市三年新增固定资产投资分别为 23.4 亿元、31.5 亿元、41.7 亿元，增长势头很快，这在很大程度上得益于基础设施的改善，其中城网改造工程发挥了应有的作用。

环境评价

本城网改造项目沿线经过城市规划区，居民区密布、工农业设施多，公路、铁路、电力线走廊拥挤，交叉跨越地点繁多。经过之处，通常会引起局部地区停电，少数地方还涉及了建筑物拆迁、树木砍伐等问题，给当地居民生活和自然环境带来了一定程度的影响。

持续性分析

(1) 意义及目的

电网工程建设项目的特点是投资大、建设周期长，能够产生巨大的经济效益和社会效益。项目能否持续运转，将对社会产生很大的影响。对项目进行持续性评价，必须研究项目持续运转所必需的内、外部条件并提出满足这些条件的措施。在此基础上，促进项目持续运转，以达到进一步扩大效益，逐步实现良性运用和良性循环的目的。

(2) 对工程建设的建议

本次城网改造工程彻底地改变 M 市电网陈旧落后的现状，电网安全的技术含量也有了较大程度地提高，管理条件和管理设施得到改善。为了更好地发挥工程的后续效益，结合实际情况，特提出以下几个方面的建议。

1）在今后电网改造工程中要合理安排施工时间，尽量注意避开三次产业以及居民的用电高峰时期，避免不必要的经济损失和给居民的正常生活带来不便。

2）电网改造完成后，要不断完善自动监控系统。在运行中，要提高警惕，认真观察，仔细体会，及时了解各项设备的运行性能，找出并排除存在的隐患。

3）电网改造完成后，为了加强电网的养护维修，保证设施技术状况良好，延长使用寿命，更好地发挥工程效益，建设单位要及时解决部分工程运行维护经费落实问题及电器易损件的保养、维护及更换等问题。

综合评价

前述定量分析只能用数据说明项目成功或是失败的程度，但不足以说明项目成功或失败的原因。所以在前面定量分析的基础上，再用逻辑框架法对整个城网改造项目进行定性的综合评价，通过对项目设定的指标与实现的指标进行对比，分析其差别原因，是变好还是变坏，并分析为何有此变化，对于今后的发展规划有何借鉴。制作 M 市城网改造项目的逻辑框架表，如表 11-8 所示。

表 11-8　项目评价逻辑框架表

目标层次	验证对比指标			原因分析（内部、外部）	可持续性（风险）
	项目原定指标	实际实现指标	差别或变化		
宏观目标（影响）	(1) 拉动经济增长 (2) 提高人民生活水平 (3) 改善地区投资环境 (4) 促进产业结构调整	(1) 基本满足了地区经济发展对电力增长的需求 (2) 优化产业结构	实现预定目标	(1) 国家整体经济环境 (2) 电网规划满足实际发展要求	受国家政策的持续性及经济大环境影响，坚持正确的政策，完善决策机制
项目目的（作用）	增加售电量，改善用电紧张状况，满足人民生活用电需求，加大对地区经济发展的支撑力度，开拓电力市场	(1) 人均生活用电量稳步提高 (2) 拉动发电及电建企业的发展	实现预定目的	本项目设计合理，建设质量优良	电力企业改善服务，加强大用户管理
项目产出（实施结果）	计划建设与改造高低压变电站数量、配电站数量、线路长度、设备台数、户表改造数等；电网改造主要技术指标批复	全部完成	基本实现产出	做好项目前期准备；施工过程科学化管理	
项目投入（建设条件）	项目批复资金 M 万元	实际使用 M 万元	资金控制良好	资金控制到位	为工程管理提出更好的建议

项目评价小结

M 市城网改造工程已发挥显著的国民经济效益、社会效益和环境效益，成为地区工农业生产和人民生活的重要基础设施，有力推动了区域经济社会发展。本次评估包括项目实施阶段后评估、经济效益评价和综合评价。工程前期筹备详尽，勘察设计部门查明了地质条件，保障施工顺利。决策程序符合国家规定，工程方案合理，解决了费用标准矛盾，资金、物资、场地等筹备顺利，为项目开工和效益发挥奠定了基础。

工程建设过程中，全面推行了项目法人制、招标投标制和建设监理制的"三项基本制度"。2018 年初项目开始建设，虽由于客观原因使得开工中遇到一系列困难，但省电力公司充分发挥其调控作用，保证项目如期正常进行。项目根据实施情况进行一定的方案变更，使得工程技术更为可靠，投资更为合理，施工更为便捷。工程有着完善的以项目法人为核心的质量管理网络体系，管理工作做得比较到位。工程建设过程中，资金及时到位，并严格按照有关规定进行财务核算，严格控制资金的使用，为今后同类工程的资金管理提供了很好的借鉴，整个工程的进度计划合理，计划控制实施较好。工程建设成本与原计划相比有了一定的改变，但仍在总投资控制范围内。质量管理与安全管理得到极大的重视，使工程能够保质保量地完成。

工程的整个实施过程中积累了丰富经验并进行了一些创新，为我国电力工程项目提供了良好借鉴。

思考与练习

1. 什么是社会评价？社会评价的特点是什么？社会评价的项目范围有哪些？
2. 社会评价的主要内容包括什么？
3. 社会评价的方法包括哪些？
4. 社会稳定风险分析的主要内容有哪些？
5. 社会评价与社会稳定风险分析的异同点在哪里？

第十二章

项目后评价

学习目标

1. 理解项目后评价含义、基本特征、目的、作用及其类型；
2. 掌握项目效果效益评价、项目影响评价；
3. 掌握项目后评价方法；
4. 了解项目后评价报告主要内容。

素养目标

1. 使学生充分认识项目后评价是项目管理的一项重要内容，也是出资人对投资活动进行监管的重要手段；

2. 培养学生的知识掌握能力，使其掌握项目后评价的基本概念、理论和方法，了解项目后评价的知识体系和内在逻辑；

3. 提升学生的学习能力，使其具备自主学习的能力，能够独立思考、发现问题、解决问题，能够根据项目后评价结论给出相应的意见和建议；

4. 培养学生的实践能力，使其具备实践操作能力，能够将所学项目后评价知识应用于实践，具备针对具体项目进行后评价工作的能力；

5. 培养学生在项目后评价中秉持正直、廉洁和诚信的品质，避免评价不科学达不到项目管理和投资监管目的。

本章知识结构图

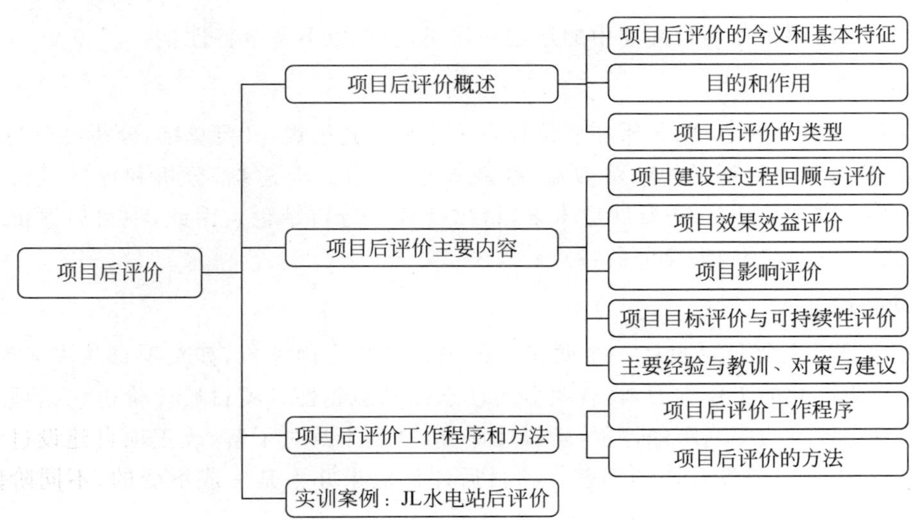

第一节　项目后评价概述

项目后评价是投资项目周期的一个重要阶段，作为项目管理周期的最后一环，与项目周期的各个阶段都有着密不可分的关系。目前，我国投资项目后评价制度性文件基本形成，按照国有资产监督管理委员会的要求，项目后评价工作已在中央管理企业中全面开展。以国家、省市政府投资为主的项目后评价工作，也正在规范有序地进行。非国有企业投资行为可以参照政府和国有企业已经形成的规范性运作机制开展工作。

一、项目后评价的含义和基本特征

（一）项目后评价含义

目前，对项目后评价还没有一个统一、规范的定义。根据项目后评价启动时点的不同，可以分为狭义的项目后评价和广义的项目后评价。

狭义的项目后评价是指项目投资完成之后所进行的评价。它通过对项目实施过程、结果及其影响进行调查研究和全面系统回顾，与项目决策时确定的目标以及技术、经济、环境、社会指标进行对比，找出差别和变化，分析原因，总结经验，汲取教训，得到启示，提出对策建议，通过信息反馈，改善和指导新一轮投资管理和决策，达到提高投资效益的目的。

广义的项目后评价是项目中间评价（或称中间跟踪评价、中期评价），指从项目开工到竣工验收前所进行的阶段性评价，即在项目实施过程中的某一时点，对建设项目实际状况进行的评价。一般在规模较大、情况较复杂、施工期较长的项目，以及主客观条件发生较大变化的情况下采用。中间评价除了总结经验教训以指导下阶段工作外，还应以项目实施过程中出现重大变化因素为着眼点，并以变化因素对项目实施和项目预期目标的影响进行重点评价。

（二）项目后评价的基本特性

根据项目后评价在项目周期中的地位和作用，呈现以下基本特性。

1. 全面性

项目后评价，既要总结、分析和评价投资决策和实施过程，又要总结、分析经营过程；不仅要总结、分析和评价项目的经济效益、社会效益，而且还要总结、分析和评价经营管理状况；不仅分析和评价过去，还要展望未来，得出持续性分析结论。因此，项目后评价具有数据采集范围广泛、评价内容全面的特点。

2. 动态性

项目后评价主要是对投产一至两年后的项目进行全面评价，涉及项目从决策到实施、运营各个阶段不同的工作方面，具有明显的动态性和跨越性。项目后评价也包括项目建设过程中的事中评价或中间跟踪评价，阶段性评价，有利于及时了解、改正项目建设过程中出现的问题，减少项目建设后期的偏差。项目后评价成果并不是一成不变的，不同阶段的后评价应根据采集到的项目进展最新数据，对前期后评价成果进行修正。

3．方法的对比性

对比是项目后评价的基本方法之一，是将实际结果与原定目标进行同口径对比，将实施完成的或某阶段性的结果，与建设项目前期决策设定的各项预期指标进行详细对比，找出差异，分析原因，总结经验和教训。有无对比方法也常用于项目的后评价。

4．依据的现实性

项目后评价是对项目已经完成的现实结果进行分析研究，依据的数据资料是建设项目实际发生的真实数据和真实情况；对将来的预测也是以评价时点的现实情况为基础。因此，后评价依据的有关资料，数据的采集、提供、取舍都要坚持实事求是和客观评价的原则，避免因偏颇使用而形成错误结论。

5．结论的反馈性

项目后评价的目的之一是为改进和完善项目管理提供建议，为投资决策或其他相关利益部门提供参考和借鉴。为此，就必须将后评价的成果和结论进行有效反馈，通过反馈机制使后评价总结出来的经验得到推广、教训得以吸取，防止错误重演，最终使后评价成果变为社会财富，产生社会效益，实现评价的目的。

二、项目后评价的目的和作用

（一）项目后评价的目的

项目后评价的主要目的是服务于投资决策，是出资人对投资活动进行监管的重要手段之一。它也可以为改善企业经营管理、完善在建投资项目、提高投资效益提供帮助。特别是公共资金投入项目，需要有效的监督，其核心目的仍然是为出资人保证资金合理使用和提高投资效益服务。通过项目后评价，可以及时反馈信息，调整相关政策、计划、进度，改进或完善在建项目，可以增强项目实施的社会透明度和管理部门的责任意识，从而提高投资管理水平。同时通过经验教训的反馈，修订和完善投资政策和发展规划，提高决策水平，改进未来的投资计划和项目的管理，提高投资效益。

（二）项目后评价的作用

1．对提高项目前期工作质量起促进作用

开展项目后评价，回顾项目前期决策成功的经验及失误的原因，评价前期工作的质量及决策的正确合理性，能够促使和激励参与项目可行性研究、评估和决策的人员增强责任感，提高项目前期工作质量和水平。通过项目后评价反馈的信息，及时发现和暴露决策过程中存在的问题，吸取经验教训，提高项目决策水平。

2．为政府制定和调整有关经济政策起参谋作用

集合多个项目后评价总结的经验教训和对策建议，作为政府进行宏观经济管理的借鉴，有关部门可参考这些建议，合理确定和调整投资规模与投资流向，修正某些不适合经济发展要求的宏观经济政策和产业政策，以及过时的指标参数和技术标准等。

3. 对银行防范风险起提示作用

银行系统的项目贷款后评价(信贷后评价),通过对贷款条件评审、贷款决策、贷款合同的签订、贷款发放与本息回收等运作程序的回顾,分析风险防范措施及效果,可以发现项目信贷资金使用与回收过程中存在的问题,明确主要责任环节;还能了解资本金和其他配套资金到位与项目总投资控制情况,及时掌握项目产品市场需求变化与企业经营管理状况,完善银行信贷管理制度和风险控制措施。

4. 对项目业主提高管理水平起借鉴作用

项目后评价对项目业主在项目实施过程中的管理工作、管理效果进行分析,剖析项目业主履行职责的情况,总结管理经验教训。这些经验教训既是对被评价项目业主管理工作的检验总结,也可通过行业系统组织后评价经验交流,为其他项目业主提供借鉴,为提高工程项目建设管理水平发挥作用。

5. 对企业优化生产管理起推动作用

项目后评价涉及评价时点以前的生产运营管理情况,从生产组织、企业管理、财务效益等方面分析产生偏差的原因,提出可持续发展的建议与措施,对企业优化生产运营管理,提高经济效益和社会效益起到推动作用。

6. 对出资人加强投资监管起支持作用

项目后评价涉及分析评价资金使用情况、企业生产经营状态,分析成功或失败的原因和主要责任环节,可以为出资人监管投资活动和测评投资效果提供支撑,为建立和完善政府投资监管体系和责任追究制度提供服务。

三、项目后评价的类型

随着社会经济活动中投资方式多样化,后评价也产生了多种类型。

(一) 按评价时点划分

项目后评价根据发起的时点不同,可以分为在项目实施中进行的中间评价和在项目完工进入运行阶段后的后评价。

1. 中间评价

中间评价是指投资人或项目管理部门对正在建设、尚未完工的项目所进行的评价。中间评价的作用是通过对项目投资建设活动中的检查评价,可以及时发现项目指标是否可以实现,并有针对性地提出解决问题的对策和措施,以便决策者及时作出调整方案,使项目按照决策目标继续发展。对没有继续建设条件的项目可以及时终止,防止造成更大浪费。项目中间评价又根据启动时点不同,包括项目实施过程中从立项到项目完成前很多种类,即项目的开工评价、跟踪评价、调概(调整概算)评价、阶段评价和完工评价等。

项目中间评价是项目监督管理的重要组成部分,以项目业主日常的监测资料和项目绩效管理数据库的信息为基础,以调查研究的结果为依据进行分析评价,通常应由独立的咨询机构来完成。

2. 中间评价与后评价的区别与联系

项目中间评价和项目后评价都是项目全过程管理的重要组成部分，既相对独立又紧密联系。一方面，由于两者实施的时间不同，评价深度和相应的一些指标也不同，它们服务的作用和功能也有所不同。另一方面，中间评价和后评价也有许多共同点，如项目的目标评价、效益评价等是一致的，可以把后评价看成是中间评价的后延伸，中间评价也可以被看成是后评价的一个依据和基础。因此，中间评价和后评价都是项目评价不可缺少的重要一环。

（二）按评价范围划分

根据评价范围，可以分为全面后评价和专项后评价。

中间评价可以是全面后评价，也可以根据决策需要，选取单一专题进行专项评价。这种评价范围的调整也适用于狭义的后评价。根据不同的评价范围和评价重点，可以分为项目影响评价、规划评价、地区或行业评价、宏观投资政策研究等类型。

（三）按项目类别划分

目前比较常见的后评价类型包括工程项目后评价、并购项目后评价、贷款项目后评价和规划后评价等。

如在某风电场后评价工作中，根据政府委托项目的特点，后评价更为关注项目对社会经济发展和民生的影响，咨询机构在提出项目对策建议时不能仅仅从项目业主视角去考虑，而是针对政府所关心的层面提出自己的意见和建议。

又如某银行委托的贷款后评价，虽然从项目本身来看，仅是一个常规的固定资产投资项目，但委托方是为项目提供融资服务的金融机构，与项目业主及其母公司相比，金融机构在资金的安全性、流动性、收益性"三性"中最为关注的是安全性，因此应针对项目的还贷能力进行重点评价。咨询机构应跳出对项目本身财务能力的调研分析，将目光延伸到项目母公司等其他可能影响项目还贷能力的利益相关方。

第二节　项目后评价报告的主要内容

项目后评价的内容，包括项目建设全过程回顾与评价、效果效益和影响评价、项目目标和可持续性评价等，并在此基础上总结经验教训，提出对策和建议。本节所论述的后评价的内容以工程项目后评价类为主。

一、项目建设全过程回顾与评价

建设全过程的回顾和评价，一般分为项目决策、项目建设准备、项目建设实施和项目投产运营等四个阶段。

（一）项目决策阶段

回顾与评价的重点是项目决策的正确性；评价项目建设的必要性、可行性、合理性；分析项目目标实现的程度、产业差异或失败的原因。合理性和效率是本阶段评价衡量的重要标尺。

对于可行性研究报告，主要分析评价项目可行性研究阶段的目标是否明确、合理，内容与深度是否符合规定要求，项目风险分析是否充分；对于项目评估，主要分析评估工作深度是否满足决策要求，项目投资估算、主要效益指标的评估意见是否客观，项目风险评估是否到位，对决策的建议是否合理、结论是否可靠等；对于决策，主要分析评价项目决策程序是否合规，决策方法是否科学，决策内容是否完整，决策手续是否齐全。

（二）项目建设准备阶段

回顾与评价的重点是各项准备工作是否充分，开工前的各项报批手续是否齐全。效率是本阶段评价衡量的重要标尺。

1. 勘察设计。分析勘察结论的可靠性、设计方案的科学性以及设计文件的完备性。

2. 融资方案。分析评价项目的资金来源是否按预定方案实现，资金结构、融资方式、融资成本是否合理，风险分析是否到位；融资担保手续是否齐全等。

3. 采购招标。评价招标方式、招标组织形式、招标范围、标段划分的合理性，招标报批手续和招标评标过程以及监督机制等招投标工作的合法性与合规性，招标竞争性以及招标效果。

4. 合同签订。评价合同签订的依据和程序是否合规，合同谈判、签订过程中的监督机制是否健全，合同条款的合理性和合法性以及合同文本的完善程度。

5. 开工准备。分析评价项目开工建设的物资准备、技术准备、组织准备、人员准备，以及许可开工的相关手续等情况。

（三）项目建设实施阶段

回顾与评价的重点是工程建设实施活动的合理性和成功度，项目业主的组织能力与管理水平。此阶段项目执行的效率和效益是评价衡量的重要标尺。

1. 合同执行与管理。分析评价各类合同（含咨询服务、勘察设计、设备材料采购、工程施工、工程监理等）执行情况，违约原因及责任，评价项目业主采取的合同管理措施及各阶段合同管理办法及效果。

2. 重大设计变更。从技术上分析评价重大设计变更的原因及合理性，从管理上分析评价设计变更报批手续的严谨性、合规性，从经济上分析评价设计变更引起的投资、工期等方面的变化及其对项目预期经济效益的影响。

3. “四大管理”。评价项目业主在“四大管理”（质量、进度、投资和安全；随着社会进步，“安全”现已更全面地表现为 HSE）方面采取的措施与效果，分析产生差异的原因及对预期目标的影响，总结四大管理目标的实现程度以及主要的成功经验和失败的教训。

4. 资金使用与管理。评价基建财务管理机构和制度健全与否，分析资金实际来源、成本与预测、计划产生差异的原因，评价资金到位情况与供应的匹配程度、资金支付管理程序与制度严谨性、项目所需流动资金的供应及运用状况等。

5. 实施过程的监督管理。分析评价工程监理与工程质量监督在项目实施过程中所起的作用，评价项目业主委托工程监理的规范性和合法性、管理方式的适应性，评价项目接受内外部审计的情况等。

6. 建设期的组织与管理。以项目建设管理的实际效率和效果为着眼点，分析评价管理体制的先进性、管理模式的适应性、管理机构的健全性和有效性、管理机制的灵活性、管理规章制度的完善状况和管理工作运作程序的规范性等情况。

（四）项目投产运营阶段

回顾与评价的重点是项目由建设实施到交付生产运营转换的稳定、顺畅。项目效益和可持续性是评价衡量的重要标尺。

1. 生产准备。评价各项生产准备内容、试车调试、生产试运行与试生产考核等情况，评价生产准备工作的充分性。

2. 项目竣工验收。评价工程项目全面竣工验收工作的合规性与程序的完善性；遗留尾工处理的合理性。

3. 资料档案管理。评价工程资料档案的完整性、准确性和系统性，管理制度的完善性等。

4. 生产运营。分析评价工艺路线畅通状态、设备能力匹配度、生产线运行稳定性，分析设计生产能力实现程度，评估原材料、能源动力消耗指标与设计要求的差异等。

5. 产品营销与开发。评价产品质量、营销策略及实施效果、产品市场竞争能力和占有率，分析市场开发与新产品研发能力。

6. 生产运营的组织与管理。分析评价管理体制、管理机制、管理机构的管理规章制度规范性以及规章制定的完善性等。

7. 后续预测。对评价时点以后的产品市场需求和竞争能力进行预测，对项目全生命周期财务效益和经济效益预测，对项目运营外部条件预测、分析。

二、项目效果效益评价

项目效果效益评价是对项目实施的最终效果和效益进行分析评价，即将项目的工程技术效果、经济（财务）效益、环境效益、社会效益和管理效果等，与项目可行性研究和评估决策时所确定的主要指标，进行全面对照、分析与评价，找出变化和差异，分析原因。

（一）技术效果评价

项目技术效果评价是针对项目实际运行状况，对工程项目采用的工艺流程、装备水平进行再分析，主要关注技术的先进性、适用性、经济性、安全性。

1. 工艺流程评价。分析评价工艺流程的可靠性、合理性，采用的工艺技术对产品质量的保证程度、工艺技术对原材料的适应性等。

2. 装备水平评价。分析评价各主要设备是否与设计文件一致，设备的主要性能参数是否满足工艺要求，自动化程度是否达到要求，设备寿命是否经济合理，评价设备选型的标准和水平等。

3. 技术水平评价。将项目规模、能力、功能等技术指标的实现程度与项目立项时的预期水平进行对比，从设计规范、工程标准、工艺路线、装备水平和工程质量等方面分析项目所采用的技术达到的水平，分析评价所采用技术的合理性、可靠性、先进性和适用性等。

4. 国产化水平。分析评价设备国产化程度以及自主知识产权拥有水平等。

（二）财务和经济效益评价

1. 财务效益评价。财务效益后评价与前期评估时的分析内容和方法基本相同，都应进行项目的盈利能力分析、清偿能力分析、财务生存能力和风险分析。评价时要同时使用已实际发生数据和根据变化了的内外部因素更新后的预测数据，并注意保持数据口径的一致性，以保证对比结论的科学可靠。

2. 经济效益评价。根据项目实际运营指标，根据变化了的内外部因素更新后的预测数据，全面识别和调整费用和效益，编制项目投资经济费用效益流量表，从资源合理配置的角度，分析项目投资的经济效率和对社会福利所做的贡献，评价项目的经济合理性，判别目标效益的实现程度。

（三）管理效果评价

项目管理评价是对项目建设期和运营期的组织管理机构的合理性、有效性，项目执行者的组织能力与管理水平进行综合分析与评价。通常，项目业主应对项目组织机构所具备的能力进行适时监测和评价，以分析项目组织机构选择的合理性，并及时进行调整优化。

管理评价的主要内容包括：

1. 管理体制与监督机制的评价；
2. 组织结构与协调能力的评价；
3. 激励机制与工作效率的评价；
4. 规章制度与工作程序的评价；
5. 人员结构与工作能力的评价；
6. 管理者水平与创新意识的评价等。

三、项目影响评价

项目工程技术效果、经济（财务）效益和管理效果又被称为项目直接效益。项目环境效益与社会效益又被称为项目间接效益，一般单独成章，列为项目影响评价。

（一）环境影响评价

随着我国经济发展进入高质量发展阶段，环境影响评价越来越受到重视。环境影响后评价是指对照项目前期评估时批准的《环境影响报告书》或《环境影响备案表》依据环保验收文件和运行期间的环境监测数据，重新审查项目环境影响的实际结果。环境影响评价应采集以下基础数据：

1. 项目产生的主要污染物种类排放量以及允许排放指标；
2. 项目污染治理设施建设情况和环保投入规模；
3. 项目环境管理能力和监测制度执行情况；
4. 项目对所在地区的生态保护与环境影响情况；

5. 项目对自然资源的保护与利用情况等。

在了解上述情况基础上，评价项目对所在地区环境带来的影响以及影响的程度、当地环境对企业后续发展的许可容量。

实施环境影响评价应遵照国家环保法的规定，根据国家和地方环境质量标准和污染物排放标准以及相关产业部门的环保规定，在审核已实施的环评报告和评价环境影响现状的同时，要对未来环境进行预测。对有可能产生突发性事故的项目，要有环境影响的风险分析。如果项目生产或使用对人类和生态有极大危害的剧毒物品，或项目位于环境高度敏感的地区，或项目已发生严重的污染事件，那么还需要提出一份单独的项目环境影响后评价报告。

环境影响后评价一般包括项目的污染控制、区域的环境质量、自然资源的利用、区域的生态平衡和环境管理能力。

（二）社会影响评价

社会效益评价主要是指项目建设对当地经济和社会发展以及技术进步的影响，一般可包含如下几个方面：

1. 征地拆迁补偿和移民安置情况；
2. 对当地增加就业机会的影响程度；
3. 对当地税收与收入分配的影响；
4. 对居民生活条件和生活质量的影响；
5. 对区域经济和社会发展的带动作用；
6. 推动产业技术进步的作用；
7. 对妇女、民族和宗教信仰的影响等。

社会影响评价首先应确定受影响人群的范围，有针对性地反映其受影响程度及对影响的反作用。社会影响评价的方法是定性和定量相结合，以定性为主，在诸要素评价分析的基础上做综合评价。恰当的社会影响评价调查提纲和适宜的分析方法是社会影响评价成功的先决条件，应慎重选择。

四、项目目标评价与可持续性评价

在对项目建设全过程进行回顾，对项目效果、效益，环境与社会影响等方面进行细致分析评价的基础上，进一步分析项目立项决策预定目标的实现程度及其合理性，以及项目持续发展能力与存在的问题，对项目的成功度做出综合性评价，得出项目后评价结论。

（一）项目目标评价

项目目标评价的任务在于评价项目实施中或实施后，是否达到在项目前期评估中预定的目标、达到预定目标的程度，分析与预定的目标产生偏离的主观和客观原因；提出在项目以后的实施或运行中应采取的措施和对策，以保证达到或接近达到预定的目标和目的；必要时，还要对有些项目预定的目标和目的进行分析和评价，确定其合理性、明确性和可操作性，提出调整或修改目标和目的的意见和建议。

1. 目标实现程度评价

建设项目目标实现程度评价，一般按照项目的投入产出关系，分析层次目标的合理性和实现可能性以及实现程度，以定性和定量相结合的方法，用量化指标进行表述，如表12-1所示。

表 12-1 项目预定目标和目的达到程度分析表

目标或目的内容名称	预定值	项目建成可能达到值	目标目的实现程度%	偏离的原因分析	拟采取的对策和措施

项目目标实现、达到预定目标，即项目建成。一个项目建成的标志是多方面的，一般总结为“四个建成”。“四个建成”的完成度，即目标实现程度。

(1) 工程(实物)建成，即项目按设计的建设内容完整建成，项目土建完工，设备安装调试完成，装置和设施经过试运行，符合工程设计的质量要求，并已通过竣工验收。

(2) 项目技术(能力)建成，即装置、设备和设施运行正常，各项工艺参数达到设计技术指标，生产能力和产品质量达到设计要求。

(3) 项目经济(效益)建成，即项目的财务和经济目标实现，达到预期指标，包括有市场竞争力，经济上有效益，具备偿还贷款的能力等。

(4) 项目影响建成，即项目对国民经济、社会发展、生态环境产生预定的影响效果。

2. 目标合理性评价

项目目标的合理性是指项目原定目标是否符合全局和宏观利益，是否得到政府政策的支持，是否符合项目的性质，是否符合项目当地的条件等。合理的目标是项目目标和目的得以顺利实现的基础。对目标合理性的评价也是对决策效果的分析与判断。

在项目后评价中，项目目标和目的评价的主要任务是对照项目可研和评估中关于项目目标的论述，找出变化，分析项目目标的实现程度以及成败的原因，但同时也应讨论项目目标的确定是否正确合理，是否符合发展的要求。

目标评价的常用分析方法包括目标树法、层次分析法等。国际上通常采用逻辑框架法(如表12-2所示)，通过项目的投入产出目标进行分析。

(1) 项目投入包括资金、物质、人力、资源、时间、技术等投入；

(2) 项目产出即项目建设内容，是投入的产出物；

(3) 项目目的即项目建成后的直接效果和作用；

(4) 项目宏观目标主要指经济、社会和环境的影响。

表 12-2 项目后评价的逻辑框架

目标层次	验证对比指标			原因分析		可持续性(风险)
	项目原定指标	实际实现指标	差别或变化	主要内部原因	主要外部条件	
宏观目标(影响) 项目目的(作用) 项目产出(实施结果) 项目投入(建设条件)						

（二）项目的可持续性评价

可持续性是指在项目的建设资金投入完成之后，项目可以按既定目标继续执行和发展，项目投资人和项目业主愿意并可能依靠自己的力量继续去实现既定持续性评价，即实现上述能力的可能性评价。可持续性也是项目目标评价的重要内容之一。

项目可持续性要素受市场、资源、财务、技术、环保、管理和政策等多方面影响，一般可分为内部要素和外部条件。

1. 影响项目可持续性的内部因素，包括项目规模的经济性、技术的成熟性和竞争力、企业财务状况、污染防治措施满足环保要求的程度、企业管理体制与激励机制等，核心是产品竞争力及对市场的应变能力等；

2. 项目外部条件支持能力，包括资源供给、物流条件、自然环境与生态要求、社会环境、政策环境、市场变化及其趋势等。

根据项目持续能力分析要求，列出制约建设项目可持续的主要因素，分析其原因。在要素分析的基础上，分析建设项目可持续发展的主要条件，评价项目可持续性，提出合理的建议和要求，如表 12-3 所示。

表 12-3　项目可持续发展条件分析框架

	制约因素	内部原因分析	外部条件分析	解决方案
1				
2				
…				

（三）项目的成功度评价

项目成功度评价是在前述章节对项目效益、效果和影响的评价的基础上，在项目目标评价层次之上，对项目进行的更为综合的评价判断，综合得出项目总体成功度的评价结论。

1. 测评等级

项目成功度评价一般以表格调查形式表示（如表 12-4 所示）。由参加评价活动的专家对工程项目的不同内容及其相关重要性进行综合分析，按规定等级判断项目成功的程度。一般分为五个等级。

（1）完全成功（A）：原定目标全面实现或超过预期，项目功能、效益和影响充分发挥。

（2）基本成功（B）：原定目标大部分实现，项目功能、效益和影响基本达到预期要求。

（3）部分成功（C）：原定目标部分实现，项目功能有缺陷，效益和影响只有部分实现。

（4）不成功（D）：原定目标实现非常少，项目功能有问题，效益和影响很差。

（5）失败（E）：原定目标无法实现，项目不得不终止。

表 12-4　项目成功度评价表

测评指标	相关重要性	测评等级	备注
1. 宏观目标（或产业政策）			
2. 项目规模			

续表

测评指标	相关重要性	测评等级	备注
3. 产品市场			
4. 工程设计(或技术装备)			
5. 资源条件(或建设条件)			
6. 资金来源			
7. 项目进度管理			
8. 项目质量管理			
9. HSE 管理			
10. 项目投资控制			
11. 项目经营管理			
12. 项目财务效益			
13. 项目经济效益和影响			
14. 环境影响			
15. 项目可持续性			
16. ……			
项目总评			

2. 测评指标

测评指标是指与该项目成功与否相关的主要因素(包含项目外部条件和内部因素),如工业项目的测评指标一般主要包括宏观目标、项目布局、项目规模、项目目标、产品市场、工程设计、技术装备水平、资源条件、建设条件、资金来源、工程进度管理、工程质量管理、HSE管理、项目投资控制、项目经营管理、财务效益、经济效益、社会影响、环境影响、可持续性、项目总评等。

3. 相关重要性

相关重要性是指某项测评指标(因素)在决定该项目成功与否的各因素中所占的权重,这一权重可以是定性的,也可以是定量的。定性的,一般可分为"重要""次重要""不重要"三类;定量的,可以根据各因素的重要程度,在总数"1"以内设定数值。

4. 成功度评价结论

根据项目成功度评价表进行的测定结果就是项目成功程度的总评价结论。

(四) 后评价结论

后评价工作通过对资料收集、处理,在全面回顾项目过程后,通过目标评价、可持续性评价和项目成功度评价,已可以对项目的决策和执行状况及前景有一个完全判断,得出综合性结论。该结论既是一个综合判断,也应根据项目特点或委托方要求有所侧重。

五、主要经验与教训、对策与建议

通过项目全过程回顾与评价,归纳出对项目具有决定性影响、对全局具有参考作用的经验与教训,提出对策与建议。

（一）主要经验与教训

经验与教训应从项目、企业、行业和宏观四个层面分别进行分析。总结经验与教训存在以下作用：(1)有利于改进项目的设计、施工管理水平；(2)有利于企业改善经营管理；(3)有利于行业的进步与发展；(4)有利于今后提高项目的决策水平；(5)有利于国家进一步调整经济结构和宏观经济政策。

总结经验、教训应客观不偏颇，特别是不应讳言教训。教训是经验的另一种形式，有利于避免在未来项目筹划中重蹈覆辙。

总结经验、教训还应注重可复制性。对于在今后项目筹划和管理中有借鉴意义，可复制、可推广的经验与教训应重点总结，增强后评价成果对未来工作的参考和指导作用，提高后评价工作的实用性。

（二）对策与建议

对策与建议同样可从项目、企业、行业和宏观四个方面分层次提出：对执行中的项目提出改善对策与建议；对企业投资和运营管理提出完善对策与建议；对国家和行业政策制定层提出改进对策与建议。

第三节　项目后评价的工作程序和方法

一、项目后评价的工作程序

（一）制定项目后评价计划

从项目周期的概念出发，每个项目都应该重视和准备事后的评价工作。国家、部门、地方和企业的年度评价计划是项目后评价的基础。例如，国家发展改革委每年年初研究确定需要开展后评价工作的项目名单，制定项目后评价年度计划，印送有关项目主管部门和项目单位。

1. 后评价项目的选定

国家、部门、地方和企业可以根据不同的着眼点和需要，选择进行后评价的项目。一般情况下，可以考虑选定以下项目进行后评价。

(1) 项目运营中出现问题或发生变化的项目；

(2) 非常规项目，如规模过大、建设内容复杂、带有实验性的新技术项目；

(3) 具有示范意义的项目；

(4) 急切需要了解项目作用和影响的项目；

(5) 可为国家预算、宏观战略和规划原则提供信息的相关投资活动和项目；

(6) 为投资规划或计划确定未来方向的代表性项目；

(7) 对开展行业、部门或地区后评价研究有重要意义的项目等。

2. 项目后评价范围的确定

由于项目后评价的范围很广，因此，在评价实施前必须明确评价的范围和深度。评价范围通常是在委托合同中确定的，委托者要把评价任务的目的、内容、深度、时间和费用以及特定要求，明确交代清楚。受委托者应根据自身条件确定能否按期完成合同。委托合同通常有以下内容。

(1) 项目后评价的目的、范围、特定要求；

(2) 评价过程中采用的方法；

(3) 项目评价的主要对比指标；

(4) 完成评价的经费和进度。

3. 委托具有相应资质的咨询机构

需注意不得委托参加过同一项目前期工作和建设实施工作的工程咨询机构承担该项目的后评价任务。承担项目后评价任务的工程咨询机构在接受委托后，应组建满足专业评价要求的工作组。应重视公众参与，广泛听取各方面意见，并在项目后评价报告中予以客观反映。

（二）项目单位进行自我评价

列入项目后评价年度计划的项目单位，应当在项目后评价年度计划下达后一定时间内，进行自我评价，并报送项目自我总结评价报告。报告的主要内容包括如下几方面。

1. 项目概况

项目目标、建设内容、投资估算、前期审批情况、资金来源及到位情况、实施进度、批准概算及执行情况等。

2. 项目实施过程总结

前期准备、建设实施、项目运行等。

3. 项目效果评价

技术水平、财务及经济效益、社会效益、环境效益等。

4. 项目目标评价

目标实现程度、差距及原因、持续能力等。

5. 项目总结

项目建设的主要经验教训和相关建议等。

（三）受委托咨询机构执行项目后评价工作

承担项目后评价任务的工程咨询机构应当按照委托要求，根据应遵循的评价方法、工作流程、质量保证要求和执业行为规范，独立开展项目后评价工作，按时、保质地完成项目后评价任务，提出合格的项目后评价报告。

1. 资料信息的收集

项目后评价的资料一般包括：

(1) 项目自我评价报告、项目完工报告、项目竣工验收报告;

(2) 项目决算审计报告、项目概算调整报告及其批复文件;

(3) 项目开工报告及其批复文件、项目初步设计及其批复文件;

(4) 项目评估报告、项目可行性研究报告及批复文件等。

此外,可能还需要补充项目所在地区的相关资料、国家和地区的统计资料、物价信息等。后评价方法规定的资料应根据委托者的要求进行收集。

2. 现场调查

项目后评价现场调查应事先做好充分准备,明确调查任务,制定调查提纲。调查任务一般应回答以下问题。

(1) 项目基本情况。项目的实施情况如何?目标是否合理?是否实现?是否应该考虑其他目标?

(2) 目标实现程度。原定目标的实现程度如何?目标实现的关键因素是什么?从宏观目标考虑,项目目标是否表达清楚?是否还需要对项目的作用和影响做进一步评价?

(3) 作用和影响。项目产生了什么样的结果?不仅包括直接的结果,还应包括对社会、环境及其他发展因素的作用和影响。

3. 分析和结论

在现场调查之后,应对资料进行全面认真的分析,主要研究以下几个方面的问题。

(1) 总体结果。项目的成功度及形成原因是什么?项目的投入与产出是否成正比?项目是否按时并在投资预算内实现了目标?成功和失败的主要经验教训是什么?

(2) 可持续性。项目在维持长期运营方面是否存在重大问题?

(3) 方案比选。是否有更好的方案来实现这些成果?

(4) 经验教训。项目有哪些经验教训?对未来规划和决策有哪些参考意义?

4. 项目后评价报告

项目后评价报告是评价结果的汇总,应真实反映情况,客观分析问题,认真总结经验教训。同时,项目后评价报告是反馈经验教训的主要文件形式,必须满足信息反馈的需要,要有相对固定的内容格式,便于分解和计算机录入。

(四) 项目后评价的反馈

1. 反馈的意义

反馈是项目后评价的主要特点,它是一个表达、扩散以及采纳、应用评价成果的动态过程。项目后评价的作用和目的在于,它所总结出来的经验教训能在项目周期的不同阶段被借鉴、采纳和应用,对国家和企业提高规划制定、项目审批、投资决策、项目管理的水平具有积极的作用。所以,评价成果反馈的好坏是项目后评价能否达到最终目的的关键之一。

2. 反馈机制

必须建立明确的反馈机制,以确保评价成果的推广和应用。

例如,亚洲开发银行除了设有评价局,还设有后评价办公室和高层次的后评价成果管理委员会。通过出版物(以年报、年报分析、成果摘录、研究报告等多种形式的出版物,将项目后评价成果服务于需要的部门)、项目后评价信息计算机系统和数据库、各种成果反馈讨论会，以及内部培训和研讨等方式促进项目后评价成果的传播。同时通过加强与董事会的联系，以及运用行政管理手段强化后评价成果的应用。

2014 年，国家发展改革委制定了《中央政府投资项目后评价管理办法》和《中央政府投资项目后评价报告编制大纲(试行)》，明确了对项目后评价的原则、工作程序、成果应用、监督管理要求，并给出了项目后评价报告的编制大纲。

二、项目后评价的方法

前面已经提到，项目后评价方法应当遵循宏观分析与微观分析相结合、定量分析与定性分析相结合的原则。在此基础上，目前常用的方法主要有以下三种。

(一) 对比分析法

对比分析法是项目后评价的基本方法，包括前后对比法(before and after comparison)和有无对比法(with and without comparison)。

1. 前后对比法

此法一般是将项目实施前与建成后的实际情况加以对比，测定项目的效益和影响。主要将项目前期可行性研究所预测的建设成果、规划目标、投入产出、效益和影响与建成投产后的实际情况加以比较，从中找出存在的差别及原因。这种比较法是进行项目后评价的基础。

2. 有无对比法

将投资项目的建设及其投产后的实际效果和影响，同假设没有这个项目可能发生的情况进行对比分析，以度量项目的真实效益、影响和作用。该方法是通过项目实施所付出的资源代价与项目实施后产生的效果进行对比，以评价项目好坏的项目后评价的一种重要方法。由于项目所在地可能发生的变化不一定仅仅是由项目本身造成的，可能还是项目之外许多其他因素共同作用的结果。所以，对比的重点是剔除那些非项目因素，对归因于项目的效果加以正确的定义和度量。此外，要注意参照对比。

项目后评价效益的分析一般应对比项目前后和有无项目的主要指标，以便分析原因，如表 12-5 所示。表中后评价计算值是以实际发生值为基础，剔除物价因素影响后的数据。无项目假定预测值可取项目前期的有无对比数据，或用对照区的数据。

表 12-5 效益指标对比表

项目	有项目		无项目假定预测值
	前评价预测值	后评价计算值	
项目总投资			
项目产品成本			
项目销售收入			
FIRR(%)			
FNPV			

续表

项　　目	有项目		无项目假定预测值
	前评价预测值	后评价计算值	
建设期(年)			
投资回收期(年)			
资产负债率(%)			
EIRR(%)			
ENPV			

(二) 逻辑框架法

1. 概念和表格

逻辑框架法(logical framework approach,LFA)是美国国际开发署(USAID)于 1970 年开发使用的一种设计、计划和评价工具,在国际上已经广泛应用到项目策划设计、风险分析、评估、实施检查、监测评价和可持续分析的实践中。它是一种概念化论述项目的方法,即用一张简单的框架表清晰地分析一个复杂项目的内涵和关系。它不是一种机械方法程序,而是一种综合、系统的研究和分析问题的思维框架。在项目后评价中予以采用有助于对关键因素和问题作出系统、合乎逻辑的分析。

LFA 使用一个矩阵,基本模式如表 12-6 所示,供读者参考。

表 12-6　项目后评价逻辑框架表

项 目 描 述	可客观验证的指标			原因分析		项目可持续能力
	原定指标	实现指标	差别或变化	内部原因	外部条件	
项目宏观目标						
项目直接目的						
产出/建设内容						
投入/活动						

2. 问题树和目标树

为了建立 LFA 中的目标层次,可用问题树和目标树模型进行分析。它们是建立和编制 LFA 的基础,可作为项目后评价的一个步骤。

问题树用来分析问题(后果)与原因的因果关系,由以分析核心问题(或后果)为中心的"树"和"树枝"组成,"树枝"是问题的间接原因和直接原因。

目标树用来分析目标与措施间的因果关系,由以需要达到的核心目标为中心的"树"和"树枝"组成,"树枝"是达到目标的手段和措施。

【例 12-1】　由国家电投集团能源科技工程有限公司自主投资的崇明陈家镇裕安养殖场渔光互补光伏发电项目,占地 3180 亩,规模为 110MW,于 2020 年 11 月 30 日全容量并网发电。渔光互补项目目标主要用于优化能源结构、促进"双碳"目标实现和改善地区民生。试进行项目后评价。

解:该项目后评价采用逻辑框架法。项目分层次的目标和任务如表 12-7 和图 12-1 所示。

表 12-7　项目后评价逻辑框架表

各层次目标	验证指标	方法和资料来源	外部重要条件
目标：优化能源结构；促进“双碳”目标实现；改善民生	地区新能源装机容量；地区“双碳”指标；地区人均收入	地方统计资料	上海市经济发展方针和政策
目的：实现财务目标；促进区域社会经济发展；降耗减排	年利用小时数、年发电量、营业收入、净利润；化石能源消耗减少量、气体污染物排放减少量、粉尘排放减少量、土地利用率；项目纳税额、新增就业人数、农业收入增加值、乡村道路完善情况、农业生产环境改善情况、居民节能减排意识提升情况	企业生产报表、项目调研资料、居民访谈资料	企业发电量、减排量、项目所在地居民收入数据纳入上海市经济统计口径
产出：新建光伏发电站；农渔综合利用设施	光伏发电站投产质量、农渔综合利用设施面积和质量、光伏发电站生产运营制度	项目监测和竣工报告，统计资料，现场调查	项目平稳运营，国家新能源开发政策、乡村发展政策支持
投入：项目概算总投资；工期	投资额、工期、人员、管理	项目前期文件、决算文件、项目实施方案	投资到位，政府和地方电网支持，项目各参建方管理到位

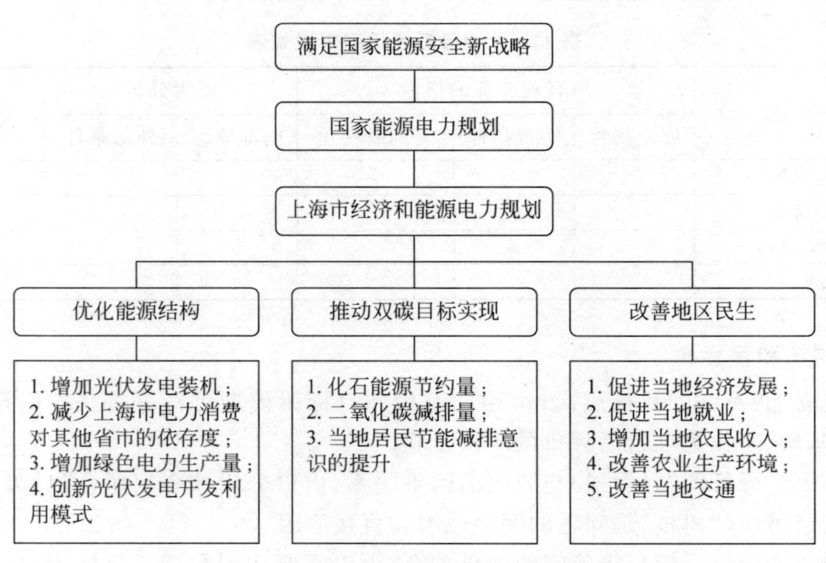

图 12-1　项目的目标树

（三）成功度分析法

成功度分析法是项目后评价的综合分析方法之一，主要是对项目实现预期目标的成败程度给出一个定性的结论。

1. 成功度的标准

成功度就是对成败程度的衡量标准。一般情况下,成功度可以分为五个等级,各等级的标准如下。

(1) 完全成功,有时用 A 表示。表明项目的各项目标已经全面实现或超过; 相对于成本而言,项目取得了巨大的效益和影响。

(2) 成功,有时用 B 表示。表明项目的大部分目标已经实现; 相对于成本而言,项目达到了预期的效益和影响。

(3) 部分成功,有时用 C 表示。表明项目实现了原定的部分目标; 相对于成本而言,项目只取得了一定的效益和影响。

(4) 不成功,有时用 D 表示。表明项目实现的目标非常有限,相对于成本而言,项目几乎没有取得什么效益和好的影响。

(5) 失败,有时用 E 表示。表明项目的目标是不现实的,根本无法实现; 相对于成本而言,项目不得不终止。

2. 成功度的测定

项目的成功度评价是项目后评价中一项重要的工作,是项目评价专家组对项目后评价结论的集体定性。一个大中型项目一般要对十几个重要的和次重要的综合评价因素进行定性分析,确定各项指标的等级,如表 12-8 所示。

表 12-8 成功度评价表

评价项目指标	项目相关重要性	评 定 等 级
宏观目标和产业政策		
决策及其程序		
布局与规模		
项目目标及市场		
设计与技术装备水平		
资源和建设条件		
资金来源和融资		
项目进度及其控制		
项目质量及其控制		
项目投资及其控制		
项目经营		
机构和管理		
项目财务效益		
项目经济效益和影响		
社会和环境影响		
项目可持续性		
项目总评		

注: (1)项目相关重要性分为重要、次重要、不重要。(2)评定等级: A—成功; B—基本成功; C—部分成功; D—不成功; E—失败。

3. 项目成功度评价的程序

(1) 确定评议专家;

(2) 选定综合评价指标并确定其权重;

(3) 专家个人打分;

(4) 专家集体评议;

(5) 进行数据处理;

(6) 得出成功度评价的等级。

4. 测定的步骤和方法

在评定具体项目的成功度时,并不一定要测定表 12-8 中的所有指标。评价人员首先要根据具体项目的类型和特点,确定表 12-8 中指标与项目相关的程度,把它们分为重要、次重要和不重要三类,在表中相关重要性一栏中注明。对于不重要的指标,无须测定。一般的项目实际需要测定的指标为 7~10 个。

在测定各项指标时,采用打分制,分别用 A、B、C、D、E 表示。通过将指标重要性分析和单项成功度结论的综合,可得到整个项目的成功度指标,也用 A、B、C、D、E 表示,填入表 12-8 的项目总评栏内。

在具体操作时,项目后评价组的每个成员各填好一张表后,对各项指标的取舍和等级进行内部讨论,或经必要的数据处理,形成评价组的成功度表,再将结论写入项目后评价报告。

项目后评价的综合结论与报告

第四节 实训案例

JL 水电站后评价

通过项目后评价,形成综合结论与报告,为出资人监管投资活动以及改善企业经营管理、完善在建投资项目、提高投资效益提供依据。

本节以 JL 水电站项目后评价作为对象,展示后评价结论、存在问题及建议。

后评价主要结论

JL 水电站工程前期工作充分,项目核准手续完善,发电经济效益、社会效益、防洪效益、生态环境效益初见成效,决策是正确的。但该项目核准、开工手续批复较为滞后。

工程规模及设计选型合理。施工组织体系完善,施工总工期、施工总进度计划合理,施工进度控制有效。在电站建设过程中,业主精心管理,积极组织开展设计优化,并大量使用新技术、新工艺、新材料、新设备,加快了工程建设进度,节约了工程投资。主体工程质量合格,实现了各项建设目标,工程建设是成功的。整个枢纽工程投运后经历了多起洪水考验,监测成果表明,大坝及其他枢纽建筑物运行情况正常,机电设备及金属结构安装质量整体合格,调试和试运行符合规程规范,满足设计要求,4 台机组能满功率运行,各项运行参数及工况良好。

征地及移民安置满足工程建设需要,截止至下闸蓄水时征地移民已基本实施完成,移民工程实现了"移得出、稳得住、逐步能致富"的工作目标，但移民工程验收尚未完成。

水土保持和环境保护工程已全部实施，但验收工作尚未完成。

工程投资控制成绩显著，工程总投资较控制目标节余 29.85 亿元，节余 15.29%，但竣工结算尚未完成。

投产运行近 4 年来，由于受全球经济大环境和国内产业结构调整、SJ 干流缺少调节水库等多重因素的影响，工程经济效益受到一定影响。

工程建设管理主要经验总结

投资控制管理有效，工程投资有较大节余。

征地移民提前策划，积极抓落实，实现搬迁进度、投资控制及移民稳定三大目标，创近期大型水电工程移民搬迁安置标杆工程。

存在的问题及建议

JL 水电站项目核准手续及开工批复比较滞后。

JL 水电站征地移民工作尚存在以下问题：应完成建设征地移民安置规划设计变更成果编制及确认；水库蓄水验收后，上报移民安置实施工作进展情况，最终的移民安置任务完成情况；移民独立评估单位应尽快完成对该工程移民是否完成任务并达到设计效果的评估；应尽快组织开展移民竣工专项验收工作。

JL 水电站结算工作滞后，影响后评价的准确性，建议应加快进度。

JL 水电站验收工作滞后，阶段验收仅完成消防验收，竣工验收未完成，因此存在一定的运营风险。

JL 水电站发电以来，项目经济效益不理想，建议业主进一步研究对策，寻找改善途径。

尽早开工建设 LP 水电站，提高全梯级水电站发电量。

项目主要经济效益指标对比分析

见表 12-9。

表 12-9　项目主要经济效益指标对比分析表

项　　目	单　　位	可行性研究	后　评　价
项目总投资	万元	1978535.98	1609172.38
装机容量	MW	2400	2400
年利用小时数	h	3625	2958
发电量	MW·h	8700000	7098493
上网电量	MW·h	8244338	7058420
电价	元/MW·h	292.5	152.4
销售收入	万元	241183.25	107573.28
材料消耗	万元	720	165.24
库区基金	万元	6612	5633.94
水资源费	万元	6612	5666.47
工资及福利费	万元	1185.38	2519.5
折旧费	万元	79045.44	57526.1
维修费	万元	19761.36	852.45
工程保险费	万元	4940.34	483.4

续表

项目	单位	可行性研究	后评价
其他管理费用	万元	6000	1374.3
利润(含税)	万元	29913.49	−13736.99
营业/增值税及附加	万元	4100	1243
全投资税后财务内部收益率	%	8.12	8.36
资本金税后财务内部收益率	%	10	11.73
税后投资回收期	年	17.26	18.8

即测即练

思考与练习

1. 制订项目后评价计划的工作有哪些主要内容？一般应当选择什么样的项目进行后评价？
2. 简述项目单位进行自我评价的主要内容。
3. 简述受委托咨询机构执行项目后评价工作的主要内容。
4. 项目后评价反馈的特点和意义有哪些？
5. 项目后评价报告的综合评价和结论部分应当包括哪些内容？

参考文献

[1] 韦钢,张永健,陆剑峰,丁会凯.电力工程概论[M].3版.北京:中国电力出版社,2018.

[2] 温步瀛,唐巍.电力工程基础[M].北京:中国电力出版社,2006.

[3] 周浩,王慧芳,杨莉,孙可.电力工程[M].杭州:浙江大学出版社,2007.

[4] 国网天津市电力公司电力科学研究院,国网天津节能服务有限公司.综合能源服务技术与商业模式[M].北京:中国电力出版社,2020.

[5] 浙江华云电力工程设计咨询有限公司.智慧综合能源站融合技术及运营模式[M].北京:中国电力出版社,2021.

[6] 王红岩,王立国,宋维佳.投资项目评估[M].2版.北京:高等教育出版社,2019.

[7] 吴之明,卢有杰.项目管理引论[M].北京:清华大学出版社,2000.

[8] 全国咨询工程师(投资)职业资格考试参考教材编写委员会.项目决策分析与评价(2021年修订版)[M].北京:中国计划出版社,2021.

[9] 全国咨询工程师(投资)职业资格考试参考教材编写委员会.现代咨询方法与实务(2021年修订版)[M].北京:中国计划出版社,2021.

[10] 国家发展改革委建设部.建设项目经济评价方法与参数[M].3版.北京:中国计划出版社,2006.

[11] 全国造价工程师职业资格考试培训教材编审委员会.建设工程造价管理[M].北京:中国计划出版社,2023.

[12] 邵颖红,黄渝祥,邢爱芳等.工程经济学[M].上海:同济大学出版社,2015.

[13] 梁跃清.电网建设投资审批程序及设计人员应注意事项[J].电力勘测设计,2010.

[14] 成其谦.投资项目评价[M].5版.北京:中国人民大学出版社,2017.

[15] 简德三.投资项目评估[M].3版.上海:上海财经大学出版社,2016.

[16] 张兰芳.黄骅发电厂三期海水淡化项目方案比选研究[D].华北电力大学,2013.

[17] 王立国.项目评估理论与实务[M].4版.北京:首都经济贸易大学出版社,2016.

[18] 梁世连.工程项目管理[M].北京:中国建材工业出版社,2012.

[19] 钟建伟,宋全清.电力系统规划与可靠性[M].北京:科学出版社,2021.

[20] 周步祥,陈实.电网规划理论及技术[M].北京:科学出版社,2017.

[21] 舒印彪.配电网规划设计[M].北京:中国电力出版社,2018.

[22] 汪毅,姚勤,叶勇健.电力工程基本术语标准[M].中国计划出版社,2019.

[23] 中华人民共和国住房和城乡建设部.建设工程项目管理规范:GB/T 50326—2017[S].北京:中国建筑工业出版社,2017.

参考文献

教师服务

感谢您选用清华大学出版社的教材！为了更好地服务教学，我们为授课教师提供本书的教学辅助资源，以及本学科重点教材信息。请您扫码获取。

教辅获取

本书教辅资源，授课教师扫码获取

样书赠送

管理科学与工程类重点教材，教师扫码获取样书

清华大学出版社

E-mail: tupfuwu@163.com

电话：010-83470332 / 83470142

地址：北京市海淀区双清路学研大厦 B 座 509

网址：https://www.tup.com.cn/

传真：8610-83470107

邮编：100084